Love and Wisdom
爱与智慧

中国十大教育家经典教育理念

陈锋　叶双双　武计苓◎著

北京大学出版社

图书在版编目(CIP)数据

爱与智慧:中国十大教育家经典教育理念/陈锋,叶双双,武计苓著.—北京:北京大学出版社,2017.9
ISBN 978-7-301-28650-0

Ⅰ.①爱… Ⅱ.①陈… ②叶… ③武… Ⅲ.①教育思想—中国 Ⅳ.①G40-092

中国版本图书馆 CIP 数据核字(2017)第 199782 号

书　　　名	爱与智慧——中国十大教育家经典教育理念 AI YU ZHIHUI
著作责任者	陈　锋　叶双双　武计苓　著
责任编辑	朱梅全　姚文海
标准书号	ISBN 978-7-301-28650-0
出版发行	北京大学出版社
地　　　址	北京市海淀区成府路 205 号　100871
网　　　址	http://www.pup.cn
电子信箱	sdyy_2005@126.com
新浪微博	@北京大学出版社
电　　　话	邮购部 62752015　发行部 62750672　编辑部 021-62071998
印　刷　者	三河市博文印刷有限公司
经　销　者	新华书店
	730 毫米×1020 毫米　16 开本　20.25 印张　310 千字 2017 年 9 月第 1 版　2017 年 9 月第 1 次印刷
定　　　价	45.00 元

未经许可,不得以任何方式复制或抄袭本书之部分或全部内容。
版权所有,侵权必究
举报电话:010-62752024　电子信箱:fd@pup.pku.edu.cn
图书如有印装质量问题,请与出版部联系,电话:010-62756370

前　　言

中国的教育理念有着东方的特色,植根于中国的自然风物、生产方式、人文环境、礼俗伦常和教育制度之中。中国教育的起源可以追溯到三代以前。商代,随着甲骨文的成熟,为文化成果的记载和传播创造了条件。西周时期已逐步形成了以"礼、乐、射、御、书、数"为"六艺"的教育体制。到了春秋战国时代,与西方相似,中国教育进入了一个"古典"时代,产生了私学和专门从事教育工作的教师群体和各家学派的教育思想。不仅《论语》《墨子》《孟子》《荀子》《礼记》《管子》《吕氏春秋》等典籍中记载了大量的教育资料,而且还出现了像《大学》《学记》《劝学》等教育专著。

先秦时期是中国传统教育的形成和奠基时期;秦汉至宋明时期是中国传统教育的发展、辉煌和僵化时期;清代直至近代,中国传统教育逐渐衰颓;20世纪初以来,教育与政治运动密切联系着,一方面是彻底中止传统教育,另一方面是不断涌现恢复和重建传统教育的努力。

中国传统教育大致包含儒家的传统教育、道家的传统教育、佛教的传统教育以及明朝后期西方科学体系和教育制度逐步传入后的传统教育,也包括20世纪二三十年代中国众多的教育实践和教育理论的创新。儒家教育体系构成了中国传统教育的主流,道家与佛教的教育起着辅助作用。

中国儒家传统教育认为必须把教育置于整个社会系统中加以考察和解决。教育对于治理国家、安定社会秩序发挥了重大作用。比如,《学记》把教育的社会功能概括为16个字:"建国君民,教学为先""化民成俗,其必由学"。因此,无论何朝何代,欲求国运长久,无不重视教育。

在制度方面,古代官学、私学并举,按行政区划设置教育机构,广开办学之路,多渠道多层次办学;博士制度、科举制度、书院制度,蔚为大观;社会教育、家庭教育、学校教育并行不悖，一度在当时的世界上占领先地位。

在思想方面，古代也留下了弥足珍贵的史料。举凡教育与政治、经济的关系，教育与法治的关系，德育与智育、体育的关系，德与才的关系，教与学的关系，在宏观和微观的诸多层面，依据朴素的对立统一观提供了对当时时代而言精深的思考。

至于近代，随着西方教育科学的传入与引进，中西教育全面接触、冲突、融合的教育史既有被迫接受，也有主动探索，并往往与民族救亡相联系。在21世纪的今天，我们应该以强烈的承担和改造传统教育重负的责任感，积极求新求变的勇气和敏锐关注、联系教育改革现实的意识，在当前全面铺开素质教育和创新教育的背景下，走出不输前人的教育变革之路。

本书是《爱与自由——外国十大教育家经典教育理念》的姊妹篇。

全书各章分工为：

孔丘、庄子、慧能、韩愈　武计苓

朱熹、王守仁、王夫之、梁启超、蔡元培、陶行知　陈锋、叶双双

全书最后由陈锋统稿。

陈　锋

草就于 2017 年 8 月 25 日

目 录

孔丘　儒家之私学　　　　　　　　　　　　　003
——礼与仁

素质教育和博雅教育都是从关注人的角度出发的,是本着学习者自身全面发展的方向而来的,而不是像应试教育那样,学习是为了追求外在的目的和标准。

庄子　道家之自然　　　　　　　　　　　　　039
——心斋

庄子持有一种"大人才观",认为万物各有其用,而不是指定的某一类人才才有用。因此,要针对不同的"材",施以不同的教育,并安置在不同的位置上。

慧能　禅　　　　　　　　　　　　　　　　　077
——顿悟

慧能承认每个人的悟性都不相同,有人"利",有人"钝",此外,弟子的性格也是差别很大,所有的这些都要求区别对待,因材施教。

韩愈　复兴儒学　　　　　　　　　　　　　　111
——人性三品

人并不是生下来就知道一切的。如果不学习,疑惑始终会存留在心中,它们不会随着时间而得到解决,只能通过老师的指导,才能解开心中的疑惑。

朱熹　理学　　　　　　　　　　　　　　　　　145
——居敬持志

能提出真正有价值的问题，必定是经过一番思考的，当疑问得到解决时，就会对自己所追求的真知真理产生更深一步的信任感。

王守仁　心学　　　　　　　　　　　　　　　171
——致良知

勤学之人，要做到谦虚自律，能够静默独处，笃行志向。勤奋好问，称赞他人的善行，而不断反省自己的过失，效仿他人的长处，而明白自己的短处，对人忠诚讲信用，言行一致，这样的人才是同辈之中的榜样，是勤学的楷模。

王夫之　六经责我开生面　　　　　　　　　　203
——因人而进　施之有序

教师教的任务是要开阔学生的眼界，并且不断让学生接触更广阔的领域，而学生学的任务就是要对教师教的内容仔细思考，从而内化为自己的东西。进一步，学生的学习即对未了解的知识能够领悟明白，对未掌握的技能能够模仿练习；而教师的教授还要为学生指明探索未知领域的方法。

梁启超　维新变法　　　　　　　　　　　　　231
——新民

学习和教育最终目的是为了经世致用，而经世致用的基础或者说前提就是要修身养性，也就是说内在的心性训练被看做是在世间取得成就的必备条件。

蔡元培　思想自由　兼容并包

——五育并举

261

　　蔡元培为中国教育引入西方男女平等的观念,提倡女子走进学堂接受教育,培养完全之人格,在体育、智育和德育上都有所提升和锻炼。他大力推动小学、中学以及大学的男女同校,将男女平等的观念落到了实处,为女子争取到了受教育的机会与社会的尊重,对于中国女子教育的发展起到了不可估量的作用。

陶行知　捧着一颗心来　不带半根草去

——生活教育

293

　　"生活即教育"意味着全部的生活都是教育的对象,生活需要什么,教育就教什么。"教育即生活"意味着教育需要生活化,强调教育要参与到生活中去,与生活建立联系。

孔丘

孔丘 儒家之私学

——礼与仁

时间回溯到公元前500年的一天。这一天和历史上太多的平静日子一样,没有灾荒,没有饥馑,当然也没有什么幸福——几乎没有什么能让大家记住的地方。但是,这一天,一位鬓已斑白的老人拜黄发小儿为师,成为千古佳话,为世世代代的文人所咏叹。

车轮在崎岖的小路上吱吱呀呀地滚动着。车里坐着一位沧桑而疲惫的老人。他的学生心疼地望着老师,却无能为力,只得牢牢抓住手中的缰绳,控制着行车的方向,使车子尽量走稳一些,走快一些,好让奔波了许久的老师尽快到达下一个目的地。于是在这种慢悠悠,晃晃荡荡的车子中,大家都有些昏沉思睡。

突然,车子停下了。老人不由地张开眼,早已听到他的学生语气很不好地在嚷嚷着什么:"小孩儿,去别处玩!你们挡道了!"老人没有想太多,又微微地合了眼。"这样不应该吧!"一个稚嫩但理直气壮的声音在反抗。老人惊了惊,有些费力地挪动已经僵了的身子,小心地从车上下来。

"老师,您……"

老人摆摆手示意学生退下。原来是几个小孩子,他们在道路的中间玩耍。老人和颜悦色地走近,说道:"小孩子,可否暂且到别处玩耍?我们想要赶路。这样在道路中间玩耍也不安全啊。"这几个孩子中年龄稍大的一个回答道:"我看您也是个讲道理的人。那么我想问问您,到底是车子要让城呢,还是城要让着车子呢?"老人笑了:"当然是车子让着城啊。""那就好",孩童继续说,脸上有了骄傲的神气,"我们在建城呢,您为什么要让我们的城让着您的车子呢?"老人一怔:"你们的城在哪里呢?"小童指着他们脚下由碎瓦片和石块堆起的小土堆:"这就是我们的城。"老人有些惊讶,但是无言以对。

于是老人决定考他一考。老人慈祥又略带骄傲地问道:"你知何山无石?何水无鱼?何门无关?何车无轮?何牛无犊?何马无驹?何刀无环?何火无烟?何人无妇?何女无夫?何日不足?何日有余?何雄无雌?何树无枝?何城无使?何人无字?"老人一口气说完,有些得意地眯了眯眼。

只见那童子略微思考,答道:"土山无石,井水无鱼,空门无关,舆车无轮,泥牛无犊,木马无驹,砍刀无环,萤火无烟,仙人无妇,玉女无夫,冬日不足,夏日有余,孤雄无雌,枯树无枝,空城无使,小人无字。"

老人大为惊讶,连连感叹:"妙啊妙啊,你年纪虽小,但懂得的事情却是很多啊!后生可畏!"于是整整衣冠,恭恭敬敬弯下腰,拜这位童子为师。

夕阳在老者的银须和驼背上镀上了金色。历史记住了这一天,记住了一位叫项橐的神童,更记住了那位虔诚的老人——孔子。

一、凤凰鸣矣,于彼高岗

1. 圣人始诞,万物生光

孔子生于鲁襄公二十二年,也就是公元前551年,父亲是叔梁纥,母亲为颜氏女徵在,春秋时期鲁国(现山东省曲阜一带)人。据《史记》记载,孔子为宋国贵族之后。其先人本来应即位做宋国的国公,却让位给他的弟弟厉公。孔子父叔梁纥为鲁邑大夫。叔梁纥武力绝伦,以勇猛著称。当时叔梁纥娶了鲁国的施氏,生了九个女儿而无一个儿子。只有小妾生了儿子,名为孟皮,然而跛足,几乎是一个废人。按照古代的宗法要求,这样的儿子是不能继嗣的。于是叔梁纥在晚年又向鲁国的颜氏人家求婚。颜氏家族与叔梁纥一家相距不远,向来交好,颜家又仰慕叔梁纥英勇过人,于是将小女儿颜徵在许配给叔梁纥。时年颜氏女不足20岁,而叔梁纥已过60岁。一年之后,颜氏女给叔梁纥生下了一个健康的男婴,取名孔丘,字仲尼。关于孔子姓名的来由,一说颜氏女为生儿子而祈求于尼山之下,山丘神灵感召,遂生孔子,乃名为丘。一说孔子出生后头部非常奇怪,中间凹下,四周凸起,就好像山丘环绕一般,因此名之为丘。

关于孔子的身世,太史公加上了略带戏谑的一笔,"纥与颜氏女野合而生孔子"①。这里的野合,或许是指私通,或许是指责这种年龄差距太大的婚姻。但又如何?也许时人不会想到,这对老夫少妻而生,又传说有"七陋"的婴儿,会如此深刻地影响中国,影响世界,仿佛漫长的黑夜中投射出的一束光芒,万物都为之欢呼雀跃。

2."吾少也贱"

孔子的少年生活孤苦而贫弱,不足3岁,年迈的父亲叔梁纥就去世了。母亲颜氏坚强地支撑家庭,抚养并教育孔子。

孔子出身于士族,其母党也是士族,家中必有祭祀用的礼器。据《史记》记载:"孔子为儿嬉戏,常陈俎豆,设礼容"②。俎和豆,是古代祭祀中常用的礼器。作为士,必须学礼,孔子身处士族,耳濡目染,以礼为嬉,已经是一位士族家庭中的好儿童。

据《论语》所载,孔子15岁而志于学。至于学习的具体内容已不能详细知悉,但可以肯定,当时的士族普遍学习礼乐射御书数六艺。学习六艺,不是为了个人能力的全面发展,而是为了将来能谋得一官半职。因为孔子的祖父孔防叔、父亲叔梁纥都属于上不足以言富贵、下不能同庶民的士阶级,其所业亦即是儒。所以孔子学习六艺为了将来的谋官,也是在情理之中。但自孔子之后,儒的含义发生了变化,因为孔子曾对子夏说道:"女为君子儒,无为小人儒!"③可见,在孔子看来,为了谋得一官半职而学习"儒",仅仅是"小人儒",而为了道义和天下苍生而学习"儒",才是"君子儒"。

孔子17岁母亲去世,从此彻底孤苦无依,为了生存,不得不急谋出仕。他曾经做过委吏、乘田这样的小官。所谓委吏,是管理仓库委积之事,必料量升斗,会计出纳;所谓乘田,则是负责牛羊放牧蕃息之事,晨夕饲养,出放返系。虽然孔子做委吏时出入明晰,做乘田时牛羊茁壮成长,有过一定的"业绩",但都不是重要的官职。不过孔子早年身份低微,只配做这样的卑职。这种身份和职

---

① 司马迁:《史记》,岳麓书社2002年版,第317页。
② 同上。
③ 陈国庆、王翼成注评:《论语》,陕西人民出版社2006年版,第104页。

位,让孔子学会了很多的手艺和本领。所以,孔子自嘲曰"吾少也贱,故多能鄙事"①。

3. "天将以夫子为木铎"

后来,孔子因为管理仓库、饲养祭祀用的牛羊的工作做得很好,渐渐得到了赏识,转而去负责葬礼。在孔子所处的年代,葬礼是最为重要的仪式,要经过50多个程序,因此,精通葬礼程序的人也能称得上是博闻强识的人才。孔子好学不厌,渐渐在当地小有名气,然后"三十而立",开始授徒设学,凡是15岁以上,带有束脩的弟子,都可以作为孔子的学生。孔子自己也说过:"自行束脩以上,吾未尝无诲焉。"②

虽然孔子在授徒设学方面赢得了一定的社会影响,但他真正的志向是读书做官。昭公二十五年(公元前517年),鲁国发生内乱,孔子离开鲁国到齐国去谋求官职。孔子跟齐王谈论治国之道,主张"君君,臣臣,父父,子子"。齐王虽然赞赏孔子的说法,但因为诸多顾虑,没有任用孔子。孔子在齐国不得志,又返回了鲁国,"退而修诗书礼乐,弟子弥众"③。前来求学的人,几乎遍及各诸侯国。当时鲁国的政权掌握在季氏手中,而季氏又受制于其家臣阳货。孔子不满这种"政不在君而在大夫","陪臣执国命"的状况,不愿出仕。他说:"不义而富且贵,于我如浮云。"④直到鲁定公九年(公元前501年),阳货被逐,51岁的孔子才被鲁国所任用。孔子上任后,一年之内连升三级,顺风顺水。但后来由于朝中的各种矛盾以及国君的腐糜,孔子自感政治抱负难以实现,遂离开了故国鲁国,开始了长达14年的流亡生活。时年孔子已经55岁。

孔子和弟子在各国辗转,经历各种波折,甚至有两次险些丧命。孔子周游各国,宣传自己的学说,但都得不到重用。孔子常常感叹:"天下没有人懂我啊!"既然政治的理想不能实现,精神的理想必须坚守。孔子没有放弃宣传布道,为天下苍生奔走呼号。一个封疆官员在孔子师生经过时,所说的话道破了一切。官员对孔子的学生说道,何必担心你们的老师没有官做呢?"天下之无

---

① 陈国庆、王翼成注评:《论语》,陕西人民出版社2006年版,第163页。
② 同上书,第122页。
③ 司马迁:《史记》,岳麓书社2002年版,第319页。
④ 陈国庆、王翼成注评:《论语》,陕西人民出版社2006年版,第128页。

道久矣,天将以夫子为木铎。"①

不是战争时候用的金铎,而是质朴至真、发声浑厚、振聋发聩的木铎。在礼崩乐坏的时代,孔子作为清醒着的哲人,抱着知识分子拯救苍生的理想和使命感,遭受着生活上的颠沛流离,但却作为时代的喉舌,发出了教化天下的最强音。

4. 桃李不言,下自成蹊

晚年的孔子又一次返回了鲁国。孔子已经68岁,经历了种种波折之后,无力从政,转而将精力放在授徒设学,整理古籍文献上来。孔子创立的私学,对后世影响很大,也培育出众多优秀学生。纵观孔子的一生,有一半的时间用在教育上。具体可以分为三个阶段:

第一阶段,从孔子开始收束脩收徒授学到去齐国求仕中间7到8年的时间。这时候孔子所收的弟子很少,但是办学卓有成效,已经在社会上小有名气。

第二阶段,自孔子37岁离开齐国返回鲁国,到55岁周游列国之前。这18年的时间内,孔子虽有出仕,但从未停止过传道、授业、解惑。孔子的办学规模越来越大,名气越来越大,追随的弟子也越来越多。除了鲁国的学生之外,还有来自齐、楚、卫、晋、秦、陈、吴、宋等国的求学者。孔子的威望已经树立起来。一些有名的弟子,如颜回、子贡、冉求、仲弓等,大都是这一时期进入孔门的。

第三阶段,从孔子68岁结束周游列国返回鲁国到他去世的5年时间。这一时期他也发表一些政见,但始终不被重视,于是把精力集中到办教育与整理古代文献典籍上。这一时期他的学生也很多,并培养出了子夏、子游、子张、曾参等才华出众的弟子。这几个人后来大都从事教育事业,对儒家学派的形成与发展,对孔子思想的传播起到了重要作用。

综观孔子的一生,以凡俗眼光,可谓穷困潦倒,颠沛流离。孔子提倡并抱有"学而优则仕"的理想,并慷慨赴之,但终其一生未能实现。这是孔子个人的悲剧。但又何尝不是中华民族的幸运呢?如果孔子一帆风顺,在官场春风得意,或许到最后不过是一位油头滑面的臣子,与其后千年来不可记数的臣子一样,被淹没在历史厚厚的积尘之中。"天将降大任于斯人也",孔子有不屈的决心和

---

① 陈国庆、王翼成注评:《论语》,陕西人民出版社2006年版,第57页。

作为知识分子的使命感,将天下苍生的福祉置于个人悲喜之上,并为中国为世界贡献自己的智慧。所谓桃李不言,下自成蹊,孔子也许不是一位成功的政治家,但他却是一名成功的教育家。如凤凰立于高岗,昂然逸唳,从此霞光出现,余音袅袅,众生追随。

二、一言一行皆圣人

1. 心怀天下的政治家

孔子是我国古代历史上最有影响力的政治思想家之一。他的贡献主要在于继承了前人的思想精华,并创立了以"仁与礼"为核心的政治思想体系。

孔子生活在受西周宗法礼制传统影响较深的鲁国,但这时候周天子的统治已经名存实亡,出现礼崩乐坏、诸侯混战的局面。社会到了一个面临巨大转折的时期。孔子生于乱世,渴望恢复周礼,以使天下安定有序,由此催生了系统完整的政治思想。第一,提倡德治和仁政,要求统治者"为政以德"。第二,推崇礼治。孔子十分欣赏周朝的礼法制度,想要"克己复礼",但并非是完全照搬周礼,而是有所损益。第三,民要尊君,君要重民,反对搜刮民财。孔子强调"礼乐征伐自天子出"①,而不能自诸侯、陪臣出。第四,提倡人治与举贤才。孔子认为,社会是由人组成的,应该首倡人治,法治是第二位的。据此,统治阶级应该选贤举能,"举贤才"和"举直错诸枉"。第五,主张大一统。孔子憧憬文武盛世,怀念周初的一统天下,提出"大同社会"和"小康社会"两种政治理想。

孔子最高的政治理想是实现"大同社会"。《礼记》中详细记载了孔子在参加完鲁国大典后发出的感叹:"太平盛世的时代,以及夏、商、周三代英明君王当政的时代,我孔丘都没有赶上,我对它们心向往之。""大同社会"的理想是"天下为公",因此破除了传统社会的封闭保守状态。在人才的选举上,能够"选贤举能",使有才华的人终有所用。"大同社会"的特点是:人们不只把自己的父母双亲当作父母,不只把自己的儿女当作儿女。这样使老年人能够安享天年,使壮年人有贡献才力的地方,使年幼的人能得到良好的教育成长,使老而无妻的人、

---

① 陈国庆、王翼成注评:《论语》,陕西人民出版社2006年版,第302页。

老而无夫的人、年幼丧父的孩子、老而无子的人和残废的人都能得到供养。男子各尽自己的职分,女子各有自己的夫家。人们都愿意为公众之事竭尽全力,但不一定是为了自己牟取私利。这样一来,阴谋诡计被抑制而不会发生,劫夺偷盗杀人越货的坏事不会发生,家家户户都不用关大门。孔子较低的社会理想是"小康社会"。"小康社会"的特点是:大道隐没,"天下为家"。人们各把自己的亲人当作亲人,把自己的儿女当作儿女,财物和劳力都为私人拥有。诸侯天子们的权力变成了世袭的,并成为名正言顺的礼制,修建城郭沟池作为坚固的防守。制定礼仪作为纲纪,用来确定君臣关系,使父子关系淳厚,使兄弟关系和睦,使夫妻关系和谐,使各种制度得以确立,划分田地和住宅,人人为自己建功立业。"小康社会"显然没有"大同社会"那样完美,但是有仁、义、礼、智、信,有秩序规则,社会还是比较稳定的,是比较容易达到的目标。孔子的政治理想在千百年来对国人、对世界都有极大的影响。

总的来说,孔子提倡德治、仁政、礼治。从君主到平民,都应该守礼法,君主要有君主的样子,臣子要有臣子的样子,父亲要有父亲的样子,儿子要有儿子的样子。各守其分,各安其位;先富后教,运用教化来安定百姓而不是暴力镇压。

孔子作为一名心怀天下的政治家,在各国奔走游说,但其政治主张并没能得以充分实现。究其原因,莫过于时值乱世,诸国急需一种能迅速统一天下的暴力理论,温情脉脉的教化虽入人深矣,但过程缓慢。综观孔子的政治观,弥漫着一种难以说破的无奈之感:孔子先是提出了自己最高的政治理想——"大同社会",继而又提出了自己稍逊的政治理想——"小康社会"。这既表明孔子的政治理想尤其是"大同社会"的理想,具有一定的空想性和不可实现性,也表明孔子似乎也看清了当时的社会现实,经过妥协和思想斗争,提出了一个经过努力和革新能够实现的"小康社会"。当新中国在20世纪末到21世纪初,基本实现了全面小康后,我们才会明白,由孔子的理想到真正的现实,仍需要漫长的时间和艰辛的努力。而对于我们当下的和平年代,孔子的政治学说又可以为我所用。

2. 高瞻远瞩的哲学家

孔子也是我国古代最有影响力的哲学家之一。一生虽"述而不作",但却开创了包括天道观、人道观、认识论、方法论的哲学体系。

关于天道观,首先要澄清"天"的问题。在孔子那里,"天"有时候是指主宰一切的上天,相当于西方的上帝,有时候指的仅仅是囊括一切的大自然,如他说:"天何言哉,四时行焉,百物生焉。"[1]孔子对于天道很少论及,对于"天"的认识多变而模糊,这反映了孔子对殷周盛行的宗教天命论的怀疑,也体现了当时人们思想的转变。孔子对天抱着一种怀疑和敬畏的态度,有这样的天道观,不难推出孔子对鬼神模糊、"敬而远之"的态度。关于命,孔子也有论述。在孔子这里,"命"不是一种上天的绝对意志和命令,而是靠人力无法改变的历史必然性。对于命,孔子不是一种消极顺从的态度,不是说人不能作为,相反,孔子提倡一种积极的态度。他说:"其为人也,发愤忘食,乐以忘忧,不知老之将至云尔"[2],也就是说,作为人,作为一个读书人,发愤用功,连吃饭都忘了,快乐得把一切忧虑都忘了,连自己快要老了都不知道。在这里,时间的流逝和生命的衰微都被孔子抛在脑后了。

关于人道观,核心问题是人的地位。孔子肯定了人的地位,突显了其在宇宙万物中的位置。纵向比较,也即人和万物比较,孔子认为人和动物等不同,人有能动的意识和丰富的情感,能知廉耻,懂礼仪,那么人就要讲人伦,构建和谐的家庭社会政治秩序。由此,孔子肯定了人的地位和重要性,但并非认为人是万物的主宰。横向比较,也即人与人比较,孔子认为人人平等,所谓"性相近"。这一点类似于西方"人人生而平等"的思想。由这种人道观上升到政治,孔子阐发了"仁政"主张,要求君王应该尊重和体恤百姓;付诸教育,孔子看到了人性上的共通之处,阐发"有教无类"的主张;再论及人与人的相处,要求人人应该怀有"仁"心,所谓仁,即是"仁者爱人",广泛而平等地去爱众生。需要注意的是,孔子认为人人生而平等,与其讲求宗法礼制并不矛盾。在孔子看来,按照合适的规矩制度办事,就是符合礼制,人人"不逾矩",是众生享受人格平等的基础。否则,人们因为利益纷起而战乱,势必导致人员损伤,财物尽失,生灵涂炭。

进一步看,孔子认为"性相近",但对于人之间的差异,他认为是后天所习导致,所谓"习相远"。孔子认为,人人都应该通过后天的不断努力和学习来提升

---

[1] 陈国庆、王翼成注评:《论语》,陕西人民出版社2006年版,第320页。
[2] 同上书,第129页。

自己。因此,"性相近",确切地说,是认为人性特质上有共通之处,他并不主张人人的资质平等。相反,孔子看到了人和人之间的差别:"生而知之者,上也,学而知之者,次也。"①可见在孔子心中,人有生来就聪颖的,也有经过学习才能通达的,二者不均等,但"相近"。

孔子在教学过程中,也看到了他的弟子们之间的不同。典型的案例如下。

一次,孔子讲完课后回到自己的书房,学生公西华给他端上一杯水。这时,子路匆匆走进来,大声向老师讨教:"先生,如果我听到一种正确的主张,可以立刻去做吗?"孔子看了子路一眼,说道:"总要问一下父亲和兄长吧,怎么能听到就去做呢?"子路刚出去,另一个学生冉有悄悄走到孔子面前,恭敬地问:"先生,我要是听到正确的主张应该立刻去做吗?"孔子马上回答:"对,应该立刻实行。"冉有走后,公西华奇怪地问:"先生,对于同样的问题,您的回答怎么相反呢?"孔子笑了笑说:"冉有性格谦逊,办事犹豫不决,所以我鼓励他临事果断。但子路逞强好胜,办事不周全,所以我就劝他遇事多听取别人意见,三思而行。"同样的一个问题,孔子给出了截然不同的回答,其原因就在于孔子认为两个学生的个性特点不一样。这表明孔子在看到了人性存有相通的特质之后,又向前走了一步,看到了人的差异性。

在认识论上,有人认为孔子是唯心主义认识论者,因为孔子说过:"生而知之者上也,学而知之者次也,困而学之,又其次也。困而不学,民斯为下矣。"②表面上理解,确实如此。但是深究孔子思想的内涵,结合他的天道观等其他哲学思想,我们可以认为孔子并非是唯心主义认识论者,而是朴素的唯物论者。孔子说的"生而知之者",更确切地理解应是对某一方面有天赋的人。孔子对鬼神持怀疑态度,所以不可能相信有生而知之的"神人"。再者,孔子强调的是后天教育的重要性,认为每个人都应该不断学习,来掌握更多知识,获得内在的提升。况且以孔子的智慧,他也不认为自己生来就知道,他谦虚地说:"我非生而知之者,好古,敏以求之者也。"③

方法论,简而言之是处理事情的原则和方法。孔子哲学思想中的方法论为

---

① 陈国庆、王翼成注评:《论语》,陕西人民出版社2006年版,第307页。
② 同上。
③ 同上书,第130页。

"中庸","中庸之为德也,其至矣乎。"①三国时期学者何晏注释:"庸,常也,中和可常行之道。"②中庸即是待人接物保持中正平和,因时制宜、因物制宜、因事制宜、因地制宜,做事不偏不倚,既不过,也无不及,而是恰到好处。以孔子的君子形象为例,君子应勇敢坚韧,为真理应殉身不恤。如果勇气过头,而心智极少启用,则未免成为一名莽夫;如果勇气不足而思虑过重,则势必是一名懦夫。中国古代文学作品塑造的人物形象中,大概张飞为前者,清皇帝为后者,两类人物都不成为君子,大概像有勇有谋的诸葛亮、岳飞等人物,才是孔子所言的君子形象。再比如,对于学习来说,如果不认真用力,就不能领略到书中的真谛,但如果过度学习,则势必使头脑昏聩,收效甚微,甚至不利于身体健康。总而言之,孔子所要求的是,人们在处理事情时要把握好一个"度"。

3. 才德过人的教育家

孔子历来被认为是中华第一儒师,是中国乃至有世界影响力的教育家。孔子对于教育的贡献主要有以下几个方面。

第一,孔子肯定了教育的重大作用。他看到了教育对于个人的作用,所谓"性相近也,习相远也"③。人出生,在资质禀赋上都相差不远,但真正使人们在日后拉开差距的,是后天的学习。孔子认为,人之初始,大多是混沌不清的,是不完美的,因此,每个人都应该通过后天学习来完善自己。孔子虽然认为生而知之者是很好的,但这种人是极少的,绝大多数人都是"次之"的中人,但人有求知的愿望和学习的禀赋,因而也有可能通过学习,来使自己得到更高的修养。并且,孔子提倡"学而优则仕",通过学习,接受教育,还可以走上仕途。从外在的愿景上,这进一步肯定了教育对人生内在修养、外在晋升的重大作用,也刺激了广大学子一心向学的热情。孔子还看到了教育对于国家和社会的作用。他在给君王提建议的时候说"庶富教",也就是说,孔子认为治理好一个国家,要有三个条件:首先要有较多的劳动力;其次,发展生产,解决人民物质生活中吃喝穿住的问题;最后才能有效地进行教化,发展教育事业。欲使国家安定,不能依

---

① 陈国庆、王翼成注评:《论语》,陕西人民出版社2006年版,第114页。
② 何晏集解,皇侃义疏:《孔学三种·论语集解义疏》,世界书局1935年版,第61页。
③ 陈国庆、王翼成注评:《论语》,陕西人民出版社2006年版,第312页。

靠暴力镇压和严酷刑罚这样的"威慑"手段,而应该对人民进行教化,重视教育如春风化雨般沁透人心的作用,从而使国家长治久安。

第二,孔子创立私学,打破了"学在官府"的垄断局面,促进了学术的下移和文化的交流。孔子所处的时代属于人类社会的奴隶时代,和印度的种姓制度、埃及的僧侣制度等类似,中国的奴隶时代也呈现出阶级分明的特点。在奴隶时代,教育作为一种"奢侈品",很大程度上只能为不用为了生计奔波的贵族阶级所享有。所以在孔子之前的很长时间,教育被官府所垄断。孔子虽不是私学的首创者,但孔子的私学是规模最大、最有影响力的。孔子秉承"有教无类"的原则,培育弟子三千,其中有贵族的子弟,也有不少贫困的学生,比如"一箪食,一瓢饮,在陋巷"的颜回等。孔子授徒设学打破了出身的限制,使平民子弟能和贵族子弟一样获得同等受教育的权利。孔子的教育还打破了地域的限制,由于孔子声名显赫,不仅收了很多鲁国的学生,还受到了很多其他诸侯国学生的追随。齐、楚、卫、晋、秦、陈、吴、宋等国的学生都纷至沓来,可见孔子本人及其私学的影响力。

第三,孔子创立了丰富的教学方法。如启发性教学、因材施教、巩固性教学等。启发性教学就是不直接告诉学生答案,而要采用一些迂回的、启发性的话语,来引导学生思考,使之自己找到答案;因材施教,就是根据学生性格、禀赋、理解能力、思维方式等的不同,选用适合他的教学方法;巩固性教学,就是要"学而时习之",学习完新知识后要及时巩固。我们以启发性教学为例。孔子讲求"不愤不启,不悱不发"。朱熹注释道:"愤者,心求通而未得之意;悱者,口欲言而未能之貌;启,谓开其意;发,谓达其辞。"[①]可见,"愤"就是学生对某一问题正在积极思考,急于解决而又尚未搞通时的矛盾心理状态。这时教师应对学生思考问题的方法适时给以指导,以帮助学生开启思路,这就是"启"。"悱"是学生对某一问题已经有一段时间的思考,但尚未考虑成熟,处于想说又难以表达的另一种矛盾心理状态。这时教师应帮助学生明确思路,弄清事物的本质属性,然后用比较准确的语言表达出来,这就是"发"。无独有偶,古希腊著名哲学家苏格拉底也善于运用一种极为类似的方法——"产婆术",即通过一步步讥讽、质疑,使对方陷入自相矛盾之中,然后通过"助产",使对方在矛盾中承认自己的

---

① 朱熹著,欧阳玄主编:《四书集注·文白对照版》,海南出版社1992年版,第120页。

错误,从而恍然大悟。通过将苏格拉底与孔子二人的教学方法相比较,可以看出,两人都注重运用学生思维中的矛盾。不同的是,苏格拉底在施教时,对学生是一步一问,学生通过回答老师的问题,逐步自己承认无知,转而云开日出,获得真知。这种"产婆术"也许能使学生印象深刻,但是未免是教师主导,学生的思维跟着老师走,不利于发挥学生的主动性。孔子则是在学生思维的关键时刻给予启发和点拨,注重让学生自己去思维、探索,进而解决矛盾。今天我们提倡的"学生中心",培养学生独立思考和解决问题的能力,很大程度上需要教师掌握巧妙的教学技巧。我们不妨回到两千多年前,到孔子那里取经。

第四,孔子创立私学,为中华民族培育出诸多贤才。由于孔子学识渊博,并且有教无类,所以"弟子三千"。这仅仅是个虚数,但也确实反映出孔子学生的规模之大。其中"贤人七十二",比较知名的有颜回、闵损、冉求、端木赐、子夏、仲由、子贡、曾子等人。他们受孔子教育,学识渊博且品行高尚,或以高尚的品德影响人们。如颜回"一箪食,一瓢饮,在陋巷,人不堪其忧,回也不改其乐"[①],激起无数学子一心向学的热情;仲由从仕以廉洁的治理和远大的眼光来造福一方百姓,善于管理兵役和赋税;子贡善于生财,造福百姓。更重要的是,孔子弟子在孔子去世后将老师生前的言论整理成《论语》一书,并在孔子去世后为老师的学说奔走,对儒学的发展起了决定性的作用,如子夏、曾子、言偃等。子夏开启了三晋儒学的先河,他对儒学的贡献体现在对儒家经典的传授上,他是孔子门下为数不多的对"六经"皆有修养的弟子。孔子死后,他在晋属西河设教传经。曾子不仅继承了孔子"仁"的核心,而且有了进一步的发展,更加强调孝,还发展了儒学中反求内心,注重自省的方法。曾子注重"主内"和"孝"的思想对后来的孟子影响很大。言偃则是吴国人,是孔子门下唯一一位南方的弟子。言偃学成后南归,道启东南,传播儒家文化,对江南文化的繁荣有很大贡献,被誉为"南方夫子"。

端坐在圣坛上的孔子,其可以被考证的一言一行,都可能会对我们产生影响。或许是执迷疑惑时候给予我们启发,或者是步入歧途时候给予我们警醒和矫正,孔子有限的一生影响了无数人的一生,影响了中华民族两千多年,并逐渐塑造了中华民族的性格:"宗法等级"使中华民族成为一个遵守规矩,各安其分

---

① 陈国庆、王翼成注评:《论语》,陕西人民出版社2006年版,第103页。

的民族;"仁礼"思想化人至深,使中华民族成为一个谦逊有礼、热爱和平的民族;而孔子作为儒家宗师,其教育思想的影响力更是冠绝古今。

三、嬉笑怒骂真夫子

1. 圣人亦凡俗

读《论语》和《史记》,人们强调孔子思想的博大精深,以及作为万世师表的飒爽风姿。但细细琢磨,发现孔子温柔敦厚,温文尔雅,是个性情中人。他学问好,有人格魅力,有真情有实感,敢怒,敢骂,敢哭,有血有肉,不隐瞒自己的观点。他并非远在天边遥不可及的人物,作为至圣,倒有一股亲切、可爱之气扑面而来。

《论语》中孔子的话语充满哲理,却不乏风趣。有一次,有人问孔子人对道德追求的自觉性是什么样的,孔子想了想然后回答道:"吾未见好德如好色者也。"①也就是说,如果一个人喜欢高尚的道德,就像喜好女色一样,那么追求道德的自觉性就已经很高了。这样一种易于理解的比喻,如一句俏皮话,巧妙而幽默地表达了孔子的意思。还有一个广为熟知的故事是"子见南子"。当时的南子妍姿卓绝,但名声不好。孔子的学生,尤其是子路,反对孔子单独会见南子。《论语》记载:"子见南子,子路不说。夫子矢之曰:予所否者,天厌之!天厌之!"②所以孔子单独会见南子,还与南子聊得很投机,心直口快脾气冲撞的子路不高兴了。对此,孔子着急地辩护:"如果我与南子有任何一点暧昧的话,让老天厌弃我吧!"夫子的可爱跃然纸上。

孔子也有自己的悲欢喜乐。孔子喜欢音乐,精通一些乐器,更喜欢唱歌。《论语》记载,孔子与学生子路、冉有、公叔华在一起谈论生活志趣时候,在一旁的曾点"铿"然一声,停止鼓瑟,说他最喜欢在暮春时节,换上春装,和五六位志同道合的成年人,带上六七个少年,去沂河里洗洗澡,在舞雩台上吹吹风,然后唱着歌回来。孔子听后大加赞赏,深深叹着气说:"你和我想的一样!"这段对

---

① 陈国庆、王翼成注评:《论语》,陕西人民出版社2006年版,第287页。
② 同上书,第113页。

话,显示了孔子不是一个呆板的学究,他非常懂得享受生活,很有生活情趣。但这样一个有生活情趣的人,未免也有苦恼的时候。孔子周游列国,宣传布道,推广自己的学说,可是始终不被重用。孔子常常感叹,天下人都不懂我啊!一天,苦闷的孔子在家中一边击磬一边唱歌。走过家门的一位挑着箩筐的人听出了孔子的委屈与郁郁不得志,说道:"这磬击得有深意啊!"听了一会儿,那人又劝说道:"这磬声好像在说,没有人知道我呀!没有人知道自己,这就罢休好了。水深,索性连衣裳走过去;水浅,无妨撩起衣裳走过去。"这一典故的真实性已不可考,但孔子借路人之口,表达了自己的苦闷,并说明了自己今后的想法。这一段对话,显示了作为圣人的孔子,也有难以如愿的理想,也有不能超脱的困状。

2. 良师亦益友

孔子的弟子有出身贵族的,也有出身贫寒的。孔子对贵族子弟不偏私,也不对贫寒子弟讽刺挖苦,而是一视同仁。只要是学生象征性地送十条微薄的干肉作为束脩,孔子都乐意收其为弟子。在探讨学问上,虽然孔子博学多知,但从不摆老师架子。相反,他鼓励学生发表不同的看法,并指出自己的错误。孔子虚心地说,几个人在一起行走,就有我的老师啊。并且,孔子对学生也说,我只不过比你们年长一些,知道的事情多一些罢了,不要觉得我有什么太了不起的地方。一次,当子路、冉有和公叔华等人对一些事情发表看法之后,在一旁的曾皙表示不同意他们的看法,孔子说道:"那有什么妨碍呢?只不过是个人表达一些不同的志向罢了。"相反,孔子最得意的弟子颜回,一辈子对孔子说的每一句话都很信服,没有提出过疑问和反对意见,孔子对此颇有遗憾。不仅如此,孔子还会通过积极"改过"来使自己得到提升,并以此劝勉自己的学生。孔子说,人都不是圣贤,谁的一生能不犯错呢?犯了错知道改正,并且改正了,这难道不是很好吗?他还教导自己的学生,君子犯错就好像是发生了日食月食一样,人们都能看得到。但只要君子改正了错误,人们就会抬起头仰望他。孔子对学生的每点进步都看在眼里,并且毫不吝啬夸奖。比如,孔子夸赞颜回是贤人,夸赞闵子骞孝敬,夸赞子贱和南宫适是君子,等等。同样,对于学生的错误,孔子也是毫不隐藏,但批评的力度会根据学生的性格和过错是否严重决定。对于小的过错,孔子心胸宽广,一般态度温和,不予计较。比如有一次,鲁哀公问宰我,社神的牌位是用什么木头做成的。宰我告诉他,夏朝用松木,殷朝用柏木,周朝用栗木。到这里已经答得很完美了,他却又加了一句,说周朝之所以用栗木,意在使百姓战栗。这种画蛇添足的说法让孔子不满。孔子批评宰我"成事不说,遂事不谏",但又显示出老师的宽容大度"既往不咎"。虽然宰我多说了几句,但并无大错,所以孔子没有过于责备。但孔子也有对弟子大发雷霆的时候。据《论语》记载,孔子的一个学生冉求,在孔子这里学成之后,不仅没有按照老师的愿望去造福百姓,反而为虎作伥,搜刮百姓民脂民膏。孔子得知十分震怒,说道:"冉求这个人不是我的学生了。大家可以敲着鼓去攻击他。"此外,孔子还十分看重自己的弟子是否用功读书,对弟子懒散的学习状态予以批评。宰予在白天睡觉,孔子认为这是不思进取,一寸光阴一寸金,白天是读书学习的好时机,怎么能睡觉呢?于是孔子骂宰予是垃圾,还说:"腐朽的木头无法雕刻,粪土垒的墙壁无法粉刷。对于宰予这个人,责备还有什么用呢?"可见宰予昼寝,已经触动了老夫子的底线,所以这批评也是毫不留情面。不过,所谓"爱之深,责之切",受到老师痛骂的宰予,不仅没有因此憎恨老师,反而一直对其忠心耿耿,在孔子去世后为其学说奔走游说。

  孔子不仅是学生的良师,关心他们的学习,还是学生的益友,甚至是家长,关心学生们的生活和做事方式。孔子的学生子路,向来为人刚烈,脾气暴躁。一次,孔子看到弟子闵子骞、子路、冉有、子贡侍立两侧,闵子骞是一派和悦而温顺的样子,冉有、子贡是温和快乐的样子,孔子高兴了。但看到子路是一副刚烈的样子,未免深深地担忧起来,说道:"像仲由这样,只怕不得好死吧!"一语成谶,在卫国内乱之中,子路死于乱箭之下,甚至被削成了肉泥。孔子得知后悲痛不已,从此以后再也不食肉酱。孔子早先对子路已经多次劝勉,努力使之成为一个谦和的人,不要树敌过多,但子路始终没有改变他的个性,孔子之悲,是为子路之惨剧而悲,更是为痛失弟子而悲。除了子路,孔子对弟子伯牛的感情也很深。伯牛得了重病,孔子赶忙前去探望,询问病情。临别的时候,孔子依依难舍,他走到了门外,又转身来到伯牛的窗前,隔着窗户紧紧握着伯牛的手,感慨再三,叹息再三,才走了。而到了他最得意的弟子颜回去世,孔子也到了残烛之年,本应该保持心平气和,不宜过喜过悲,但颜回去世让这位老人悲恸不已,连连感叹,日日哭泣,感叹道:"这是老天要葬送我啊!这是老天要葬送我啊!"

孔子对学生的关爱和教导,赢得了学生对他的拥护和爱戴。有一次孔子得了病,性格刚烈冷漠的子路竟然也虔诚地为他祈祷。叔孙武叔等人诋毁孔子,子贡坚决为他辩护。孔子死后,学生们为他守墓三年,子贡守墓六年,才挥泪而去。孔子去世后,弟子为了怀念恩师,将孔子的言行整理记录下来形成《论语》,并继承了老师未完成的事业。更重要的是,学生们谨记老师的教诲,终生实践着他的思想,从而形成了中国最重要的学说——儒学,使孔子的思想光照千秋,使孔子名垂万代。

3. 真实谦虚的学问家

孔子是大学问家,但从不高傲摆架子。孔子信奉"知道就是知道,不知道就是不知道,这才是真正的智慧"。孔子是这样说的,也是这样做的。

史料记载,孔子东游,看到两个小孩在争辩,于是赶上去听个明白,原来是在争辩太阳远近的问题。一个小孩认为是早上的时候太阳离地球近,说道:"我认为物体总是近大远小的。早上起床时候,可以看到太阳像锅盖一样大。到了中午,太阳就像盘子那么大了。所以是早上太阳离我们近一些。"孔子觉得有道理。另一个小孩不甘示弱,说道:"就像人在火堆前一样,离得近了就感觉热,离得远了就感觉不那么热。我们在早上的时候感觉很凉爽,到了中午就感觉像把手伸进热水里一样热。这难道不是太阳早上近,中午远吗?"孔子忽然觉得两人都有道理,一时间不能决断哪个对哪个错,也不能给出合理的解释。两小儿见状讥笑道:"谁说你什么都知道呢?"在这个典故中,首先孔子愿意倾听两小儿的争辩,表现了孔子的人文情怀,说明孔子自己也有一颗童心。另外,对于两小儿的争辩,孔子不能决断,坦然承认自己的无知,而不是摆架子,正是践行了"知之为知之,不知为不知,是知也"[①]的信条。另有前面引文中所述项橐筑"城"挡车,巧妙地表达了"车让城而非城让车"的道理,机智地回答了孔子的问题,并提出问题让孔子瞠目结舌不能答。孔子当着弟子的面被小童为难,他不仅没有感到难堪,反而认为此儿聪慧过人,竟恭恭敬敬地拜项橐为师。

真正有才德和知识的人都是谦虚的。从中国的孔子,到西方的苏格拉底,无不承认"我唯一知道的事情是我自己什么都不知道"。孔子作为千古第一儒

---

① 陈国庆、王翼成注评:《论语》,陕西人民出版社 2006 年版,第 33 页。

师,其影响力和贡献不仅在于思想精深,弟子众多,更重要的是孔子师德高尚,身体力行,实事求是,为万世做出楷模。

四、孔子——教育中常读常新的神话

1. 平等教育

孔子提倡"有教无类",明确表达了教育公平的思想。即:不论学生的出身如何,都可为徒;不论学生来自何方,都可为徒;不论学生的资质或性格怎样,都可为徒。关于最后一点,我们知道,孔子的学生不全是如"闻一知十"的颜回一般,都是聪明绝顶,一点即通的人才,也有资质平庸甚至愚笨的学生,如愚笨的高柴、迟钝的曾参等,性格方面则有偏激的颛孙师、鲁莽的子路等。因此还受到了南郭惠"夫子之门何其杂也"的讥讽。但孔子并没有因此而拒绝学生。总之,不论等级、国别、资质、性格,只要学生愿意虚心向学,并且象征性地带十条干肉作为束脩,孔子都愿意收之为徒。

在21世纪的今天,教育公平作为教育中的先进理念,尚不能为我们所完全实现,那么两千多年前的孔子是怎么产生教育公平的思想呢?

根据马克思主义的唯物史观,物质决定意识。孔子的教育公平思想与其时代背景有密切联系。其一,春秋时期,诸侯征战不断,礼崩乐坏,在教育上的反映即为学术下移。官府中的典籍流传到了民间,平民百姓也和昔时的贵族子弟一样,拥有了学习知识、礼节的机会。这是孔子提出"有教无类"的前提。其二,邹鲁之地是周礼保存最完整,也是最早孕育平民教育思想的地方。孔子生在鲁国,受之影响较深,并在教学生涯中践行了这种思想。其三,孔子出身于没落的贵族之家,早年生活不幸,3岁丧父,17岁丧母。这种艰难的拼搏成长经历,使得孔子珍惜学习的机会,所以孔子不会歧视贫苦人家的子弟也在情理之中。孔子看到了人之初始的不完满以及后天发展的潜力和可能性,认为人人都可以通过接受教育来实现后天的发展,成为君子一样的人物,因而肯定了教育对人的作用。由人扩展到社会,教育能成为化民、安民、富民的手段。孔子生在诸侯征战、杀人盈野的乱世,希望能通过教育实现"天下大同"的政治愿景。他通过收纳来自社会各阶层的学生,传播同样的仁爱思想,学生学成之后回到社会,在各

阶层里发挥作用,传播仁爱,就能实现天下同心,进而实现"天下大同"。既然怀着"天下为公"的"大同社会"的理想,孔子不仅重视对本邦国的子弟进行教导,还重视对周边少数民族进行教化。从西周开始,华夏族开始崛起并不断壮大,他们把周边落后的"异族"称为"夷""戎""蛮""狄"等。商周以来,解决华夏族与少数民族之间问题的方法往往是暴力、镇压、征战、屠杀等。但孔子认为,对待少数民族应该采用尊重、帮助、团结、教育的主张。少数民族和华夏族都是平等的,同样可以施行礼仪。实行教化,不仅可以促进少数民族的繁荣,更重要的是可以使本国达到外交上的和睦相处。如孔子就有一位少数民族的学生子游,跟孔子学习几年之后回到少数民族地区,培养出了一大批品学兼优的学生。

(1)柏拉图与孔子教育公平思想之比较

柏拉图为古希腊三杰之一,是著名的政治家、思想家和教育家,著有《理想国》一书。柏拉图的教育思想主要体现在该书中。

柏拉图出身贵族,是苏格拉底的学生。公元前399年,苏格拉底被诬告"谋害青年""对神不敬",被雅典法庭处以死刑。柏拉图亲眼看见老师被处死,对雅典的民主政体感到失望,并由此受牵连,开始逃亡游学。先后到过埃及、意大利、西西里等地,他边考察边宣传他的政治主张。但目的没有达到,还险些丧命。公元前387年柏拉图回到雅典,在城外西北角一座为纪念希腊英雄阿卡德穆而设的花园和运动场附近创立了自己的学校——学园。

相对于孔子的教育平等思想,柏拉图的教育平等思想主要体现在男女平等受教育和人才选拔的公平上。

柏拉图认为,男女在地位和资质上都是平等的,只不过是女子在体质上比男子柔弱一些罢了。因此,男女都应该平等享有接受教育的权利。女子应该像男子一样,学习音乐、体操并进行军事训练。他认为,女子接受良好的教育,不仅对国家有利,而且对将来进行胎教和教育孩子有极大的帮助。而且,他还认为男女可以平等地担任职务。他指出:"各种的天赋才能同样分布于男女两性。根据自然,各种职务,不论男的女的都可以参加。只是总的说来,女的比男的弱一些罢了。"[①]在他的眼里,"女人男人可以有同样的才能适宜担任国家保卫者的

---

① 〔古希腊〕柏拉图:《理想国》,郭斌和、张竹明译,商务印书馆1986年版,第187页。

职务"①。素质良好的女子可以担任国家保卫者,或成为男子的辅助。此外,柏拉图还认为,应该让天赋相同的男女同吃同住,共同锻炼。"女子和男子有共同的教育,有共同的子女和共同保护其他公民;无论是在国内还是外出打仗,女子和男子都应当像猎犬似的,一起守卫一起追逐;并且,尽可能以一切方式共有一切事物。"②

在人才选拔上,柏拉图认为整个社会大抵可以分为三类人:第一类,是造物主在他们身上添加了金子的人,他们是金质的人,拥有智慧的天赋,适合作为一个国家的统治者;第二类,是造物主在他们身上添加了银子的人,他们是银质的人,具有勇敢的天赋,适合作为国家的护卫者;第三类,是造物主在他们身上添加了铜铁,是铜铁质的人,他们具有勤劳的天赋,但身上的杂欲也比较多,适合作为生产者,供养护卫者和统治者。之所以说柏拉图具有人才选拔的平等思想,是因为他认为,金质的、银质的、铜铁质的这三类人并不是固定不变的。金质的人有可能产生铜铁质的后代,铜铁质的人也可能产生金质的后代。这时候,需要统治者发现这些不同的人,并将他们安排在不同的位置上,各尽其用。

孔子和柏拉图都是具有平等教育思想的教育家,二者的思想有一定的共通之处。孔子的"有教无类"打破了阶级的局限和"亲亲"的传统,柏拉图的教育思想强调男女平等,对于提高妇女地位,发展妇女教育具有重要的意义。此外,二者的教育公平思想都有一定的局限。比如,孔子的教育平等思想不涉及女子教育,所以孔子虽弟子三千,但无一女子。自孔子开始,在封建社会里,女子一度被排斥在正规教育体系之外。同样,柏拉图的平等教育只适用于具有雅典公民身份的自由人,奴隶和外邦人没有接受教育的权利,更不用谈教育公平。所以,前者是性别上的不平等,后者是身份上的不平等。孔子和柏拉图的教育思想有一定的共通之处,但也有很大的不同。相比于孔子,柏拉图的教育公平照顾到了女子,在当时的时代,这是很大的一个突破。另外,关于人才的选拔,孔子提倡"学而优则仕",知识、品行都优秀的人就可以做官了,而柏拉图强调要识别不同质的人才,将他们安排到合适的位置上。两者虽都强调统治者的作用,但相比较而说,孔子更加强调个人的后天努力,而柏拉图的人才观,更多含有一种命

---

① 〔古希腊〕柏拉图:《理想国》,郭斌和、张竹明译,商务印书馆1986年版,第187页。
② 同上书,第203页。

定论,并不认为铜铁质的人能通过教育变成金银质的人,只不过强调统治者注重选拔和甄别不同类别人的后代而已。

(2) 夸美纽斯与孔子教育公平思想之比较

夸美纽斯是17世纪捷克的伟大爱国者、教育改革家和教育理论家。在欧洲封建主义和资本主义交替的历史时期,他继承了文艺复兴以来人文主义教育思想的成果,并结合自己40余年的丰富教育实践经验,写成了著名的《大教学论》。

在夸美纽斯之前,是所谓的"黑暗而漫长的"中世纪。在中世纪,按夸美纽斯的话说,"没有一所完善的学校""学校变成了儿童恐怖的场所,变成了他们才智的屠宰场"。不仅如此,中世纪的教育也不是平等的教育。奴隶主贵族子弟接受博雅教育或骑士教育,而下层的子弟通常接受技术教育,以便为将来谋生做准备。因此,中世纪的教育不仅黑暗,而且不平等。14到16世纪的文艺复兴运动掀起了人文主义的高潮,强调人的地位和作用,肯定人的现世幸福,并宣扬自由、平等的价值观念。夸美纽斯受到了人文主义思潮的影响,肯定人是"造物中最崇高、最纯粹的、最卓越的",并且认为,德行和虔信的种子天生在我们身上,这是人人平等的基础。但夸美纽斯认为,这些寓于我们身上的种子,必须要经过教育,才能发展为真正的德行和虔信,才能真正地成为一个人。基于此,夸美纽斯认为,不论男女老少,都应该平等地接受教育,提出了"把一切知识教给一切人"的泛智论。

夸美纽斯的泛智论可以从以下几个方面来理解。第一,不论男女,都应该接受教育。长期以来西欧的教育传统中也通常将女子排除在外。夸美纽斯对此进行了批判。他在《大教学论》中说:"女性完全不能追求知识……也是没有任何充分的理由的……她们也是按照上帝的形象造成的,在上帝的仁慈与未来的世界里面,她们也是有份的。她们具有同等敏锐的悟性和求知的能力(常常比男性还要强)。"[①]因此,夸美纽斯主张,男女儿童都应该入学接受教育。第二,夸美纽斯认为,不论儿童的资质如何,都有进一步发展的可能,都应该接受教育。他认为,没有任何一个人的智力弱到不能用培养加以改进。因此,夸美纽斯打比方说,你无法找到一块模糊到不能印出任何东西的镜子,也无法找到一

---

① 〔捷〕夸美纽斯:《大教学论》,傅任敢译,人民教育出版社1984年版,第53页。

块腐朽得什么都刻不上的木头。他甚至说,有些人似乎天生迟钝愚鲁,那也不是障碍,因为这使得对其才智的培养更加迫切。任何一个人资质越迟钝、越弱,他就越需要帮助,使他尽可能去掉粗野的愚鲁和迟钝。就像一个筛子一样,如果人不断地把水往上面泼,虽然它不能将水留住,但起码筛子会越来越干净。夸美纽斯还认为,勤奋可以弥补后天的障碍。因此,不论儿童的资质如何,都应该接受教育。第三,夸美纽斯认为,不论富人还是穷人,贵族还是平民,都应该接受教育。夸美纽斯在《大教学论》中提出了反问,"富人没有智慧岂不等于吃饱了糠麸的猪仔?贫人不懂事岂不等于负重的驴子?美貌无知的人岂不只是一只具有羽毛之美的鹦鹉,或一把藏着钝刀的金鞘?"① 因此,为了发展圆满的人性和追求更高的生活,使灵魂更加向上帝靠近,不论是富人还是穷人,都应该接受教育。此外,对于有权势的贵族,他们必须要有智慧,"正如向导需要眼睛,译员需要说话能力,喇叭要容易发声或剑需要有剑刃。"② 但地位低下的平民也需要接受教育。夸美纽斯认为,平民接受了教育,获得了智慧,就能明智地、谨慎地做出判断,而不是像驴子一样简单地服从。总而言之,一切生下来的人都有受教育的必要,因此"要将一切知识教给一切人"。

夸美纽斯"泛智论"反映出的教育平等观与孔子"有教无类"的教育平等观相比,二者都渴望通过平等的广泛的教育来实现国家安定,政治和平。孔子生在诸侯征战的时期,夸美纽斯也生在乱世,战争给他的家庭和国家带来重大创伤。因此,他们重视教育的力量,希望通过教育拯救社会和人民。夸美纽斯突出的特点也是重视男女平等教育。不过需要注意的是,夸美纽斯提倡女子受到教育,并不是为了女子本身的自由发展,而是为了使女子得到好奇心被满足的感觉,并且使她们更好地为以后帮助丈夫、教育孩子做准备。另外,还应该注意,夸美纽斯认为人接受教育的终极目的在于使自己的灵魂接近上帝,为永生做准备,因而教育目的和内容都具有浓重的宗教色彩,这是和孔子的思想很不相同的地方。

---

① 〔捷〕夸美纽斯:《大教学论》,傅任敢译,人民教育出版社 1984 年版,第 42 页。
② 同上。

（3）现代教育公平思潮与孔子教育公平思想之比较

21世纪，教育发挥着越来越重要的作用。受民主、公平、自由等思想的影响，并且伴随着教育不公的现实，要求教育公平的呼声日益高涨。现代意义上的教育公平，主要是指在特定的社会条件下，人人享有平等的受教育权利、机会和资源等，促使自身的潜能得到最充分与自由发展的教育理想。教育公平具有深厚的社会政治、经济基础，其基本结构可以划分为宏观层面和微观层面。宏观层面的教育公平包括教育权利的公平和教育机会的公平；微观层面的教育公平包括课程中的公平、教学中的公平和教育评价中的公平。

第一，人人享有平等的受教育的权利。在我国，受教育权已经成为公民权的一部分。不论儿童的出身、性别、财产状况、宗教信仰、肤色、健康状况等等，都平等地享有受教育的权利。反对任何形式的歧视，反对以任何形式剥夺儿童的受教育权。不仅是我国，《世界人权宣言》也规定，人人都有受教育的权利，教育应当免费，至少在初级和基本阶段应如此；初级教育应属义务性质；技术和职业教育应普遍设立；高等教育应根据成绩而对一切人平等开放。

第二，人人平等地享有公共教育资源。公共教育资源，主要是指由政府拨款，为受教育者提供的资源，如入学机会、生均公共经费、课程资源、师资条件、教学设备、信息技术支持等。这些资源是公共教育事业发展和青少年素质形成的重要社会条件，是公民或儿童受教育权利所指向的实际内容。使所有儿童公平享有公共教育资源是一种理想状态，实际上，不论是我国还是其他国家，由于经济发展水平、地理位置、文化传统等各方面因素的影响，会出现公共教育资源分配不均的现象。比如我国东中部，尤其是沿海发达地区享有较高的教育资源，西部地区则相对较低。因此，在分配教育资源的时候不搞"一刀切"，适时适度向经济发展落后或较闭塞的地区倾斜，也是教育公平的一种体现。

第三，反对各种形式的教育特权。我国是一个具有漫长封建专制历史的国家，在社会文化心理层面，特权思想比较顽固。特权思想是阻滞教育发展的重要障碍之一，也是导致教育不公的主要原因之一。当今世界呼吁教育的民主化，思想上、制度上、社会舆论上要反对教育特权。

当今的教育公平思想，较之孔子的思想，无论是在教育目的、思想的深度和广度以及实施的手段来讲，都是很大的进步。这种进步，无疑是无数教育改革家一代接一代经过不懈的斗争换来的。从美国教育家约翰·杜威为建立民主、公平的教育秩序奔走呼号,到中国共产党十八大报告关于"权利公平、机会公平、规则公平"的呼声,教育公平始终是我们追求的目标。由于受时代的局限,孔子虽未照顾到女子教育,但提出了"有教无类",使教育下放到民间,这不能不让我们对这位两千多年前的哲人表示深深的敬意。

2. 博雅教育

博雅教育最初来自于拉丁语 artes liberales,又译为文科教育、人文教育、通才教育、通识教育、素质教育等,原是指在西方古典时代中,一个自由的城市公民所应该学习的基本学科。文法、修辞与逻辑,是文科教育中的核心部分,被称为三艺(Trivium)。博雅教育类似于一种百科全书式的教育。初见博雅教育,人们会认为它是一种舶来品,实则不然。我国两千多年前的伟大圣人孔子的教育思想中就包含很多博雅教育理念。

首先,在教育理念上,孔子认为,人生教育的三部曲为"兴于诗,立于礼,成于乐"[1]。学习诗是为了博闻强识,达到博学的目标;学习礼则是更多地从修身立德上来讲,使人懂礼法,守规矩,办事符合时宜,培养高尚的品德;学习乐则可以使人的心灵得到熏陶,这是教育的最高境界。并且,按照《周礼·春官宗伯》的记载,周礼教育的主要目的在于培养国子"中、和、祗、庸、孝、友"的道德品质,"道、讽、诵、言、语"能力,以及学会祭祀祖先神灵的乐歌乐舞。孔子十分欣赏周礼,一生都在致力于恢复周礼,自然在教育观念上深受其影响,主张培养具有多种能力的人才。

其次,从培养目标上,孔子的教育目标是培养君子。在周朝之前,君子是士大夫等贵族的统称,但孔子认为,君子应不单指贵族或士大夫,而是圣人之下、富有礼义规范的人。也就是说,一个人能不能被称为"君子",不是以其是否具备了某种身份,而是以其是否具备了某些修养为判断标准。这些修养中,最基本的一点是博学。在君子"博学之,审问之,慎思之,明辨之,笃行之"[2]的治学标准中,博学被放到了第一位。君子只有博学,才能具有开阔的眼界和宽广的胸

---

[1] 陈国庆、王翼成注评:《论语》,陕西人民出版社2006年版,第149页。
[2] 杨洪、王刚注译:《中庸》,甘肃民族出版社1997年版,第50页。

襟,才能在现实生活中明辨是非曲直,不为外物所惑,做出合情合理的判断。在孔子看来,君子不仅要博学多识,更要有高尚的品德。所谓君子"温润如玉","玉"正代表了君子的高尚情操。如君子应该坦坦荡荡,重义轻利,清正高洁,刚正不阿,知礼守法,仁心仁德等。除此之外,君子还应"不器"。所谓不器,则是不应该像器物一样,只有某种特定的用途,不能囿于一技之长,不能只求学到一两门或多门手艺,不能只求职业成功,发财致富,而应当"至于道",从万象纷呈的世界里去悟到众人所不能把握的冥冥天道,从而以不变应万变。孔子的"君子不器"实际上就是现代意义上"培养全面发展之才"思想的肇端。

再次,从教学科目上,要培养博学、有德、不器的君子,必然不能使之囿于某一门知识的学习,必须使其从广博的知识海洋中汲取营养。孔子当年的教学内容,分为德行、言语、政事、文学四大类,但是分科不分家,对所有的学生都教之以"文行忠信",教之以"六艺":礼、乐、射、御、书、数。所谓礼,简而言之是人与人的相处之道、人的各种社会行为规范等一套规则秩序。孔子曾说,不学礼,无以立。礼教恭俭庄敬,此乃立身之本。有礼则安,无礼则危。孔子将"礼"置第一,也可见他以人为本、重视伦理法制的旨意。所谓乐,即音乐教育,孔子认为,音乐对人的作用很大,可以渗透人的内心,探及人的性灵,从而具有重要的教育作用。孔子到晚年更是热衷于整理《诗经》,而诗经则是西周初期到春秋中叶诗歌总集。所谓射、御,都是体育教育。"射",是指射箭,"御",是指驾驭战车。射箭有五种射技。白矢:箭穿靶子而箭头发白,表明发矢准确而有力;参连:前放一矢,后三矢连续而去,矢矢相属,若连珠之相衔;剡注:谓矢发之疾,瞄时短促,上箭即放箭而中;襄尺:与君射,臣与君并立,让君一尺而退;井仪:四矢连贯,皆正中目标。同样,驾驭战车也有五种技巧。鸣和鸾:谓行车时和鸾之声相应;逐水车:随曲岸疾驰而不坠水;过君表:经过天子的表位有礼仪;舞交衢:过通道而驱驰自如;逐禽左:逐禽兽从左面射获。由此看出,学习射御,不仅需要力道的支持,还需要讲求技法技巧的精准,甚至动作的优美等。据《论语》记载,达巷这个地方的人说:"你们都说孔子很伟大,他什么都会。但我也没有听说过,他在哪一方面特别专长啊!"这一典故从侧面反映出孔子样样精通。后来,这段话传到孔子的耳中。于是,有一天上课的时候,他就对门人弟子们笑着说:"那我就选一项专长吧!是选射箭呢?还是选驾车呢?嗯,我还是选择驾车吧!"人们通常对孔子的印象是传经诵道的学究,其实在孔子的教学中,体育教育占据很大的比重。所谓书,则是认字和书法教育。中国的书法艺术博大精深,弟子们通过学习"书",不仅可以达到认字的目的,还可以修身养性。所谓数,即数术,是汉族传统文化中五术的命、卜、相三术。术数以阴阳五行生克制化的理论,来推测自然、社会、人事的"吉凶"。这些主要被整理在《易》中。

(1) 孔子的博雅教育与洛克的绅士教育之比较

洛克是17世纪英国著名的思想家、教育家。洛克的代表作为《教育漫话》,集中体现了他的绅士教育思想。

洛克的思想基础是"白板说"。他认为,人的初始状态就像一块白板,人的发展全靠后天习得,都是从经验中获得的,教育者可以在儿童心灵的白板上刻下任何他们想要的样子。此外,洛克还认为,人除了靠外部的经验获得知识,还可以通过"内省"的方式来获得智慧。

洛克认为,教育的目标就是培养绅士。所谓绅士,是"有德行、有用、能干的人才",这种人才是"善于处理自己的事务"的人。绅士所具备的基本特征有:善于精明地处理自己的事务,赚取财物,聚敛资本,从而使自己得到幸福;勇敢地去扩展英国在海外的势力,尽力增强英国的经济实力,以奠定英帝国的基业;具有德行和才干,并且在作战时候能够勇敢拿起自己的武器,还要懂得礼仪,讲究文明。总之,洛克的绅士形象是新兴资产阶级新人的形象。

洛克认为,在绅士教育过程中,道德教育是最重要的。它大致上可以归纳为三个方面,即判断问题要有远大的眼光;对待弱者要有同情心;对待同胞要有仁爱之心以及具有良好的教养或礼仪。关于道德教育的方法,洛克认为可以通过树立榜样、说理、促成道德实践、奖励和惩罚等措施来进行。

再者,因为"身体是灵魂的寓居所",因此只有健康的身体才能寓居健康的灵魂,所以对于培养绅士来说,还应该重视体育。体育包含身体的锻炼和身体的养护。洛克本人对医学有着很高的造诣,他提出一系列完整可行的建议。第一,循序渐进的锻炼。洛克继承并进一步发展了蒙田关于锻炼的主张以及培根注重身体保健的思想。对绅士的身体保养和锻炼应该从儿童时期就开始,一开始选择难度和强度较小的体育项目进行锻炼,以后随着年龄的增大逐步加强力度和强度,这样才能循序渐进。第二,沿袭骑士军事体育传统的做法,把游泳、骑马、击剑等也看作有益于身体健康的运动。第三，不娇生惯养，养成有规律的生活习惯。他一再提到要锻炼儿童赤足，光头，进行冷水浴，游泳和多过露天生活，不论冬天还是夏天都不应该穿过多的衣服，冬天不要过度烤火取暖。在生活习惯方面，多吸新鲜空气，多运动，多睡眠；食物要清淡，酒类或烈性的饮料不可喝，药物要用得极少，最好是不用。他认为儿童最好的食物是牛奶、粥、面包、蔬菜和水果。运动和饮食要相互搭配，定时定量。他告诫千万不要穿过小过紧的衣服，因为紧身衣服往往使胸部窄狭，呼吸短促，影响肺和心脏。

在智育方面，洛克认为应培养儿童的兴趣，使他们广泛涉猎各种知识，因为这样才能保证绅士在将来做决定时候能有深远的眼光，但绅士最终还是要以某种职业为生，因此，他们需要在广泛涉猎的基础上，选择其最终感兴趣的事情进行深造。他更关心让儿童学习经商和处事的本领。

此外，洛克还重视对绅士的礼节教育。他认为绅士要踏入上层社会，必须懂得一定的礼仪以及待人接物的技巧。这样才能标榜其绅士的身份，彰显其绅士的美德。这套礼貌和风度首先表现在仪表堂堂，文质彬彬，见人要脱帽致敬；进而容貌、声音、言词、动作、姿势以及整个外表的举止都要优雅有礼。

总之，洛克认为，具备高尚的道德、强健的身体、广博的智慧、彬彬有礼的人才是真正的绅士。

洛克的绅士形象和孔子的君子形象有一定的相通之处。两者都是博学多识、品德高尚、身体强健之人，因此两者的教育也有一定的相似之处。在一定意义上都是一种博雅的教育。孔子和洛克都关注到德、智、体、美全面发展的问题，尤其是孔子和洛克都将道德教育置于最重要的地位。孔子认为君子应具有仁爱之心，温润如玉，洛克认为美好的德行是教育最首要的目的，比科学知识和艺术教育更重要。但二者的教育内容和方式也有所不同。比如在体育教育上，孔子更加看重使君子掌握射箭和驾车两种本领，很大程度上是为了君子将来从政做准备，而较少考虑到君子身体的养护；洛克的绅士教育中的体育与孔子不同，洛克更多是从个人健康和为将来从事资产阶级事业来考虑的。目的不同，教育方式也不同，洛克的体育教育相比孔子来说，不注重运动项目的技能，而在于其功效。除了体育锻炼，洛克还针对身体的养护，在饮食起居上提出了建议。此外，在道德教育的方式上，中国的君子教育更侧重于"内省"。"吾日三省吾身",以及"克己复礼",因此教育中重视培养道德修养的自觉性,将知识、美德、礼仪内敛于心,由内而外。而洛克认为人的心灵的初始状态像一块白板,其道德的培养在很大程度上也是依靠外在的习得和经验。因此,诸事都该立有规矩,按照规矩办事,更多的是强调外在的表现,如别人说话时不能插嘴,必须在面貌、声音、语言、动作、表情上显现文化气质等。

(2) 孔子的博雅教育与耶鲁通识教育之比较

耶鲁大学作为世界名校,在300多年的校史中,始终坚持人文主义传统不动摇,尤其注重对本科生的通识教育。

所谓通识教育,即与狭隘的专业或职业教育相对,旨在给学生某些价值、态度、知识和技能,使其生活得恰当舒适和丰富美满;要让学生将现实生活中富丽的文化遗产、现存社会中的可贵经验与智慧认同、择取、内化的一种教育。耶鲁大学的校训为"光明与真知"。耶鲁人认为,大学的传统是崇尚知识、珍视卓越、鼓励奉献,大学的使命在于保存、丰富和传播人类的传统文化,理应实施通识教育。耶鲁大学期望通过通识教育的实施,使学生完善自我,并成为能够承担公共利益的公民。耶鲁强调"通识教育要广",即通识教育课程不能有所偏向,否则即是违背通识教育的本质,而应该广泛地涉及人类知识的各领域,自然科学、人文科学、哲学、社会科学等。为了保证通识教育的实施,耶鲁大学为学生设置了包罗万象的课程和灵活多样的选课方式,并建立起专门的耶鲁学院和住宿学院,方便不同系科的学生进行交流,还探究讲授与研讨相结合的教学方式,以保证从耶鲁毕业后,学生不是囿于某门学科、视野狭隘的专家,而是一个具有深远眼光的"通人"。

很显然,耶鲁大学的通识教育是专业化分工越来越细的时代背景下的产物,其通识教育更侧重于在培养智慧方面的"广",在课程体系设置以及教学方法等方面确实比两千多年前的孔子要完备,要详尽。但耶鲁大学的通识教育偏重知识。耶鲁人期望通过通识教育的实施,培养眼光深远,学习能力强,适应力强的现代人,能够使他们在知识储备上比只接受专业教育的人更胜一筹,而孔子等人所代表的儒家博雅教育则更注重品德的培养,广博的知识是为了高尚的品德做准备的,儒家认为高尚的品德才是一个人立足的根本,才是将来取胜的关键所在。

(3) 孔子的博雅教育与现代素质教育之比较

素质教育的概念最早出现于 20 世纪 80 年代后期。它的原始出发点是针对基础教育中盛行的应试教育倾向。

中国向来有应试教育的倾向。孔子提出"学而优则仕",认为当一个人的学问上有所造诣,自然就会发展出完满的道德来,学问和道德上的标准都达到了,因此就可以做官了。孔子虽提出这一想法,但真正将它制度化的,则是自隋唐开始设为定制的科举考试制度。通过科举考试,可以将有真才实学的人才选拔出来,不断扩充和更新政治人才,有利于避免权力的滥用和误用,从而利于统治;再者,科举考试制度相对于"亲亲"的官位世袭制和举荐标准并不清晰的九品中正制来说,在人才选拔的公平性上显示出优越性。它有利于社会阶级的流动,从而使社会充满活力,有利于社会长治久安。另外,科举考试制度会给学子,尤其是贫寒的学子带来命运的转机,《神童诗》中写道:"朝为田舍郎,暮登天子堂。将相本无种,男儿当自强。"这极大地刺激了学习读书做官的热情。在封建社会,"士"阶级是排在第一等级的。"科举取士"制度无疑给学习提供了一条正当而光荣的道路。于是,在男童小时候就被灌输以"读书做官"的理想,自小学习读书认字,背诵儒家经典,全然为以后的科举考试做准备,这一倾向在明清时期表现得尤为明显。明清时期,科举考试的作文中流行"八股文"的文体。这种文体由破题、承题、起讲、入题、起股、中股、后股、束股八部分组成,题目一律出自四书五经中的原文。后四个部分每部分有两股排比对偶的文字,合起来共八股。因此,明清专门有学者编著了蒙学读物,如车万育编写的《声律启蒙》和李渔编写的《笠翁对韵》。这一类读物讲求对偶和合辙押韵,是为儿童将来写八股文和韵文做准备。整个社会的教育类型就是为科举而教。到了近现代,虽然延续千年之久的科举制被废除,读书做官不再是唯一的道路,但由于应试教育的传统根深蒂固,再加之社会转型需要一定的历史阶段,各种人才的培养以及评价机制还未能建立健全,整个社会还是将一个人的学历看得很重,学历因此被学生当作以后事业的敲门砖。在整体社会风气的影响下,中国教育界应试教育的倾向十分浓重,学生学习的终极目的在于考取好的大学。应试教育带来了很多弊端,如教师主导,体罚盛行,满堂灌现象严重;填鸭式教学扼杀了学生的创造性;强调死记硬背,滥用考试,"万般皆下品,唯有读书高",过于看重学生的学习成绩,而忽略学生的个性心理和兴趣发展,从而使学生的价值观发生畸形,心理上普遍脆弱,抗挫能力差;应试教育强调"静坐读书",在一定程度上也摧残着学生的身体健康,神经衰弱、近视等是学生们的通病。一度流行的"考考考,老师的法宝;分分分,学生的命根"谚语生动地揭示了应试教育的面目。

为打破应试教育的恶性循环,素质教育应运而生。其中,素质是指先天遗传的禀赋与后天环境影响、教育作用的结合而形成的相对稳定的基本品质结构。因此,素质教育就是为了培养这种"相对稳定的基本品质结构"而进行的教育。素质教育不是为了迎合任何社会上急功近利的需求而产生的,它是为了学习者主体的自身圆满而产生的。因此,素质教育还具有主体性。另外,素质教育不是单单发展学习者的某种能力,也不仅仅局限于科学技术教育,以及与科学技术密切相关的知识教育和能力教育,而且关注人文情感,关心人的完整心态和人格的发展。因此,素质教育还具有全面性。素质教育实施后,教育界的景象有所改变,学校不再是学生厌恶的场所,而是变成了知识的乐园;教师不再是严厉的"臭老九",而是智慧的象征和学习道路上的引导者;学生的学习不再是单单为了考取好的大学,更加重视个人素质的全面发展。

我们可以发现,素质教育和博雅教育的精神实质是一样的,都是在关注着人的全面发展。孔子强调弟子们的全面发展,他说,人格健全的君子不应该像某种器物一样,只有某一种特定的功能和用处,言下之意,君子不应该有所偏废,而应该成为全面发展的人才。素质教育和博雅教育都是从关注人的角度出发的,是本着学习者自身全面发展的方向而来的,而不是像应试教育那样,学习是为了追求外在的目的和标准。因此,素质教育和博雅教育有着异曲同工之妙。我们伟大的先人孔子早在两千多年前就提出了博雅教育或素质教育的思想,但在其后的发展过程中却被遗忘了本质,只抓住徒有其表的东西大做文章,在经历挫折和教训后我们不得不重新关注人的自身发展,提出素质教育的思想。这种曲折迂回的现象值得我们反思。

3. 因材施教

孔子有一个值得注意的教育理念即因材施教。所谓因材施教,即强调教育者要根据学生不同的资质禀赋、学习能力、思维方式、性格习惯等,选择适合他的方式来进行教学。

有一案例。樊迟、司马牛、仲弓和颜渊四人去向孔子请教,问仁是什么。孔子听后,给这四个学生四个深浅不一、截然不同的答案。樊迟问仁是什么,孔子对他说,仁就是爱人。司马牛问仁是什么,孔子说,仁,就是说话须谨慎,行动须认真,一言一行都不能违礼。仲弓问仁,孔子说,对待出门看到的人,都像看到贵宾一样地打招呼,服务百姓时,要怀有恭敬的心,好像在举行祭天大典一般。自己不喜欢做的事情不要强加给别人。为国家尽忠时无怨无悔,在家尽孝时无怨无悔。颜渊问仁,孔子说,能够自己做主,去实践礼的要求,就是人生正途。不合乎礼的不去看,不合乎礼的不去听,不合乎礼的不去说,不合乎礼的不去做。孔子之所以对同一个问题有四个不同的回答,与四个学生的性格、理解能力和道德水平有关。樊迟的资质较鲁钝,孔子对他就只讲"仁"的最基本概念——"爱人"。樊迟知道这些,孔子认为也就够了。司马牛因"多言而躁",孔子就告诫他:做一个仁人要说话谨慎,不要急于表态。孔子认为对于司马牛来说,通过教育让他知道克服自己的性格缺点,做到慎言慎行也就达到教育目的了。仲弓对人不够谦恭,不能体谅别人,孔子就教他忠恕之道,要能将心比心推己及人,也就达到应有的教育效果了。颜渊是孔门第一大弟子,已有很高的德行,所以孔子就用仁的最高标准来要求他——视、听、言、行,一举一动都要合乎礼的规范。

(1) 孔子因材施教与导师制教学之比较

导师制是一种教育制度,最早兴起于英国。中世纪的英国大学往往腐靡不堪。学生几乎整天混迹于酒吧,并经常和大学所在城镇的居民起冲突。学生生活的腐靡使他们不会管理好自己的经济,经常会有经济上的贫困,于是编造各种借口写家书向父母讨钱。17—18世纪的英国,社会风气还比较浮躁,受中世纪学生行为的恶劣影响,一些父母开始担心自己刚入大学的孩子不能很好地管理自己的生活和经济,但是孩子所在的大学往往离家较远,因此父母不可能跟随在他们身边帮他们管理生活和学习。出于此种担心,父母往往会在孩子所在大学联系好一位讲师,将学生一学期或一学年的生活费交到这位讲师手里,由他来负责学生的经济支出、个人事务和学习生活。一般一位讲师负责一名学生。这是导师制的萌芽。到了19世纪,牛津大学确立起了导师制。在过去的几百年间,牛津的导师制教学一直被誉为皇冠上的宝石。这个时候,导师依然负责管理学生的生活,但指导学生学习的倾向更加明显。现在的导师一般负责6位学生左右,其教学的最大特点是师生关系密切。导师每周会给学生上课一次,每次一小时,上课地点多选择为导师的书房,教学形式为导师一对一,面对面地个别辅导学生。导师会对学生的论文中出现的问题进行点评,并会讨论解决学生生活中遇到的问题,还会辅导并帮助学生准备大学的各种考试。

导师制的教学制度,相对于孔子的因材施教,更加关注到了学生的个性特点,它是一种将个别化教学发挥到极致的教学制度,无疑带来教学质量的提高,但不可避免,这种一个导师负责一个学生的教学制度代价昂贵。在孔子"弟子三千"的教学背景下,要实行个别辅导是不现实的。那么,既要保证教学效率,又要充分关注学生的个性差异,最好的办法是实行因材施教。

(2)孔子的因材施教与差异化教学之比较

所谓差异化教学,即是一种针对同一班级中不同程度、学习需求、学习方式及学习兴趣的学生提供多元性学习辅导方案的教学模式。

差异化教学是建立在现代脑部开发相关研究、维果茨基的支架式教学理论、学生学习能力的相关研究之上的一种科学的教学策略。教师应该意识到,我们的学校不是工厂,不能按照某种固定的模式或标准来培养学生,应该认识到每个学生都是独特的个体,都有自己的行为习惯、兴趣爱好、学习水平、思维方式等,应尽可能地区别对待每一个学生,选择适合他的学习内容、组织教学策略,对其进行个性化指导。所以,教师应该有意识运用差异化教学到课堂中来。在差异化教学的课堂中,教师不应拘泥于单一的教学策略,更不应采用单一的教材教法对待不同程度的学生,要运用多元的教学策略和弹性的分组教学,采用不同程度的教学内容,在作业的布置和成绩的考核上也要采用不同的标准。差异化教学需要教师精心筹备,但是并不意味着教师主宰一切。学生才是学习行为的主体,要鼓励学生自己探索,学习知识,而不是教师灌输。

差异化教学策略通常有以下三种:第一,问题导向式学习。将学生置于开放式、不明确的问题情境中,让学生运用自己已有的知识和能力,分析和解决问题,并且与他人讨论解决问题的有效性。第二,弹性分组教学。为学生制造学习机会,使每位学生都能得到高品质的学习。第三,个别化教学。这里的个别化教学区别于一对一教学的地方在于,它建立在学生自主学习、对自己负责的前提之上,教师提供个别辅导。如道尔顿制、文纳特卡制、程序教学法等。

运用差异化教学方式,需要教师全面、细致地了解学生,将这种差异视为教学策略的起点。差异化教学做到了尊重学生的个性,在很大程度上保护了学生的兴趣,有利于建立一个民主的课堂。差异化教学与孔子的因材施教都是强调重视学生的差异,基于这种差异选择合适的策略进行教学,因此,两种理论之间是相通的。区别在于,孔子的因材施教更多是侧重于教学的过程中,而差异化教学策略却可以应用到教学前、教学中以及教学后的考核和评定之中,范围更加广泛,更加科学。需要注意的是,差异化教学需要教师花费大量的时间和精力,而且,差异化教学策略本身的特点要求班级越小越好。

五、斯人已去,余音袅袅

《论语》中有这样一个典故:"子在川上曰:逝者如斯夫,不舍昼夜。"

让孔子感叹的那条奔流的江河或许早已枯竭,孔子也早已驾鹤西去,但穿过两千多年的时光积尘,我们仍然发现孔子的教育思想闪耀着光芒,透过各种兵荒马乱的喧嚣,我们仍能听闻孔子的教育话语,如晨钟始鸣,振聋发聩,余音袅袅。

21世纪是充满了变革的社会,时代的口令早已默认为:创新!向前!于是人们不断匆忙奔跑,却很少记得带上他们精神的干粮。因此有人提醒,我们应该在不断变动的社会中坚持一些不变的真理。在教育界,脑部研究科学、心理学、生物学都在这一平台上大展身手,于是乎,各种教育理论层出不穷。人们失去了辨别力,变成了墙头草,哪一股教育思潮兴起,就倒向它,运用它,当然,也在承受它。教育界在倒向现代的、国外的各种先进理论之前,不妨回头读读我们的孔老夫子。

但这一说法一时间被很多人嗤笑。他们认为读孔子已经过时了。

家长,教师,教育家读孔子,这过时了吗?绝不。

经典的,往往是本质的。孔子是生活在两千多年前的教育家,那时候,没有先进的科技,没有先进的通信工具或代步工具,然而实践是检验真理的唯一标准：孔子的教育思想浓缩在几部单薄的儒学经典里，经过历朝历代的检验，仍然焕发光辉，足以表明孔子的思想包含着教育中最本质、最含有真理的成分。时代在变，人的工具和思想都在不断革新，但人性进化很慢。孔子当时作为老师所遇到的问题，到现在的学校教育中依然存在。平等教育、博雅教育、因材施教，到现在我们的教育界仍然在提倡，在践行。教育理论层出不穷，保持长久影响力的能有多少？还是只有根本的真理才能站稳脚跟。我们应该从这些经典中把握教育中最本质的灵魂。

土生土长，也许更适合中国教育界的胃口。笔者不是抱有民族差异论，而是在某种程度上认为，各个民族都有属于自身独特的性格、思维方式和精神气质。我们需要和世界接轨，开放接纳，学习国外先进的教育理念，但是应该结合自身的情况。在其他国家盛行并取得成功的教育理论或者教育体制，照搬到我国，有可能就面临着夭折的命运。孔子作为土生土长的中国人，在选择教学内容、教学方法等方面都照顾到了中国人的个性、能力甚至是身体素质。当我们教育界出现弊病或问题时，在抓过外国教育理论的"杀虫剂"之前，不妨回头看看圣人给开的药方。

我们不断温习孔子的教育思想并不是全盘接受，孔子也非圣人，其思想也不都是精华。我们现在讲求学生德、智、体、美、劳等多方位全面发展，但孔子的教育思想中很明显轻视劳动教育，这一点应该为当今的教育者所明辨。孔子的思想更贴近现实的生活，缺乏一些形而上的思考，会使教育思想显得根基不稳。此外，孔子过于强调读书做官的重要性，以至于后世几乎将此作为选择人才的唯一标准，造成了死板教条以及科举害人的局面，也是需要加以警醒的。在现代，随着素质教育的发展，在多元化和提倡个性的时代，教育也应该打破评价标准的单一性，建立多标准多层次的评价体系。

总之，我们应在伟大教育家孔子的谆谆教诲之中，把握其教育思想的精华和真理成分，为今天的教育所用。同时辩证看待其思想中自我矛盾的地方，批判借鉴，为当今的教育更添异彩。

参考文献

[1] 陈国庆、王翼成注评：《论语》，陕西人民出版社2006年版。

[2] 司马迁:《史记》,岳麓书社 2002 年版。
[3] 钱穆:《孔子传》,三联书店 2014 年版。
[4] 〔古希腊〕柏拉图:《理想国》,郭斌和、张竹明译,商务印书馆 1986 年版。
[5] 〔捷克〕夸美纽斯:《大教学论》,傅任敢译,教育科学出版社 1999 年版。
[6] 〔英〕洛克:《教育漫话》,傅任敢译,人民教育出版社 1957 年版。

庄子

庄子 道家之自然

——心斋

公元前286年,一处远离市井的农家小舍似乎比以往热闹一些,可这"热闹"并非是有什么好事情——病榻上有一位老人,似乎已经陷入昏迷。他身体黑瘦,疾病将他摧残得愈加瘦小。他的居所很是简陋,粮食不多,但书卷和编草鞋用的苇草倒是很多。几双未成形的草鞋凌乱地摆放着,看来这位老人是突然间病倒的。

他是庄子,一生逍遥,肉身却难逃疾病的折磨。他的几个为数不多的弟子守着他。过了许久,庄子缓缓睁开了眼睛,虽然虚弱,但却没有了痛苦的神色。他的弟子在轻轻地呼唤着:"老师,您醒了……"庄子看了看弟子们,示意要水。小呷一口水之后,庄子缓缓地说道:"我知道我快要不久于这不自在的人世了。"话没说完,就有弟子在小声地抽泣。庄子拍了拍弟子的手,"为什么要哭泣呢?我这一生很少为别人的离开而哭泣。"他似乎回光返照,想要跟弟子们上最后一课。

"你们都记得我妻子吧。她不嫌弃我家境贫寒,跟着我,为我生儿育女,操碎了心,到晚年时候是我最忠实的伴侣,我们几乎相依为命。因为过度劳累,老妻早于我染上了病,在受尽折磨后不幸离去。出殡那一天,我的好朋友惠施闻讯前来吊唁。他还没进门就开始哭起来,因为他觉得这女人实在太过可怜。但是当他走进门之后,他惊讶,进而转为愤怒——因为他看到我岔开两腿,像个簸箕似地坐在地上,手中拿着一根木棍,面前放着一只瓦盆,还用那根木棍一边有节奏地敲着瓦盆,一边唱着歌。"弟子们也露出惊讶和疑惑的神色。只听老师继续说道:"惠施起初认为我是不是因为悲伤过度而精神失常了。后来他发现并不是这样后,渐渐开始愤怒了。于是他开始骂我:'你还是个人吗?你还有没有点良心?你的夫人跟着你生活了那么多年,过了那么多苦日子,现在她不幸去世了,你不仅没有悲伤,反而在这里唱歌?'"弟子们开始面面相觑,不知道说什么。庄子脸上现出淡然的神情,说道:"我向惠施说道:'老兄啊!感谢您老远地跑来吊唁。其实,当妻子刚刚去世的时候,我何尝不难过得流泪!只是细细想来,妻子最初是没有生命的;不仅没有生命,而且也没有形体;不仅没有形体,而且也没有气息。在若有若无恍恍惚惚之间,那最原始的东西经过变化而产生气息,又经过变化而产生形体,又经过变化而产生生命。如今又变化为死,即没有生命。这种变化,就像春夏秋冬四季那样运行不止。现在她静静地安息在天地之间,而我却还要哭哭啼啼,这不是太不通达了吗?所以止住了哭泣。'"弟子们让这个回答惊讶得说不出话来。庄子又说道:"后来啊,惠施也病倒了。你们可知道,惠施可是陪伴我一生的好朋友,也是我学术上的对手。他这个人虽然贪图名利富贵,但对我始终没有凶恶的加害之心。我们经常在一起斗嘴,但心里,双方都以此为乐。这个世界上如果有一个人能懂得我的话,那就是惠施了。他的离开对我来说是个沉重的打击。他的离去,让我觉得我再不想和世间任何一个人交流了,于是变得更加沉默起来。他离开后,我很想大哭一场。我在写《天下》篇的时候,总是会想起惠施,想起我们之前的往事。于是我将这种悲痛化为文字,不知不觉为其写了五百余言,作为对我们这份友情最好的怀念。现在我想想,惠施在世时候也许并不快乐,因为他为功名利禄所累。但是,现在他到了一个自由的境界里,那里没有束缚和羁绊,也许他在那里能获得最真实的快乐。所以我该为他高兴啊。不过,我应该也快去看到惠施和老妻了。"

弟子们不觉垂泪。一弟子说道:"老师,您一生清贫困苦,但却不改高洁的品行。您对我们的人生产生了重大的影响。我们想要置钱置田来厚葬您,也是作为弟子的一份心意。"弟子的话没说完,庄子的眼中就闪出一种失望的神色,他摇头示意不要那么做。庄子说道:"我以天地为棺椁,以日月为陪葬的美玉,以星辰为珍珠,天地用万物来为我送行,我的葬物还不齐备吗?为什么还要再人为地厚葬呢?"弟子们说:"可是,我们怕乌鸦和老鹰吃老师您的遗体。"庄子笑了,"上有乌鸦和老鹰来吃,地上也有蝼蚁来吃啊,要是夺了前者的食物给后者享用,不是太偏颇了吗?刚才对你们讲了那么多,就是希望你们能够看破生死。

我即将与万物同游了,你们可不要让我失望啊"。弟子们顿悟了,释然了,紧紧握住老师的手。

几天后,逍遥的庄子最终诗意地悠然而去。

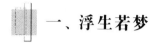 一、浮生若梦

1. 布衣"叛道者"

庄子,名周,字子休。战国中期宋国蒙人。庄子祖上是贵族,但家道衰落,到庄子这一代,已然毫无贵族特征,庄子的父亲需要种田和打柴来维持生计,母亲也需要纺织劳作。不幸的是,庄子尚年幼之时,父亲就去世了,母亲带着他和两个哥哥艰难度日。庄子自幼便表现出好奇聪慧的天赋,母亲怜爱他,辛苦劳作攒下家私,在庄子13岁时送他到离家不远的贲先生学堂那里认字读书。贲先生是当时的一介大儒,主要教授儒家经典和诗书礼乐,在他那里学成的弟子大多从政。庄子的母亲也希望他能够通过学习,获得一官半职,改变贫苦的命运。庄子在贲先生学堂学习了六年,他对先生教授的经书都能倒背如流,表现出异于常人的天赋。但是他对学习的内容和传达的思想表示出怀疑和不满。首先,庄子虽然聪颖,但却不是中规中矩的"好学生",他经常旷课和迟到,沉迷于溪畔鱼虾之乐,山林禽鸟之乐,还常常望着天空或者自己的影子出神。贲先生觉得庄子虽天资聪颖却不学无术,总是会替他的母亲来教训他。另外,庄子还不像其他学生一样,对老师教授的知识、传达的理念通盘接受,他觉得孔孟所讲的仁义道德是空话,还曾经向老师提问:为什么那些儒生在从仕之前满口仁礼道德,真正做了官之后就不免腐糜呢?老师答不上来,对他解释道,圣人一直就是这样解释的,不能怀疑,否则就是怀疑圣人,就是叛逆。庄子还是不能认同,老师认为他有离经叛道的思想,渐渐对他心生厌恶。于是庄子在20岁时,离开了学堂,到了楚国游学,之后,又返回了故土。

2. 无官一身轻

庄子也像孔子一样周游过列国,但在动机上有很大不同。孔子周游列国,更多是为了推销自己的学说,为了从仕,所以孔子是一种入世的思想,而庄子周

游列国更多的是考察风土人情,或者说是为了自由。所以在庄子周游列国后,既没有诸侯采纳他的学说,也没有众多学生追随他跟他学习。相比于昔时孔子"弟子三千"的浩浩盛景,庄子显得太不起眼。但并非是庄子没有真才实学,在他周游列国的时候,魏王、鲁侯、赵国的太子悝都十分欣赏他,只是庄子看不惯官场上的风气,自身也不愿意被束缚,就拒绝了所有的邀请。但是为了生活,庄子曾经做过漆园吏。这份官职相比较而言远离官场,且能够提供给庄子一个舒适的环境和微薄的薪水,但是他还是很快辞去了这份官职,从此终身不仕。

庄子看不惯官场上沽名钓誉和相互吹嘘的风气。他不去做官,生活很贫困,靠着打草鞋、卖草鞋来维持生活。根据《庄子》中的描写,庄子生活在陋巷之中,衣服上打满了补丁,鞋子磨出了洞,用绳子绑在脚上。有一年因为闹春荒,庄子无法维持生活,只得向监河侯借粮。然而,物质生活的困窘并没有使庄子低下高傲的头颅,他厌弃官场,蔑视权势,不愿为富贵利禄而苟且营求。宋国有个叫曹商的人,出使秦国,秦王赏给他百辆车子,于是他在庄子面前炫耀:"身居偏僻狭窄的里巷,贫困到自己编织麻鞋,脖颈干瘪面色饥黄,这是我不如别人的地方;一旦有机会使大国的国君省悟而随从的车辆达到百乘之多,这又是我超过他人之处。"庄子不屑地说:"听说秦王有病,召请属下的医生,破除脓疮、疖子的人可获得车辆一乘,舐治痔疮的人可获得车辆五乘,凡是疗治的部位越是低下,所能获得的车辆就越多。你难道给秦王舐过痔疮吗,怎么获奖的车辆如此之多呢?你走开吧!"足以反映出庄子对此类谄媚行为的蔑视。不仅如此,庄子也拒绝过诚意的邀请。楚威王听说庄周很有才干,便派使者送给他很多钱,并请他做宰相。庄周笑着对楚国的使者说:"千金之利太重了,宰相之位太尊贵了。你难道没看见那祭祀时的牛吗?饲养它好几年,还给它穿绣了花的衣服,等到将它拿到太庙来祭神的时候,那牛即便要想做个孤独的小猪,难道可能吗?你还是赶紧回去吧,不要污辱我。我宁愿在污浊的小沟渠中游玩而自寻快乐,也不愿被拥有国家的人所束缚。我愿终身不做官,以便畅快我的志向哩!"至此,庄子终身不仕,不愿被官场所羁绊,最终"无官一身轻"。

3. 逍遥以终老

庄子一生追求逍遥无所羁绊的生活。不愿意沽名钓誉,不愿意靠近市井,也不愿意追求物质上的富足。对他来说,精神上无所羁绊的生活才是他真正想要的。庄子在学问上的造诣很深,但并不热衷授徒设学。相比于昔时的孔丘,以及同时代的孟轲,庄子始终门庭冷落。追随他的学生为数寥寥,真正有名有姓可以考证,并且一直追随着他的学生只有一个。许多学生到后来因为想要谋得一官半职,纷纷转向当时在官场上春风得意的学者,跟随这些学者学习,无疑是拿到了通向仕途的许可证。对于这一现象,庄子也不加以制止。他一生追求自由和自然,看透了人生,也看破了生死。如引文所述,庄子在妻子死后,超越了个人的悲伤,认为其妻已经安安静静与万物融为一体了,进入了另一种美好的状态之中,值得为其高兴,所以"鼓盆而歌"。庄子也看破了自己的生死,对他来说,生活就像一场梦一样,以至于他不知道是自己梦到了蝴蝶,还是蝴蝶梦见了自己。浮生若梦,死生不过是梦中或梦醒的两种状态。庄子充满哲理的生死观以及追求逍遥的人生目的,给我们以深深的思考。

二、庄子的自然主义思想

庄子的思想庞大而复杂,主要集中在《庄子》中,尤以内篇为主,贯穿其中的主线便是自然主义思想。

1. 庄子自然主义思想产生的背景

一提到庄子的自然,我们很容易想到老子的"道法自然"。庄子作为战国时期道家的代表人物之一,其自然思想在很大程度上受道家的开山人物——老子思想的影响。老子早于孔子出生,他生活的年代正值周王室衰微,王纲不振,礼乐征伐也不能由天子出,诸侯间为了争霸互相征战,社会经济和人民的正常生活遭到了破坏,社会一片混乱,人民生活在水深火热之中。为了改变这种状况,孔子主张"克己复礼",一心想要恢复周礼,但老子并不这么认为,他认为在乱世,礼乐不仅不能起到应有的教化民心、安定社会的功能,反而会使社会体系更加僵化。所以,不应过多干预,而应该用一种自然而然、自然无为的状态来慢慢消解这种僵化的社会秩序。老子所谓的"自然"包括了三个相互关联的层次:第一,自己如此之性质;第二,自然无为之原则;第三,自然而然之状态。"自己如此",肯定万物依靠自身力量成就自己的性质,且在老子看来这种性质是万物发展、变化的根本力量。从这种自然观推演,老子相信事物自然的力量,因此,应该"无为",百姓才能够"不争""不为盗""心不乱""孝慈""自化""自正""自富""自朴",达到一种自然而然的状态和境界。老子认为,在乱世时候,最明智的国君应该是管得较少的,让人民来自行恢复他们的生活规律,让社会正常运转起来,人们知道这位国君的存在,也不需要对他感恩戴德,这位国君也不要求人们这样做,因为他知道事情的发展本该如此。老子所期许的社会,是回到小国寡民的自然甚至是原始状态,"鸡犬之声相闻,民至老死不相往来"。

庄子的自然主义思想除继承老子之外,很大程度上还与当时的社会背景有关。庄子所处的时代,周王室已经分裂,礼崩乐坏的程度越来越深,社会矛盾激化,诸侯之间的兼并战争纷乱不断,社会秩序混乱,人民生活苦不堪言。乱世需要人才,于是当时诸子百家兴起,为拯救苍生献计献策。有主张以仁义礼乐来教化百姓,恢复和建立周礼的儒家,有主张严酷刑罚威慑百姓的法家。庄子认为两者都不可取,他认为儒家的仁义道德是虚伪的,尤其是对齐国大夫田成子篡权窃国一事感到惊骇。田成子于鲁哀公14年,先杀了齐简公,后来到了他的曾孙子田和,再把齐康公驱逐到海上,自立为齐侯。他认为田成子一伙人所窃的,不止齐国而已,还包括建立齐国的"圣人之道",而且最终还是利用这个"圣人之道"来守护他们窃得的战利品。于是他愤愤地说道:"窃钩者诛,窃国者为诸侯。"由此庄子对儒家的仁义道德充满了失望,认为儒家所开的药方并不能根治社会的疾患,人们多学习所谓礼乐一分,就是对人本性扼杀了一分。仁义礼乐不过是虚伪外衣罢了,田成子窃国一事就是最好的佐证。至于法家,庄子认为更是不可取。他和老子一样,认为最贤明的君主应该少作为,让百姓自己发展生产,社会就会和谐运转,君主不期望百姓对他感恩戴德,因为事情本该如此,百姓生产生活自有其规律;再次一等的君主是有些作为,但要求百姓对其感恩;最次一等也是最昏庸的君主则是暴虐不堪,对人民进行压榨和杀戮。而当今的社会中,违背自然本性的君主不在少数,伴君如伴虎,直接为君主服务的人都不见得有好下场,如比干被纣王剖心,商鞅被车裂,吴起被杀害,都使庄子对政治失去了信心,对社会也失去了信心,转而投向精神世界寻找自由。庄子认为,人类社会在最原始也是最自然的时期才是最好的状态,但这种状态不断退化,最终到了现在这样积重难返的状态,唯一的原因就是人们违背了自然。

庄子的自然主义观不仅受老子和当时时代背景的影响,还与他的人性观和世界观有关。在对人性的探析中,孟子主性善,荀子倡性恶,无论是扬善还是抑恶,其理论立场都是社会性的,都是从社会的整体立场出发,倡导一种自我牺牲精神。其最终目的是对人类个体的行为制定出一条取舍标准,划出一条是非界限,以便对人类个体的行为进行道德上的约束和政治上的控制。荀子曾经指责庄子"不知人",但事实上庄子不是不知人,而是超脱了人的善恶,站在一个新的高度来看待人性。庄子认为,人性的本质是虚静、恬淡、寂寞、素朴、纯粹,这是天地之本,也是道德之至,这是人性之自然。坚持人性之自然,就会有道德仁义产生,天下就会和谐,百姓就会安居乐业。而现在天下纷乱,生灵涂炭,皆是由于人失去了自然本性所致。在世界观上,不同于儒家将"人"作为坐标的中心,庄子将"自然"作为坐标的中心,认为人要顺应自然,才不违背规律。此外,世间万物皆平等,人与人之间也是平等的,反映在社会生活上就是共同求生存,因此不需要有什么所谓"君君,臣臣,父父,子子"[①]的等级观念。他认为用仁、礼来统治社会,不过是对人性的束缚,对人平等地位的剥夺,庄子进一步说:"道德不废,安取仁义?性情不离,安用礼乐?"[②]明确地指出用仁义礼乐来束缚人性,就像在陆地上划船一样,是违反人性的。

2. 庄子眼中的自然

我们常言"庄子尚自然",人们通常理解为现代意义上的自然,即与人和人相互沟通交流组成的社会相区别的外物环境,即最广义的自然界、物理学宇宙、物质世界以及物质宇宙,这实际上是对"自然"的误读。

在《庄子》中,"自然"一词出现了七次。

第一,吾所谓无情者,言人之不以好恶内伤其身,常因自然而不益生也。(《德充符》)

第二,汝游心于淡,合气于漠,顺物自然而无容私焉,而天下治矣。(《应帝王》)

第三,吾又奏之以无怠之声,调之以自然之命。(《天运》)

---

① 司马迁:《史记》,岳麓书社 2002 年版,第 318 页。
② 胡仲平编著:《庄子》,燕山出版社 1995 年版,第 104 页。

第四,当是时也,莫之为而常自然。(《缮性》)

第五,知尧、桀之自然而相非,则趣操睹矣。(《秋水》)

第六,夫水之于汋也,无为而才自然矣。(《田子方》)

第七,真者,所以受于天也,自然不可易也。(《渔父》)

第一句中的"自然"是对无情的解释,庄子认为,人应该少情寡欲,这样才能对身体有益,才能延年益寿。其他几句从词性上来说都不是名词,因此不能理解为自然界。

那么庄子所谓的自然是什么?

庄子所言的自然,更多的是一种"本来的样子"。可以粗略理解为以下两层意思。

第一,本质或本真。这里还可以细分为两种意思,一则是指事物本来的样子,区别于人为的事物和现象。庄子认为,世间的美好和丑恶甚至灾祸等,都是自然之物,不能一味否认丑恶来倡导美好,二者是相辅相成的,我们能做的就是顺应自然的规律,减少人为干预。这一点庄子和西方思想家卢梭的思想接近,卢梭认为,凡是源自造物主的东西都是好的,一经过人的手,就变坏了。因此二者都提倡回到自然,回到本真的状态,远离城市文明。庄子一生不仕,远离市井,过着隐居的生活,他认为这样才能最接近自然的状态。二则是指事物发展自然而然的过程。庄子认为,春生夏长,秋收冬藏,这是植物的自然;日出而作,日落而息,这是人的自然;产生、发展、兴盛、衰亡,这是生命的自然。所以庄子丧妻,他没有号啕大哭,就是因为他认为妻子的生命结束是一种自然,没有必要去哀伤,并且为其自然地回归自然而高兴,最终鼓盆而歌。

第二,庄子所言的自然和老子的自然有着共通之处。老子在《道德经》中说,"人法地,地法天,天法道,道法自然"[①]。即是说,人效法地,地效法天,天效法大道,大道则效法它本来的样子。这里将"自然"解释为"它本来的样子",是合乎老子的道德本体论的。同样,庄子的自然也是一种规则,一种本质,一种类乎"道"的抽象理念。

庄子对自然主要有以下观念。首先,庄子认为自然是完美的,神秘的,他在《知北游》中说,天地具有伟大的美,不需要言语来宣扬,四时运行具有明显的规

---

① 老聃:《道德经》,黑龙江人民出版社2004年版,第71页。

律,不需要再去讨论,万物的变化具有现成的规定,不需要议论。虽未提及"自然"二字,但已包含自然之思想。自然之道如此博大,但是人们是不能完全认识它的。庄子在《养生主》中说道,人的生命是有限的,而知识是无穷的,以有限的生命去追求无穷的知识,就会精疲力竭。在这里,后世批判庄子持不可知论,但笔者认为庄子在这里的"知"更有一种"对自然之道的认知"的意味,认为我们人类由于生命的短促,就像《秋水》里面的河伯和青蛙一样,不能完全领会大道。第二,既然自然之道如此伟大,人要做的事情,就是领会自然,顺应大道,而一些人为之事,往往是违反自然和本性的。庄子认为,牛马生而四足,是天然而成的,而给牛鼻穿上孔,给马戴上笼头,就是违反自然的人为的行为。同样,庄子认为,社会中也不需要用所谓仁礼来缔造一种和谐的秩序。庄子在《大宗师》中,用一则寓言来说明此思想:泉水干涸,鱼相互依偎,彼此吐唾沫让对方感觉湿润,此时此境倒不如彼此不相识,各自畅游于江湖。儒家所倡导的仁礼道德,就像鱼在"相呴以湿",还不如让鱼在江湖中彼此相忘,自由游泳。在江湖中没有束缚,才能领会到自然之道。

三、庄子的自然主义教育思想

1. 论人生态度

庄子的教育观是与其人生观紧密联系在一切的。

(1) 率性

"道法自然"。庄子对任何形式违背人本性的事情都持反对态度:他认为儒家的仁礼道德是在用温情脉脉的方式来一点点去除人的本真状态,而法家的残酷镇压则走向另一个极端,侵犯人的德行,伤害了人的圣灵,使人们失去了自然之态。因此,庄子提倡"率性"。率即遵循,性则为本性、自然。饥思食,渴思饮,寒思衣,劳思休,都是人的本性,率性就是自然,就是大道。任何违背本性之事,都是违背自然。违背自然的方式不仅不会让社会安定,还会使人心处于种种枷锁之中,得不到自由和解放。因此,庄子提倡"乘物以游心"[①],最大限度地顺应

---

① 胡仲平编著:《庄子》,燕山出版社1995年版,第59页。

自然,把握事物的规律,才能获得心灵上的自由。

(2) 无欲、无情与无己

无欲。道家开山鼻祖老子提倡以无欲的态度来处世。他认为自然的人性本是没有什么欲望的,因此社会安定和谐。而人心一旦为外物所动,则会引起贪欲、权欲、声色之欲、口腹之欲等等。这些欲望则是社会动乱和人生不寿的根源。因此,没有欲念便没有纷争,老子主张人们应该摒弃各种欲望,回到自然之态。回复无欲的状态对社会和人本身都有好处。老子以赤子为例,说一个精力十分充沛的人,如果因为伤心事日夜哭号,嗓子就会嘶哑;而一个心中没有欲念的儿童,即使昼夜啼哭也不会声音嘶哑。因此,摒弃欲望,人才能长寿,人心才能从尘世的种种桎梏中解脱出来,获得心灵上的自由。庄子受老子无欲思想的影响很大。他在《至乐》中说,世上的人们所尊崇看重的,是富有、高贵、长寿和善名;所爱好喜欢的,是身体的安适、丰盛的食品、漂亮的服饰、绚丽的色彩和动听的乐声;所认为低下的,是贫穷、卑微、短命和恶名;所痛苦烦恼的,是身体不能获得舒适安逸、口里不能获得美味佳肴、外形不能获得漂亮的服饰、眼睛不能看到绚丽的色彩、耳朵不能听到悦耳的乐声;假如得不到这些东西,就大为忧愁和担心,以上种种对待身形的做法实在是太愚蠢啊!庄子认为,最快乐的事情就是清静无为,回归自然本性。因此,摒弃人的欲望,是回归自然的一大前提。

无情。庄子所谓的无情,并不是现代意义上的薄情寡义,冷若冰霜。他所言的"无情"主要有两种意思。第一种,摒弃了各种世俗的欲望而达到清新寡欲的状态。庄子说:"吾所谓无情者,言人之不以好恶内伤其身,常因自然而不益生也。"即是说,不因为外物所引起的喜爱或憎恶的感情来伤害自己的身体,遵循自然,不违背本性。在庄子看来,如果心"有隙",便会为外物所动,产生各种喜怒哀乐之情和各种欲望,由原来的追求饱足到后来的追求饕餮盛宴;由原来的追求繁殖到后来的追求美色;由原来的追求自在生活到后来追求名利……这样一来,人离其自然本性愈来愈远,不仅会损伤人的身体,还会使人心充满了贪欲和不满足,更会使社会因此而混乱。第二种,人不仅要对外物看淡,还要对人情看淡,甚至把生死看淡,这样就不会有狂喜、愤怒、忧伤和嫉妒,人才能活得旷达。如庄子之妻死,他箕踞而坐,鼓盆而歌。但这种旷达之状也是经历了痛彻心扉的号哭之后而释然的。总之,不因为外物而心生杂乱的欲望,也不因人情而产生杂乱的感情,做到超然于物外,超然于人生。庄子"无情"的第二层意思,更加贴近于一种气定神闲的状态。庄子认为,不为外物所动的状态是"定",即精神的安定,这是圣人追求的一种状态。精神定而身体康。庄子用一个例子来证明,说在行驶得很快的马车上,醉酒的人和清醒的人坠车,其后果是不一样的。醉酒的人会摔伤,但不会摔死,而清醒的人则会摔死。这种说法在现代医学上得到了证实。因为醉酒对乘车和坠车都没有了知觉,因此即使在坠落的过程中也没有意识,按庄子的说法,"神"没有慌,现代医学上讲由于处于无意识的状态,身体处于放松,骨骼的应急机制就会起到足够的作用,因此,醉酒坠车的人不会被摔死。而清醒的人由于被惊吓而慌了神,身体就会紧张,会造成更大的伤害甚至死亡。庄子进而指出,醉酒者的"神全"得自于酒,是不自觉的、偶然的,而圣人却得自于对天道的把握,能够时时事事处于"全""无隙"的状态,没有什么事情可以惊吓、烦扰、挑拨、引诱他的了。这种无情的状态,与后世范仲淹所说的"不以物喜,不以己悲"有着异曲同工之妙,都是强调要看穿看淡世间的一切,层层洗涤心中的垢尘,一步步获得内心的安定和大自由。

无己。庄子认为,世界的本源即是大道。人和其他万物一样,都是自然的造物,都无法抗拒自然的规律,本应该虚静而空明,寂静而无为,无悲无喜。但现实的人却会经常感觉痛苦和不自由,也就是"有待"。造成这种结果,是由于人失去了本性,进而违背了大道所致。当人与万物融为一体的时候,是最本质最自然的状态,但是一旦产生了完整的心智活动,就会产生"己"的观念,就会不自觉地将自己与万物区别开来,由于个体之不同,观念标准也不同,因此以"己"之标准看待万物,就会产生高低贵贱的观念,就会产生贪欲和物欲,以"己"之标准看待人情和社会,就会产生矛盾和冲突,人就会脱离本真,被外物所惑,进而感觉痛苦和不自由,社会也因此纷乱不堪。最好的境界就是"无己"。他在逍遥游中说,"至人无己,神人无功,圣人无名"[①]。这里的无己,即是要求人们彻底摆脱狭隘的自我,打破束缚自身的欲望和对名利的追逐,达到物我两忘的逍遥状态,进而打破主观和客观的对立,走出人生的困境。庄子理想的状态就是,天地与我并生,而万物与我为一。同样,在著名的庄子与惠子的濠梁之辩中,庄子认为我们无法知道鱼是不是快乐的。此时他已达到无己的状态。因为当他在濠

---

① 胡仲平编著:《庄子》,燕山出版社1995年版,第31页。

水上欣赏游鱼时,他的内心是自在的、愉悦的,他的心像一面镜子,反射出外在的万事万物,都跟他一样自在、愉悦,所以自然而然的,把自己和鱼融合为一体,而达到无己或者忘我的境界。进一步来说,庄子的"无己"是对儒家仁礼和其道德价值观的抨击。庄子认为,世界上不可能存在着绝对的价值标准,大道才是唯一的标准。儒家所提倡的价值标准也是以一己之见来衡量万事万物,其所确立的"立德""立功""立言"三不朽的价值观,也变成人们相互争斗的工具。庄子说,当时的普通人为物质利益而牺牲自己,知识分子为浮名荣誉而牺牲自己,卿大夫为封邑而牺牲,圣人则为天下而牺牲。由此看来,人创造的东西倒反过来束缚和压抑人性,人们纷纷为了名利而争斗甚至不惜牺牲自己的生命,致使"天下熙熙,皆为利来;天下攘攘,皆为利往"①。在科学技术日益发达的今天,人性的异化更是严重,人们逐渐沦为了金钱和名利的奴隶,丧失了自己。因此,道家提倡要超脱于物外,不为名利所动,也不为欲望所惑,跳出狭隘的自我,达到一种无己的圣人之态。

2. 论教育理想

庄子率性、无情、无欲、无己的人生态度,直接影响了他的教育观。庄子认为,在远古时期,人类社会曾经经历过一个"至德之世"。在这个"至德之世"中,不崇尚贤才,不任使能人;国君居于上位如同树梢高枝无心在上而自然居于高位,百姓却像无知无识的野鹿无所拘束;行为端正却不知道把它看作道义,相互友爱却不知道把它看作仁爱,敦厚老实却不知道把它看作忠诚,办事得当却不知道把它看作信义;无心地活动而又相互支持却不把它看作恩赐。他还在《马蹄》篇中描述"至德之世"。那时,每个人走路稳重端庄,看东西目光专注而不游移。山间没有开凿大大小小的道路,湖泊河流之上也没有舟船和桥梁。人与万物合群而生,住处相互连接,无有分界,禽兽成群结队,草木顺性滋长,因此,人可以牵引禽兽到处漫游,也可爬到树上窥视鸟鹊之巢。庄子的教育理想就是要重返"至德之世"。相对于老子"鸡犬之声相闻,民至老死不相往来"的小国寡民的状态,庄子的理想更为自然和原始,已经达到了物我不分、浑然一体的状态。其教育培养目标和儒家的知仁知礼的君子不同,庄子要培养的是自然率性保持

---

① 司马迁:《史记》,岳麓书社2002年版,第733页。

本真之人。

庄子的培养目标,一是培养"圣人""至人""真人"。其中,庄子所言的"圣人"是与儒家所树立的"圣人"形象完全不同的。庄子反对儒家用仁礼道德来治理国家,因此也对"圣人"加以批判。庄子甚至说,"圣人不死,大盗不止"①,来表明对儒家所谓"圣人"的厌恶。庄子所要培养的圣人,是超脱于世俗之外的,保持自然本心的"得道"之人。其余的"至人""真人"稍逊于"圣人",但基本具备像"圣人"一样的品质。二是培养有德之人。这里的"德",不仅仅是狭隘层面上的道德,而是"道"落实到具体的人生层面上的法则,庄子认为,按照"道"来处世,合乎法则,即是道德,或曰"充德"。"充德"之人也和"圣人"一样,是"得道"之人。他们有多种称谓,如"全德之人""王德之人""德友""德人"等。以"全德之人"为例,天下的是非毁誉,对于他们都无所增减。即使这样的人容貌丑陋或者身体残缺,也不能否定他们是"全德之人"。庄子所想要培养的第三类人是"内圣外王"之人。按照梁启超的解释,这类人"内足以资修养而外足以经世",就是说,这种理想人才,内在修养已经很深,是"得道"之人,外在还可以治理国家。这和柏拉图所塑造的哲学王形象颇为相似。

3. 论知识

(1) 不可知论

庄子认为人们没必要获得知识,也不可能去完全认识周围的事物。首先,从认识的客体也就是认识的对象来说,万事万物都是平等的,同一齐生的,没有什么本质的差别,人自身也与万物融为一体,正所谓"物无非彼,物无非是"②。既然这样,就没有认识万物的必要。庄子认为万事万物都处在不断地变化中,"物之生也,若骤若驰,无动而不变,无时而不移"③,没有常态,没有规律可循,因此,人们也没有认识万物的可能。其次,从认识的主体也就是人类来说,通常会有"拘于虚""笃于时""属于教"的局限。也就是人们会受到时间、空间和礼教的束缚,不可能完全尽知知识。人受到时间的局限,也即人的生命有限,以自己有

---

① 胡仲平编著:《庄子》,燕山出版社 1995 年版,第 109 页。
② 同上书,第 39 页。
③ 同上书,第 167 页。

限的生命去追求无限的知识,这是伤身害己的;人受到空间的局限,不能遍及整个宇宙,因此认识范围也有限;人一旦接受了某种礼教的教育,其思想往往被禁锢,不能再接受其他新知。再次,庄子和老子一样,认为知识是有害的,老子主张"绝圣去智",庄子认为人们若有了知识,就会产生"成心",也即成见,就会有争执和纷乱,使自身违背了自然,而且会使国家难以管理,因此要反对知识,反对求知。庄子这样提问:我们两个人辩论,假使你赢了我,那么我就一定是错的吗?假使我赢了你,那么你就一定是错误的吗?有没有这样一种情况:两个都是正确的,或者两个都是错误的呢?如果有第三个人的意见作为评判标准,那么这一个人的观点就一定正确吗?我们没有办法知道正确和错误的标准,所谓知识,不过是人们的一己之见罢了。可见,这是庄子对当时诸子百家争鸣现象的一个批判,认为众说纷纭,但不能有一个标准,因此,人们的知识只是偏见。真正的知识是不可知的。

(2) 相对主义观

由以上庄子所认为的辩论没有正确的、唯一的标准推演出去,得出了相对主义认识观。简而言之,庄子认为,对于世界上的万事万物,人们只有相对的感觉,没有唯一的标准,没有绝对真理或标准。庄子举出很多例子。他说,人们觉得泰山是宏伟的,秋毫是渺小的。但是相对于广袤的宇宙来说,泰山不过是一粒尘埃而已,而相对于微观世界来说,秋毫就显得无比巨大了。再者,彭祖活了800多岁,人们觉得他很长寿,但楚国的南海有一只巨大的灵龟,500年对它来说只是一季,彭祖相对于灵龟来说,怎么能算是长寿的呢?人们又说少年夭折是短命,可是有一种小虫叫寒蝉,它春生而夏死,夏生则秋死,根本不知道什么是四季,更有甚者,林中的菌菇,早上生长起来,晚上就枯萎了,根本不知道什么是一天。夭折的少年相对于寒蝉和菌菇来说,难道不是长寿的吗?不仅仅是人的感知标准,庄子说,即使人们都认同的事物,也不见得一定是正确的。他说,人们都认为西施、毛嫱生得国色天香,可是海里的游鱼见了,立刻潜入海底,空中的飞鸟见了,立刻飞向高空,陆地上的麋鹿见了,立马逃向山林,难道这些动物们感觉西施、毛嫱长得很漂亮吗?因此,庄子得出,世界上没有唯一的客观标准,也不存在绝对的知识或真理,人们得到的都是主观的感受和偏见罢了,所以也没有必要去求知。在庄子看来,诸子百家众说纷纭,实际上都是在大谈特谈自己的偏见，可笑极了。

需要说明的是，以上所言之"知识"，是人们由对于外物的认识和感知所形成的，或是可以用语言或者文字来表达的。它相当于我们现在所言的"显性知识"，与之相对的是"缄默知识"，即不可以用语言文字来传达，只可意会不可言传的知识。庄子认为，人们对外物认识所习得的知识，只能算是"小知"，而真正的只可意会不可言传的"道"，才是"大知"。因此，"小知"都是不可知的，也是具有相对性的，人们要放弃对小知的追求，进而追求关于"道"的"大知"。

4. 论教师

首先，庄子对教师的"任职标准"做了论述。他认为，担当教师者，最低资质应是"贤人"，把"德"和"才"看作是衡量教师的标准。庄子期许德才双全之人，但在这两者之间，庄子更看重德，认为即使一个人没有才，但有德，也可以做教师，倘若反之，则必酿成大害。在论及教师的修养方面，庄子以赌者为例说，以瓦片下赌注的有巧智，以钩来下赌注的心里有些担心害怕，以黄金来下赌注的，心里很昏蒙慌乱。本来赌者的心理都是一样平静的，但由于以黄金下注的人对外物有太多的顾惜，心思都过多地转移到外物上，因此更有可能输。庄子认为，教师应该静心，不为外在的名利所动，潜心治学，才能称之为一名好教师。其次，庄子认为，对于学生来说，择师的标准不在于对方是否年长，身份是否显赫等，而要看其是否"得道"。庄子说，即使一个人到了耄耋之年，但如果没有积累和他年龄相当的智慧，只能称之为"陈人"或"老朽"，而不能称之为智者；如果一位儿童掌握了大道，即使年龄小，也应该拜其为师；如果像渔夫、轮夫、甚至是身有残疾的人，如兀者王骀、相貌丑陋的哀骀它，只要得道，也应该拜其为师。这样的"唯道为师"的师道观，打破了年龄、身份、阶级的局限，其所体现的平等意识，比儒家的"不耻下问"更进一层次。

此外，在庄子看来，教师和学生之间的角色并不一定都是固定的，可以相互转化，正如后世的韩愈所说，"弟子不必不如师，师不必贤于弟子"①。《大宗师》里讲述了这样一个典故。颜回向孔子汇报自己近来的学习情况，第一次，颜回说自己忘了仁义，孔子回答说，还不算学好了；第二次，颜回说自己忘了礼乐，孔

---

① 韩愈著，严昌校点：《韩愈集》，岳麓书社2000年版，第158页。

子同样回答说,这样也不算是学好了;第三次,颜回说自己"坐忘",孔子惊讶地脸色大变,请教颜回什么是"坐忘",颜回解释后,孔子恍然大悟,连连夸赞自己的学生是贤人。庄子意图说明,教师的角色并不一定都要是固定的某个人,教师不一定都是权威的,学生不必处处不如老师,只要是悟得大道,都可以成为教师。

5. 论学生

首先,庄子的学生观是一种"大学生观",即对学生的年龄、资质、国别都没有设限,也没有像现在一样,一提学生,就是指在某所学校中学习的年轻人。庄子认为,任何一个人感觉自身不够丰富,怀有求学之心,皆可为学生。整个社会可以看作一个大学校,每个人都可以是学生。这和我国近代教育家陶行知先生所倡导的"生活即教育,社会即学校"颇有异曲同工之妙,体现了一种大学生观和大教育观。推演开去,《庄子》中学生和老师的关系还体现出平等思想。如《庄子》所记载,孔子和弟子出行,偶遇一位得道的渔夫,虽然渔夫态度并不好,但孔子仍恭恭敬敬,一拜再拜地向他请教。孔子的弟子很不高兴地埋怨老师,说夫子本是闻名天下之人,在街上诸侯大夫们遇到您,都要向您礼让三分,您还表现出不屑的神色,现在怎么可以对一个渔夫低声下气呢!在这个典故中,学生并没有因为孔子是老师产生畏惧等情感,体现了师生之间平等和谐的关系。最后,庄子认为学生也应该不断学习,肯定了任何阶段的学生都有不断学习的可能和必要。《庄子》中记载了很多年老但仍在继续学习的能工巧匠,如解牛的厨师、做车的轮夫等,他们都是终身学习的典范。

6. 论教学与学习原则

《庄子》中包含大量教学与学习原则,这里仅就几个典型的原则加以阐释说明。

(1) 教学原则

接受差异,因材施教。首先,庄子认为,世界上的万事万物都有其特性,要用适合它们的方式去对待它们。比如说,鱼有水才能生存,而人在水中却要被淹死。庄子还讲了鲁侯养鸟的寓言。鲁侯得到了一只海鸟,于是将它请到宫中,住进鸟笼,斟酒给它喝,摆上牛羊肉给它吃,奏乐给它听,不出几日,鸟郁郁而亡。同样,人和人之间也存在着差异,要去接纳差异,把握每个人身上的特质,更要以适合他的方式去教育。其次,世间万物不仅有其特性,而且各有其用。小材有小用,大材有大用,无用之材有"无用之用"。庄子和惠子辩论时,惠子提及,他有一个大葫芦,但是这个葫芦用来盛水,则立不牢稳,难以胜任;分剖为瓢,则平浅不容多物,惠子认为它真是无用,因此把它击碎了。庄子认为惠子不善于用大,反问惠子,为何不把它系在腰间,用作腰舟来游于江湖呢？看似无用的大树,却免于砍伐,保全性命于乱世,或者可以把树种在广大无边的旷野里,人们悠然自得地徘徊在它旁边,逍遥自在地躺卧在它的树荫下。庄子持有一种"大人才观",认为万物各有其用,而不是指定的某一类人才才有用。因此,要针对不同的"材",施以不同的教育,并安置在不同的位置上。在这里,庄子与孔子不同。孔子的因材施教是有目的的,即针对学生不同的性格特点和思维品质,运用不用的教学方法,最终目的是将他们培养成君子。但庄子并不期许将不同类型的学生培养成统一类型的人,认为这样做是泯灭了个人身上的自然性。庄子的因材施教,是接纳人和尊重人,将人培养成更好的他自己。

效法自然,彻底无为。庄子认为,人们关于世界的认识,不过是一种偏见,"小知"或者小聪明,社会动乱的根源在于有些人愿意耍小聪明。真正的"大知"是超脱于尘世,获得内心的澄澈。因此,真正得到"大道"和有大智慧的人,都是清静无为的。与老子的"无为"不同,庄子的无为是彻底的不作为,最接近原始状态,任何人为都是违背自然的,庄子的无为是没有目的的,而老子却是有目的的,只是把"无为"作为实现目的的手段。庄子在《马蹄》篇中说道,马的蹄子可以践踏风雪,皮毛可以抵御风寒。饿了就吃草,渴了就饮水,这就是马的天性。而世间出了善于治马的伯乐,他将烧红的铁器灼炙马毛,用剪刀修剔马鬃,凿削马蹄甲,烙制马印记,用络头和绊绳来拴连它们,用马槽和马床来编排它们,这样一来马便死掉十分之二三了。饿了不给吃,渴了不给喝,让它们快速驱驰,让它们急骤奔跑,让它们步伐整齐,让它们行动划一,前有马口横木和马络装饰的限制,后有皮鞭和竹条的威逼,这样一来马就死过半数了。即使是侥幸存活下来的马,也产生了反抗人的机智:它们会侧目怒视,僵着脖子抗拒轭木,暴戾不驯,或诡谲地吐出嘴里的勒口,或偷偷地脱掉头上的马辔。庄子认为,马因此失去了活力，失去了本性，变成只会拉车之马，这完全都是伯乐的错误啊！此外，庄子还在《应帝王》中以本无七窍的混沌为喻。南北海之帝倏和忽为报答混沌，以人的模样为混沌凿七窍，反而导致了混沌的死亡。因此要保持人的本性，顺应自然，以自然的方式去教化人，并且提倡以自然为师，因为大自然恩泽万物不是为了仁，粉碎万物也不是因为义，大自然有自己的运行法则，是个不言、无为之师。庄子反对儒家所谓的圣人说教。他曾说，最明智的君主，虽上知天文下晓地理，但从不考虑什么；虽具有雄辩之才，但从不去辩论什么；虽有雄冠天下的能力，却从不去作为什么。君主不去作为，人民才能"自化"，继而发挥其主动性和积极性，天下才会有条不紊地运行。至于教育，庄子认为最明智的教育者也如同君王一样，不去作为，学生才会有为，才能实现"自化"，发挥学生的潜能，促成教学的成功。

以身示范，行不言之教。庄子并不认为那些夸夸其谈的教师有多么高明，他们未必得到了真知。相反，那些得到大道的、本能言但却不言的教师才是高明的教师。对于可以用语言文字传达的知识，即现代所谓的"显性知识"来说，关于思想、感情、道德等方面的"缄默知识"，是不可以用语言文字传达，也即只可意会，不可言传。因此，教师适时适用缄默教学，行使不言之教，让学生自我感知和体悟，就显得尤为必要。另外，行使不言之教，强调教师的示范和榜样作用。教师虽不言，其举止行为却无时无刻不影响着学生。教师少言多行，还能防止说教情况的发生，避免学生产生逆反心理。庄子在《知北游》中以黄帝之口表达了"真正知道的人是不说的，而喋喋不休的都是不知道的，所以圣人行使不言之教"的观点，又在《德充符》中肯定了不言之教的效果。鲁国有一位名叫王骀的人，他是一个没有脚的残疾人，但他的学生和孔子的一样多。他在上课时候从不教什么，也不发表什么言论，他的学生却能头脑空空而来，收获满满而归。有人怀疑有这样一位心灵充实，行不言之教的残疾人吗？孔子回答道："他是圣人啊，我的学问比不上他"，以此来抬高不言之教的地位。庄子所谓的不言之教，并非是不教，而是反对空洞无物的说教，侧重于强调教师的榜样示范作用和环境的影响作用。

（2）学习原则

泯除是非。针对当时儒墨两家争论不休、学子莫辨孰是孰非的局面，庄子提出学习应该"泯除是非"。庄子在《齐物论》中讲到了一种"吾丧我"的状态,即一种形体如同枯槁的木头,而心灵则如死灰一般虚静的真人之态。只有在这种忘记了自己的状态中,人才能回复自然。庄子认为,人心灵的本真状态就是虚静的,那时心灵如同明镜一般,感万物而万物应。但人们若产生了"我"之概念,就会自动地将"己身"与"异己"隔离开来,便会以自己为尺度去衡量万物。在庄子看来,儒墨两家喋喋不休,甚至当时诸子百家争鸣,之所以意见不同,实际上都是因为各家所持标准不同。而且各家所持标准,皆是一偏之见,没有统一的正确标准断定孰是孰非。归根结底,人们都没有达到忘我之态,不能回归自然,参悟大道。再加上庄子本身就对这些世间的"小知"持怀疑和批判态度,认为是非对错、善恶美丑等都是相对的,因此主张学生泯除是非,摆脱世俗中的种种成见,忘记自我,使心灵回复到自然之态,不以儒家之是为是,也不以墨家之非为非,要超脱其上,无所束缚,才能参悟大道。

齐一对待。齐一对待的基础是泯除是非。齐一对待可用在事物和事理两方面。首先,对于事物,既然泯除了是非,那么人和动物之间,天下的苍生之间,都没有好坏高低贵贱之分,只有习性和喜好上的不同而已。通过齐一对待万物,才能摒除偏见和一己之私,才能从万物的自然之态中体悟到大道的奥妙。其次,齐一对待事理。庄子所处百家争鸣时代,各家众说纷纭,为自己的学说奔走游说,各家相互辩驳,是非莫辨。庄子不直接反对某一家的学说,他只是认为,各家各派之所以争辩不休,皆是以己度人,难免会钻牛角尖,导致纷争的出现。因此,学生在面对这种状况的时候,应该从多角度、多种价值观去评判问题,要齐一对待,不对某种观念理论有所偏颇,才能全面把握问题。另外,庄子"齐一对待"的学习原则,也彰显了一种宽容及多元化的价值观念,这种处世态度有利于发展人的个性,激励人的积极性和创造性。以自然齐一的胸怀对待社会上的知识观念,才能在心灵上达到大道虚静不为外物所扰的境界,才能破除种种社会议论的绝对性,才能获得庄子所谓的"真知"。

接、謨、神遇。这是庄子通过学习,获得大道的三个阶段。所谓接,就是接触。庄子言,知者,接也。要广泛接触外物,尤其是自己不通晓的事物和领域,才能有所新知,这是学习的初始阶段。所谓謨,则是疑难、质疑。庄子言,知者,謨也。即要求学生在广泛接触外物的基础上再进一步,去置难,去思虑,去探寻事物的本质。"谟"的过程实际上也是"辨"的过程,辨明事物的真相。这一阶段要求学生将第一阶段的主观感知上升为抽象理论。所谓神遇,则是心领神会,或曰顿悟。此时学习已经到了得心应手的阶段,前面两个阶段的具体感知和抽象理论都已经化成了此时的缄默知识,就像庄子在《庖丁解牛》中所述的名叫丁的厨师,由开始解牛时不熟练,到后来,摸到了规律,利刀可以在牛的筋骨缝隙间游刃自如。这就达到了"官知止而神欲行"①的境界。这一阶段是学习的最高阶段,也是掌握了规律的阶段。总之,广泛感知,形成感性认识为第一阶段,然后辨别事物的本质,直到最后掌握和吸收了事物的客观规律。

心斋。所谓心斋,即摒除杂念,虚壹而静,以明大道。就像身体在吃素一样,在学习大道时也应该使心清净,不为外在的名利所惑,自然可以渐入佳境。庄子说过一个有意思的故事。有一个工匠很会雕刻,他刻的人与真人完全一样。君王看了吓一跳,问他:怎么能刻得那么像呢?工匠回答说:我开始刻的时候,一定要先守斋。三天之后,心里就不会想"庆赏爵禄",就是说会得到什么赏赐,或者别人会不会给我一个官做。守斋五天之后就不敢想"非誉巧拙",就是别人会不会称赞我,说我技巧很高。七天之后,就忘了自己有四肢五官了。只有这样,才能够掌握大道的真谛。

四、庄子之自然与犬儒学派之自然

犬儒学派(Cynics)是在希腊古典末期与希腊化时期出现的哲学流派之一,由苏格拉底的学生安提斯泰尼创立,迪奥根尼是犬儒学派的著名代表人物。这里之所以将庄子与犬儒学派相比较,根源在于两者之间诸多的相似性。

1. 异曲同工——相似性比较

所谓"异曲",是指庄子思想与犬儒学派思想各自产生的社会背景和文化根源有所差异。

在社会背景上,犬儒学派约在公元前 4 世纪的希腊城邦——雅典开始出现,约早于庄子一个世纪。古希腊自公元前 8 世纪至公元前 3 世纪,一直处于

---

① 胡仲平编著:《庄子》,燕山出版社 1995 年版,第 50 页。

一种剧烈的社会转型期。接连不断的战争使城邦的经济基础遭到破坏,阶级矛盾尖锐化,人民生活在水深火热之中,社会秩序混乱,城邦危机加深。自由民的衰落、国家范围的扩大导致城邦公民集体主义理想的破灭。再加上雅典在伯罗奔尼撒战争中不断惨败,这些都刺激着人们的心灵。而富有智慧和美德的苏格拉底被处死,给雅典的民主政治留下了难以抹除的污点,人们开始对民主政治越来越不抱有希望。于是人们将人的社会规范和个人理想提到了重要的地位。这就不可避免地促使个人主义崛起。犬儒学派就是一个主要代表。庄子生于约公元前369年,是中国历史上的春秋战国时期。当时社会动乱不安,周王室彻底衰落,礼崩乐坏的程度更加深刻。诸侯之间为了兼并土地,常年征战,导致杀人盈野,饿殍遍地。庄子目睹政治的暴力可以任意摧残人的生命和尊严,逐渐对政治失去了信心。政治有如浑水一般,每个置身其中的人都遭遇叵测,不如索性脱离政治,终身不仕。在这种思想的指引下,庄子逐渐产生出世的想法。

在文化根源上,在犬儒学派产生之前,古希腊经历过民主政治带来的繁荣时期。政治上的繁荣也促成了文化上的繁荣,出现了西方最早的教师——智者派,哲学、数学、雕刻、建筑等领域也繁荣发展,并且出现了苏格拉底、柏拉图等有着广泛影响的思想家。在这个时期,国家对外实行开放政策,开拓了人们的眼界。国力的强盛和文化的繁荣,也促成了宽容的思想氛围。秉持不同观念的人们可以任意在广场上演说,宣扬自己的思想。这些都为犬儒学派的出现积累了丰富的思想源泉。犬儒学派的创始人安提斯泰尼是苏格拉底的学生,他继承了苏格拉底"美德即知识"的思想,并进一步将之纯粹化,将美德的追求超过了知识。到了迪奥根尼时,除了善良和美德,他什么都不追求。此外,古希腊哲学家赫拉克利特和德谟克利特宣扬自然主义观点,也在某种程度上影响了犬儒学派。而庄子所处的时代礼崩乐坏,战乱不断,乱世需要人才,各国君主为了国家安定纷纷招士养士,以采纳其治国安世之说,因此对社会上各种学说持宽容态度,学术之风较自由。诸子百家纷纷著书立说,游走于各国之间,宣扬自己的思想、学说。庄子吸收了各家各派的思想精华,其中尤为赞同老子的观点——老子主张"绝圣去智",回复到自然的、小国寡民的状态,则民风自朴,社会自安,生产自运。庄子赞同老子,并冷静地分析各家各派的学说,认为它们大都是人们的一种偏见，是引起社会动乱的重要原因，尤其是儒家学说，其宣扬的仁义道德更是对人性之自然的一种违背，到后来也逐渐沦为诸侯窃国的工具。庄子对这种现象进行了批判，提倡人们摒弃所谓仁义道德，回复到自然之态来。

所谓同工，则是指庄子学说同犬儒主义学说在诸多方面都有着十分相近的主张，突出表现在其自然主义观念上。

在政治观上，庄子和犬儒学派都持反对现实政治的态度。庄子认为一般人很虚伪，人心要比山川还要险恶，知人比知天还要困难。上天尚有春夏秋冬晨昏的交替，而人却外貌厚道，内心隐藏其感情。因此世上难事莫若知人，而最难之事，莫若伴君。春秋战国时期君主暴吝无道，往往黑白不分，举枉错贤，导致庄子对政治愈发失望，愈加渴望没有君主的"至德之世"。退而求其次，如果一个国家一定要有一位君主的话，庄子赞同老子的治世态度："治大国若烹小鲜"。这就是说，治理国家就像烹调美味的小菜一样，应该少翻腾。君主应该尽量地少作为，最好是不作为，让百姓自己发展和组织生产，以至于感受不到这位君主的存在，这才是最好的状态。犬儒主义者更是彻底的无政府主义者，甚至到了冷漠和玩世不恭的立场。他们将德行、自由和自然强调到极致，戏谑政治和权力。据说，伟大的亚历山大曾经拜访过犬儒学派著名人物迪奥根尼，问他想要什么恩赐，迪奥根尼只是不屑地说道，别挡了我的阳光。这和庄子拒绝诸侯或太子的政治邀请有着惊人的相似。庄子对诸侯们说，自己宁愿做泥淖里逍遥自在的普通乌龟，也不愿意做留骨而贵的神龟，宁愿做一只孤独的小猪，也不愿意做不愁吃喝的牺牛。

在知识观上，庄子和犬儒学派都在不同程度上反对知识，甚至反对人类文明。犬儒学派创始人安提斯泰尼认为，一切看起来精致的哲学实际上都没有什么用处，哲学家知道的，普通人也知道。他反对智者学派朴素的进化观，认为人拥有的知识不仅没有将人变好，反而是一切腐败和堕落的根源。安提斯泰尼进而鄙视数学、知识、自然科学以及各种技艺，并嘲笑音乐家不顾及人的心灵，认为它们不仅是不值得学的，而且是有害的，人们应该抛弃知识，抛弃文明，而安于粗鄙懵懂。同样，庄子也反对人求知，认为世间的知识是"小知"，且没有客观的标准，都只是人们的一种偏见而已。在对待人类文明上，庄子没有犬儒主义者那么激烈，但也反对文明，庄子向往一种比老子的小国寡民更加彻底，近似于原始状态的"至德之世"。庄子的理想社会中的人们，是自然朴素的，甚至是无知的。

在伦理生活观上，庄子和犬儒主义者都主张"自然地生活"。犬儒主义者对世俗的享乐不屑一顾，嘲弄那些追求享乐的人，他们奉行一切从简的原则，带有苦行的倾向。犬儒主义者无论冬夏通常只穿一件短衣，甚至赤身裸体，拿着一只用来喝水的破碗或杯子，挂着一根粗壮的橄榄树枝做拐杖，没有居所，通常以乞讨为生。白天则在广场上与人们交谈辩论，或者对人们进行玩世不恭的讽刺挖苦，晚上则睡在大街上或神庙里，像迪奥根尼直接睡在破木桶里。犬儒主义者主张弃绝政治、婚姻、财产、荣誉、宗教、权力等等，他们对于感官享乐或者物质享乐都抱持一种鄙薄的态度，甚至对于世间的感情也到了超脱甚至冷漠的态度，他们认为因为离开家乡而恋恋不舍，或者因为朋友或孩子的死亡而伤心欲绝，是件太过愚蠢的事。他们想要把生活简单化和绝对自然化，自然到和动物没有区别。庄子也提倡自然地生活，他一生清贫，以打草鞋卫生，经常饿得面黄肌瘦，不得已时还向官府借过粮。庄子将他的住所设置在远离市井之外的田园，在生活上也主张清心寡欲，按照自然的方式去生活。庄子对于生死也超之度外，认为生死本就是自然之过程，从本来无形无体无魄到婴儿诞生，到长大成人，最后衰老病死，不过是回复到最初的样子而已。

在价值观上，两者都指向虚无主义。犬儒主义者对人和社会充满了不信任感，不相信一切价值，或对当下的政治保持清醒的意识，或有意对政治家形成某种程度的制约和对峙，但却不正面对抗。他们虽对社会不满，不仅反对政治、婚姻、确定的宗教，而且对此大加嘲弄，但他们并不期许改变社会，因此用愤世嫉俗、冷嘲热讽的方式和妥协的文化立场和处世态度表达对现实的不满。他们思想的根源是一种价值虚无主义，因此既不追求感官上的饱足和享乐，也不追求外在的权力和地位，也不追求世间的情感，甚至对自己的生命也持有一种无所谓的态度。多数犬儒主义者最后以各种方式自杀。庄子也在某种程度上持有价值虚无主义。首先从外在政治环境上，庄子比孔子晚一个世纪，礼崩乐坏的程度更加深刻。当时孔子还想着著书立说，奔走游说去拯救苍生，改变社会混乱的局面，而到了庄子这时候，人们普遍对政治和社会绝望了，转而幻想虚无的"至德之世"。再有就是庄子自身对人生、价值等问题的看法。庄子在《田子方》

中,借孔子之口,表达了对人生的看法:"我一旦禀受大自然赋予我的形体,就不会变化成其他形体,而只能等待最终的衰亡。不能随外物的变化而相应有所行动,日夜不停从不会有间歇,而且竟不知道变化发展的终结所在,是那么温和而又自然地铸就了现在的形体。我知道命运的安排不可能预先窥测,所以我只是每天随着变化而推移。我终身跟你相交亲密无间而你却不能真正了解我,能不悲哀吗?"在庄子看来,人生就是一场悲剧。如何从悲剧的人生中寻找幸福,则是庄子哲学意蕴所在——摒弃一切外在的诱惑和外在的欲望。在实际生活中,庄子既不重视"利",即物质经济利益,也不重视"义",即心中的仁义道德,把人世间的一切看得很虚无缥缈,只追求内心的逍遥。

总而言之,庄子和犬儒学派都追求自然、自由、自在地生活,在很多问题上都有相近的看法。究其原因,两者都面临着相似的社会背景和生产力发展水平,其思想是不满于社会却又无力改变,只得寻求精神超脱的一种表现。

2. 殊途殊归——差异性比较

虽然两者有诸多的相似性,有学者也称庄子是中国最早的犬儒学派创始人,但在后期的发展中,庄子学派和犬儒学派有着截然不同的历史命运。犬儒派在公元前 3 世纪赢得了最大的社会认可和众多的追随者,后逐渐衰落,最后伴随着西罗马帝国的灭亡而走到了尽头。而庄子的思想却一直被传承下来,对于中国人的性格、中华民族的文化以及政治观有着深刻的影响。当代学者南怀瑾先生评论老庄代表的道家思想为"中国人的药店"。犬儒学派和庄子学派的命运反映出其思想中的差异。二者都提倡自然,但二者对于自然的理解并不相同,因此导致二者在生活方式、处世方式和文化传承上表现出明显的不同。

在犬儒主义者看来,自然无外乎两种意思,一是指外部的自然环境,即狭义理解的大自然;二是指自然本能,或者是像动物一样的本能。

在这种自然观的指引下,生活方式上,早期的犬儒主义者观察到动物不穿衣服也能过冬的现象,因此提出节制自己的欲望,摒弃外在的感官享受而获得精神上的满足。这种观点尚能为当时的社会所接受。但犬儒学派发展到迪奥根尼时代,对自然的理解走向了极端。迪奥根尼对当时的社会失望透顶,据说他曾经在雅典,白天里打着灯笼寻找"诚实的人",但最终没有找到,失望地回到了他的木桶里,决心要"像狗一样活下去"。他将生活最简化,很少穿衣服,经常赤身裸体到处游走,只带着一只喝水的杯子,后来因为看到牧童用手取水,他干脆把杯子也丢了。迪奥根尼曾经模仿狗去吃生肉,别人向他甩来一根骨头,他则像狗一样摇头摆尾,后面公然与狗抢食。迪奥根尼和其他犬儒主义者也不顾及自己的形象,有的犬儒主义者甚至在公开场合进行性交。因此,犬儒学派越到后期,越表现出其接近动物性的一面,越来越像黑格尔评论的一样,恬不知耻。后世的犬儒主义者大多都是乞丐,他们公开嘲弄社会,对周围的一切充满了怀疑和不信任,变得颓唐和自暴自弃。当时的人们冠他们以"犬儒"的称号,完全符合其特性,而且表达了人们对他们的蔑视——其所主张的自然性,实际上是一种动物性,抹杀了人的尊严,这为犬儒学派的消亡埋下了祸根。

在自由观和处事方式上,犬儒主义者向往真正无拘束的自由,他们对任何束缚都很反感。他们不参与政治,不从事生产,不信仰宗教,也不组建家庭,向往一种极端反社会、反世俗的自由,是一种极端个人的自由。他们过着一种乞丐的生活,因为乞丐居无定所,所以这种放浪形骸的生活方式才能使他们获得真正的自由。犬儒主义者迪奥根尼曾经赤身裸体走遍邻国,尽情享受了阳光和空气。不得不说,早期的犬儒主义者提倡摒弃多余的欲望来获得美德,但在后来的发展中,犬儒主义者所追求的自由更多是偏向于外在的或形体上无束缚的自由,对心灵的自由相对不重视。在处世方式上,犬儒愤世嫉俗,却不想去改变这个社会,逐渐冷漠,变成无所谓的看客,对社会中的种种现象,都抱着戏谑、玩世不恭的态度,并逐渐自我放弃,表现出粗野、不知羞耻的一面。

在对待知识方面,早期的犬儒主义者大都受过良好的教育,不少也收弟子,著书立说,但事实上,犬儒主义是反对知识和教育的。以迪奥根尼为例,他是个激烈的反知识、反教育的典型,他对传统的希腊教育观嗤之以鼻,并对各个学科加以嘲弄。他认为学习修辞学的人,其实是学会了如何隐藏内心真实想法,如何去说谎;研究荷马史诗的历史学家,通常对自身的疾病一无所知;演奏音乐的音乐家,通常任由自己的心灵去放纵;数学家只知道抬头看星星月亮,却对周围的事情不闻不问;高谈阔论的演说家,通常不知道如何去实践。此外,迪奥根尼还对诸如物理学、逻辑学、天文学、哲学等一一进行了讽刺。再到后来,犬儒主义者更进一步,反对所有的人类知识。他们认为,真正的自然、自由是不能被写到书本上的,而凡是书本上的知识,都在某种程度上对人性造成了束缚。人们通过学习知识,更加滋生了欲望,进而混乱不堪。迪奥根尼甚至说道:"如果你失去了视力,你会倒在地上;可如果你接受了世俗的教育,你就会堕入地狱。一句话,世俗教育带来的就是虚荣、欲望、迷失和黑暗。"[1]

而在庄子看来,自然就是"最初、自然而然的样子",是一种合乎天地运行的规律、法则,是一种只可意会不可言传的"大道"。

在这种思想的指引下,庄子在生活方式上也崇尚自然和简单,他不参与官场,以打草鞋为生,穿粗布衣服,住在陋巷,但并没有犬儒主义者那样的自苦倾向。庄子的生活方式可以概括为与世无争的隐逸,这对后来的魏晋名士产生了很大的影响。以嵇康、阮籍为代表的竹林七贤,隐居山林,劈柴种田,弹琴吟诗,既没有衣不蔽体,也没有街头乞食,反而过得清净洒脱,可谓是对庄子思想最好的践行。还有著名田园诗人陶渊明,隐居郊外,过着"采菊东篱下,悠然见南山"的恬静生活。此外,庄子也没有激烈地反对政治和婚姻,他也娶妻生子,尽享天伦之乐。由此看出,庄子提倡的自然生活方式,是简单、清净、少私寡欲、见素抱朴的,绝非如犬儒主义者一样,像动物一样去生活。

在自由观和处世方式上,庄子追求外在的形体自由,但更加注重心灵自由。庄子在《逍遥游》里塑造了鲲鹏、蜩、学鸠、斥鷃等形象,并寄予大鹏以自由的形象,使之怒而飞,扶摇直上九万里。但庄子并不是将鲲鹏描写为一个完全自由的形象,它还需要外部的水、风的支持,并且将鲲鹏的展翅高飞与"抢榆枋而止"的小鸟们相比,可以得出,众生皆不可完全自由,而且每个个体对自由的感知度都不同。庄子认为真正的自由是神游,即超脱外在物质上、权力上、声誉上的一切束缚,达到心灵的无限逍遥。在处世方式上,庄子并没有像犬儒主义者表现得如此放浪形骸。而且我们应该认识到,庄子终身不仕,是出于"保生"的目的,表面是一位飘忽独立的世外高人,实际上庄子也有自己的政治抱负,他提出君主应该顺应自然,无为而治、勿独裁、正己、君无为而民有为等要求。

在对待知识上,庄子只是反对人类通过感官获得的关于世界的表象,也即庄子所谓的"小知",而不反对人们对"大道""大知"的追求。且庄子也不反对私

---

[1] 〔古希腊〕第欧根尼·拉尔修:《名哲言行录》,徐开来、溥林译,广西师范大学出版社2010年版,第285页。

学,他自己也收授学生,与学生交流思想,著书立说,司马迁说他著述近十万字,可见庄子并不是对所有知识都持反对和批判态度。

总之,庄子和犬儒主义者在对自然的认识上有很大不同,这是导致两者不同历史命运的主要原因所在。

五、庄子之自然与卢梭之自然

让-雅克·卢梭是法国 18 世纪伟大的启蒙思想家、哲学家、教育家、文学家,法国大革命的思想先驱。其著作《爱弥儿》以小说的形式,宣扬了自然教育的观点,被誉为教育史上的一座丰碑,卢梭也因此成为近代自然教育运动的先驱,被誉为"发现儿童的人"。

1. "nature"和"素朴"

卢梭生活在法国大革命爆发的前夜,封建社会的弊病已经暴露无遗。城市作为人类文明的聚集地,也在不断集聚着人类的腐败和堕落——官场气息浓重,人们虚伪狡诈,社会动荡不安。在城市生活的儿童,也成了"城市文明"的受害者。卢梭描述说,儿童刚呱呱坠地,就被束缚在又窄又紧的襁褓里,呼吸不畅,脸憋得发青,手脚不能自由活动;再长大一点,父母们就按成人的样子去打扮儿童,男孩打扮成小绅士,女孩穿起小型的贵妇服装,并给他们一些珍珠贝壳等作为玩具;孩子更大一些,就要学习上流成人世界的一些交往礼节,学会按照成人的方式去说话做事。总之,城市的儿童被视作小大人,从小就被压抑和束缚了儿童的天性。

卢梭认为,城市文明使儿童过早地失去了自然天性,并在成长的过程中沾染了许多恶习,儿童自小在襁褓中长大,成年之后也被束缚在城市的种种制度、礼节之中,自然、自由的天性早就丧失。此外,出于一种对即将到来的大革命风暴的预感,卢梭更是觉得,城市中的孩子除了烦冗的交往礼节外几乎一无所知,一旦其生活的环境发生变化,这些儿童就丧失了生存的能力。因此,卢梭振臂高呼:培养自然人!在卢梭看来,王冠随时都可能被剥夺,爵位随时有可能会丧失,只有自然人是无拘束、无所畏惧的。在这里,卢梭所言的"自然人",不是回复到原始状态的野蛮人,而是身心不受约束、自食其力、独立自主的资产阶级新人。

为了反对城市文明对儿童天性的戕害,卢梭在其教育小说《爱弥儿》中塑造了一个名叫爱弥儿的男孩形象。卢梭描述爱弥儿是一个资质普通,将来也会成为一种普通人的男孩。在这部小说中,卢梭表达了自然教育的理想,并对自然人的培养进行了探讨。

卢梭认为,首先应该在外部环境上给予儿童以自然。在儿童出生时,不应该用紧窄的襁褓束缚和压迫儿童的身体,应使他们着衣宽松,使他们的手脚能够自由活动;在生活环境上,不该让儿童整天待在屋子里,应该让他们亲近自然,呼吸新鲜空气,呼唤远处的朋友以保持良好的听力和嗓门;在生活习惯上,应该自小培养儿童适应自然甚至恶劣环境的习惯,冬天不必穿得过暖,床铺不应过软,吃的东西不必过于精细,应该以清淡为宜,儿童的玩具也不应该是一些精致的项链、珍珠、贝壳之类,一根小草棒或者一个会响动的果壳都会让他们玩得很高兴。其次,卢梭认为应该在心灵上解放儿童,不要迫使他们去学习枯燥难解的交往礼节,而应该发现他们的兴趣点,鼓励他们去做想做的事情,使之在心灵上自然舒展。卢梭认为自然人的教育应该在远离城市的乡村进行,因为乡村是最接近自然的地方。

卢梭探讨了自然人的培养阶段。首先是婴儿期(0～2岁),主要进行体育教育,发展儿童的身体,并培养其坚强的意志;然后是儿童期(2～12岁),这一阶段主要是发展儿童的感觉,不提倡儿童读书,因为这一时期是儿童的理智睡眠期,这一时期的教育方法主要用自然后果法进行;接下来是少年期(12～15岁),这一时期可以对儿童进行智育和劳动教育,卢梭教授爱弥儿的技能是木工,因为这既符合爱弥儿的兴趣,也能使他的身体得到锻炼,还能成为将来谋生的技能;最后是青年期(15～20岁),这一阶段主要是进行道德和情感教育。

综观卢梭的自然人教育思想,并与庄子相比,有以下特点。

庄子和卢梭虽然处在不同的国度,并且在时间上也相差了两千年,但却都提出了自然之理念。在卢梭那里是"back to nature(回归本性)",在庄子这里则是"素朴""民如野鹿"的状态,本质上都是对人类文明的怀疑和批判,要求人们重返本真。庄子在两千多年前首先看到了文明对人性的异化,使人或"殉义"或

"殉利",实际上都是对自然之性的迷失——真正的自然之人是素朴的,是无知无欲的,而文明滋生了人的各种贪欲,人们对动物进行驯化和杀戮,人与人之间也为了争名夺利而争斗相杀;卢梭则在两千年后的欧洲一针见血地指出,私有制是社会腐败的根源,是滋生贪欲、引起杀戮的罪魁祸首。两人都对人类文明进行了抵制和批判。他们都认为,人类是不完美的,人类所创造的文明也是不完美的,只有自然是最完美的。卢梭认为自然生长的儿童坚韧健康,而在城市中长大的都是一些老气横秋的儿童;庄子认为西子捧心蹙眉有一种病态之美,但东施效颦则啼笑大方。这都是由于违背了自然之故。因此,要解放人,就要向人类的自然回归。此外,卢梭的自然人教育思想存在着摇摆于自然和社会之间难以自圆其说的矛盾以及在实践上的空想性;庄子典故中所寄托的形象,如大鹏、列子等,都需要外物的辅助,很难达到完全的自由,因此其自然思想也不可避免地带有理想色彩。

庄子和卢梭在自然观和自然人的培养上也有所不同。卢梭所言的自然更多是侧重于人的本质方面,有较为浓厚的宗教意味,而庄子所言的自然,大多侧重于与人为相对的、事物本身自然而然的样子,或者一种合乎规律、只可意会不可言传的大道。在自然教育的培养目标上,卢梭想要培育的是兼具自然天性和生存能力的资产阶级新人,而庄子想要培养的是处于人类早期的与禽兽同居,无知寡欲的原始人。在教育的性质上,卢梭是以培养自然人来抗拒和革新城市中腐败的文明,他为培养自然人设计了完整的方案,并热情描绘了未来的美好前景,是一种向前看的教育,而庄子是对现世生活不满,但又不去变革,因此也不会提出系统的教育方案,逐渐与世无争,借助于精神超脱来免于现世的苦难,因此想要退回到远古时期,是一种向后看的教育。

2. "消极教育"和"无为之教"

所谓"消极教育",就是不给儿童养成品德,只防止儿童趋于恶邪;不教儿童以知识,只防止他们产生对于事物的误解。提倡消极教育,主要是和卢梭的人性观有关。卢梭认为人性本善,他在《爱弥儿》中说道:"出自造物主之手的东西,都是好的,而一到人的手里,就都变坏了。"①因此,卢梭说:"最初几年的教育应当纯粹是消极的。它不在于教学生以道德和真理,而在于防止他的心沾染罪恶,防止他的思想产生谬见。"②在卢梭看来,谬见比无知更可怕。卢梭所说的"最初几年"是指0~12岁,包括婴儿期和儿童期,因为这一阶段的孩子处于理智的睡眠期,如果人为地违反了这个规律,将不利于儿童的正常发展。卢梭认为,最初这几年不教育,反而会收到良好的教育效果,否则会培养出老气横秋的儿童。

卢梭消极教育的主张主要体现在四个方面。第一,不应该教给儿童一些关于道德方面的知识,以免其心灵沾染上邪念。卢梭认为,儿童刚生下来,心灵是美好而柔软的,只需要使之远离坏的影响,保持其心灵不受污染。不应该教授儿童以现实社会中人们所奉行和遵守的道德规范,因为那些道德都只是教会儿童如何奉承和伪装,会对儿童的生长产生不利的影响。第二,教授知识也没有那么必要,最重要的是要让儿童养成正确的概念和判断能力,掌握获得学问的工具。卢梭反对儿童对于纯知识的学习,即使接近少年,纯知识的学习也不适合,何况他认为,书本上教授给儿童的纯知识都是脱离他们生活实际、不能为他们所理解的东西。第三,卢梭认为,不能用成规来教育儿童,不能使之受到任何一种社会习惯的束缚。放任无为,才能一切有为。教育者不应该强迫儿童按照某种方式去发展或者使之做他们不喜欢的事,相反,教育者应该放开手来,让儿童自己做主,做他们感兴趣的事。爱弥儿选择的技能是木工,一个很重要的原因就是他对此感兴趣。第四,在教育方法上,主要依靠自然后果法。卢梭的消极教育并不是完全的放任自由,而是要让儿童进行自我教育。自然后果法就是一个很好的例子。所谓自然后果法,就是要让儿童对自己所做的事情承担后果,从中学到经验,得到教训。卢梭说道,如果一个孩子打碎了玻璃,不要立即责骂他,也不要马上就把窗户修复好,要装作若无其事的样子,要让他受到冷风吹,使他第一个感受到没有玻璃的痛苦。儿童必须要对他所做事情的后果负责,这样才能从中得到教育,进而进行自我教育。

所谓"无为之教",则是庄子的"无为"思想迁移到教育中所得出的,即反对

---

① 〔法〕卢梭:《爱弥儿——论教育》(上卷),李平沤译,商务印书馆1978年版,第5页。
② 〔法〕卢梭:《爱弥儿——论教育》(上卷),李平沤译,人民教育出版社1985年版,第94页。

求知,反对说教。庄子的"无为之教"主要是服务于"道"。庄子认为,人们要感悟到"大道",达到无己无功无名的"圣人"之境,不能靠学习知识来获得,因为道为本,学为末。第一,庄子认为,关于大道的知识是不可教不可学的,"道不可闻,闻而非也;道不可见,见而非也;道不可言,言而非也。"①因此,大道是不能被听见、看见或者说出来的,通过感官得到的一切都不是真正的大道。庄子还说,用言语表达出来的,都只是"物之粗"②,因此,大道是只可意会,不可言传的,就像基督教徒认为的那样,上帝是无所不在充塞于天地之中的,一旦人将之形象化,刻作木偶或画出画像,则不是真正的上帝。第二,庄子并不反对求知,他主张求关于"大道"的"大知",而反对世俗的文化,即"小知",这些小知有的是偏见,有的则是一些小聪明。第三,庄子认为,教育实际上是对人的一种违背人性自然的束缚,《秋水》篇中说:"夏虫不可语于冰,笃于时也;井蛙不可语于海,拘于虚也;曲士不可语于道,束于教也"③。"曲士"即见识短浅之人,之所以见识短浅,庄子认为是由于受到了某种或者某个教派的教育,就像井底之蛙一样被束缚在一个狭小的圈子中,不能跳出来看到世界的真貌,所以,实施教育也是对人的自然性的一种戕害。第四,老子曾说过,知者不言,言者不知。庄子赞同老子的看法,进而认为,没有主动教育的必要,因此也提倡"无为之教"。庄子虽不提倡求知,但对技能十分推崇。《庄子》一书中记载了很多能工巧匠,如解牛的厨师、造轮的车夫、削木的梓庆等,庄子认为,学习这些技能,最接近人的自然本性,更接近于大道。

综上所述,我们可以发现,庄子和卢梭在消极教育方面是有相同之处的。二人都反对社会习惯、成规等影响儿童;都在一定程度上反对书本和书本知识;反对过早使儿童的精神成熟而进行速化教育;都提倡技术教育。

但庄子和卢梭也有不同之处。首先,庄子和卢梭的动机不同。卢梭想要培养的是独立自主,自食其力,具有革新精神的资产阶级新人,他的消极教育不过是为了保持好儿童最初的自然天性,促成其自我教育,为将来进一步接受教育做准备。而庄子想要培养懵懂无知、接近原始状态的人民,实行无为之教,主要

---

① 胡仲平编著:《庄子》,燕山出版社1995年版,第224页。
② 涂光社:《庄子范畴心解》,中国社会科学出版社2003年版,第208页。
③ 胡仲平编著:《庄子》,燕山出版社1995年版,第165—166页。

是使其能够参悟到大道,摆脱人世间的纷扰。其次,二者的教育方法不同。卢梭虽然提倡消极教育,但他积极肯定教育的作用,而庄子则否定教育的必要性和作用。再次,二者的实施阶段不同。如上所述,卢梭的消极教育仅仅是适应于儿童处于理智睡眠期的时段,即 0~12 岁,而庄子的无为教育思想则是贯穿了人的一生,没有终止的阶段。最后,二者在教育内容上也有所不同。卢梭实行消极教育,是有目的有规划的,他只是提倡不应该过早地传授知识给儿童,以免污染了美好的心灵或者违反了自然的本性。而庄子的无为而教,实际上在很大程度上否定了教育,否定了学习知识文化的必要性,"绝圣弃智",将世间所有知识都贯以"小知"的帽子加以反对,这就太过极端,实际上是不利于人的发展的。

六、庄子经典理念对当今教育的启示

1. 尊重、接纳和顺应自然

贯穿庄子思想的主线之一就是自然。

庄子和弟子们外出,看到一棵大树,枝繁叶茂,树身粗壮,树高百尺,树冠如巨伞,十分显眼,想必此树已经有千年之久。庄子在此树前徘徊良久,但匠人却不屑一顾。庄子问匠人道:"这般好的木材,为什么不砍伐它,制成木器呢?"匠人说道:"此树是一种不中用的木材。用来作舟船,则沉于水;用来作棺材,则很快腐烂;用来作器具,则容易毁坏;用来作门窗,则脂液不干;用来作柱子,则易受虫蚀,此乃不成材之木。"庄子恍然大悟道:原来此树因不成材才得以免遭斧斤,保全性命到如此长寿。人也一样,身上有跛疾、道德有残疾的人,是不成才之人,但也能保全性命。所以,大材有大用,小材有小用,无用之材有无用之用。而其中,"无用之用"才是最大的用处。这一论断无疑具有振聋发聩的意义。

长期以来,在应试教育模式和高考的指挥棒下,学生学习的目的都只是为了考入好大学,取得好的文凭。因此,很多学生的特点特长都被忽视和埋没,成了高考独木桥下的牺牲品。他们中很多也许不适合走高考这条道路,换条道路也许能更适合他们,他们就像庄子笔下的大葫芦一样,惠子则代表按照惯性思维的老师和家长,他们认为大葫芦就是要用来盛水和装粮食的,学生就是要好好学习,考入好大学的,所以一旦不如意,即使本可以将大葫芦系于腰间漂游在江湖,本可以另辟蹊径促成学生的发展,却被"惠子们"判为"无用",将梦想的萌芽硬硬地扼杀。我们的社会组成是多元化的,需要不同类型的人才,学校也不是一个工场,负责批量生产出同一种规格的学生。因此,教育者应该转变思维,首先要相信每个学生都是不同的,而且各有其用,还要立足于学生的本身,深挖学生的特点,善于引导不同类型的学生,因材施教,使每个学生都能走上适合自己的发展道路,发挥出自己的作用。

尊重学生的自然天性,还需要教育者顺应学生天性,不要将成人的标准和要求强加给学生。鲁侯养鸟的典故就说明了这一点。笔者小时候读过一则童话,至今印象深刻。小鸡要请小鸭、小狗、小猫等动物做客,它为大家准备了它最喜欢的青草,并且信心百倍地认为大家都会喜欢。结果小鸭喜欢吃蚯蚓,小狗喜欢骨头,小猫喜欢鱼。大家都没有吃到自己喜欢的东西,不欢而散。与人相处之道,不能完全从自己出发,以己度人,要从对方出发,了解对方的喜好和特点。其实教学的过程也是一种交往的过程,教育者要尊重学生,尤其是儿童,要以儿童之道来对待儿童,而不要将成人的意愿或标准强加到儿童身上。卢梭反对城市中的父母将儿童看作小型的大人,按照成人的方式去培养儿童,完全泯灭了儿童的自然天性,而庄子则告诫人们,要"以鸟养鸟",尊重天性,美国教育家杜威也强调教育要以儿童为中心,尊重儿童的主体地位,可谓是异曲同工。用儿童的方式对待儿童,对当下的教育不无启发。

2. 内心虚静,修身养性

庄子的"心斋"思想对于学生甚至是教师的个人修养都有着很大的启发意义。所谓"心斋",指的是摒除杂念,使心境虚静纯一,而明大道。意为打扫屋子里的杂物才可以放更多的东西,放下只为更好地拿起。《庄子》中有很多故事,正有能工巧匠虚静其心,雕琢出栩栩如生的雕像,令人惊叹,反有赌者以金相赌,往往较之以瓦、钩相赌的人更容易输,因其心念完全在金之上,患得患失而精力分散。这些都说明了心静对于处世、学习的重要性。在悟得真知方面,学生只有保持内心虚静,不为外在的、强制的、功利性的目的所惑,才能获得真正的知识,体会到求知的乐趣,不至于使学习变成苦差事。事实上,由外在附属性的动机所引起的学习,往往是不长久、不深入的。学习变成了谋求利益、表扬、奖励或其他目的的手段。这并不是说在教育孩子的过程中,家长和教育者要弃绝奖励,而是要避免使孩子以奖励作为学习的终极目的,从而使学习沦为追求外物的手段。正确的做法应是培养孩子的虚静之心,以自然之态接受学习,体会到学习本身的乐趣,从而获得真知,得到启发,持之以恒。当下很多学者和教师往往出于升职加薪或评定职称而进行学习,其成果往往比较粗陋肤浅,在此过程中,他们为声名所累,往往体察不到学习的真正乐趣。而且,在当下的社会背景下,为名利而读书的行为往往会滋生拜金、享乐、个人主义等毒素,污染学术界和教育界,使之蒙受腐靡的利欲之风,直接影响到社会风气和年轻人品行的塑造。因此,无论是做学问还是提升个人修养,庄子的"心斋"都启示我们回归原点,回归本质,摒除外在利诱,达到神化之境。

总体来说,《庄子》中有很多值得借鉴的经典教育理念,其所提倡的自然教育思想至今仍然极为受用,启示着我们当下的教育者发现儿童,发现自然,接受儿童,顺应自然。但教育者应该理性看待《庄子》及其思想,它也夹杂着消极的反对教育、反对知识、坚持相对主义以及幻想返古式思想,应该被批判和摒弃。

七、你的羽翼曾震醒我的梦——感怀《庄子》

我不知道该如何形容你。你好像是一泓静卧在沙漠荒原里的清泉,让长途跋涉的旅人得到了新生;你好像是一盏深埋在迷雾里面的灯塔,让颠簸在人生海洋的小舟躲过狞笑的礁石;你好像行脚僧人口中喃喃不清的歌谣,悠远而苍凉,见者肃然,闻者慨然,人们悄悄地落泪,又恍然间大悟……于我,你幻化为一张羽翼,时而雄悍有力,那是大鹏的巨翅,时而温柔梦幻,那是蝴蝶的翅膀。你在我梦中以各种姿态翱翔,你的羽翼曾震醒了我的梦。

你是庄子。你用两千多年的时间去做一场梦。时光氤氲,岁月流转,你梦到了蝴蝶,我却梦到了你。时间模糊了你的面容,掩埋了你的肉身,将一切归零,不留一丝痕迹,我无法去追寻你。而唯独万万幸之中,你留下了《庄子》。于是,每个落雨的晚上,手捧一卷《庄子》,你的灵魂便漫过时光的流水,给我启迪,赋我智慧。窗外小雨淅淅沥沥,一切的宠辱得失,莫不像远处被夜色淹没了的灯光，无处觅踪迹。何不去做一场梦？

在梦里，我曾经不解你，排斥你，甚至奚落你，但最终，我像虔诚的信徒皈依了你。你云淡风轻的言语中，有着一种治愈的、发人警醒的力量。

人且偃然寝于巨市。《庄子》记载着你鼓盆而歌的故事。你对我说，人且偃然寝于巨市，即人已经安然地寝于天地之间了，不应该再去打扰，再去做惶惶的哭泣，而是应该顺应变化，默默地祝福和祈祷。

心斋。现代生活物质丰富，欲望也跟着膨胀。我给自己的胃吃了很多荤腥，也给自己的心灌上了各种各样的欲望。佛家提倡吃素，会使身体轻朗，对万物也会抱有一种敬畏之心。何不给心也吃个素？去掉过多的欲望，不去关注外在的结果，轻装上阵。只有拿得起，才能放得下，只有清除掉心中过多的垃圾，才能腾出更多自在和美好的空间。我对两千年前的你，抱有深深的感激和敬意。

无用之用。是的，如我所言，我曾经不解你，并奚落你。

后来，我逐渐体察到你的悲苦。你在表面上如此排斥政治，但是在内心里，你也是同样有一颗热诚的报国惜民之心啊，否则，你怎会怒斥道："窃钩者诛，窃国者为诸侯"呢？一定是统治者的昏庸，浇熄了你的烈焰，使你既不像孔子一般"待价而沽"，也不像犬儒主义者一样"动物般放任"，而是缓缓地叹息，静静地出世。

而你却从另一方面启示了我。作为师范学校的学生，未来的老师，始终不会忘记自己的天职。教育学生的教师，不应该是择木而取的匠人，而应该是照看园林的园丁。

而我要做的，不是某种单一树种的园丁，我要做的，是一个大森林里面的园丁。

何必强求所有的学生都往一个方向去发展？何必用一把标尺来衡量所有的学生？何必用成人的标准来判定什么是有用，什么是无用？何必把一个个学生都培养成学霸？我看见他有体育特长，我看见她有音乐天赋，我知道他爱好文学……何必以考试为标杆，将学生特长的萌芽都修剪去呢？有的孩子愿意做一朵安静幽香的小花，那就去做吧，我会给你筑起藩篱，防止风沙；有的孩子愿意做一棵挺拔的大树，那就去做吧，我会给你充足的雨露和阳光；有的孩子愿意做一条藤蔓,那就去做吧,我知道你兴趣广泛,我会给你扫除障碍,让你越攀越高,越走越远。

庄子先生,小花有小花的清幽,大树有大树的挺拔,藤蔓有藤蔓的柔韧,你的"大材有大用,小材有小用,无用之材有无用之用"的理论启发了我,什么是教书育人,怎样去教书育人。

一本《庄子》,多少次合上又翻开。你的思想,正如南怀瑾先生所言,是中国人的"精神药店"。多少次你给我启迪,唤我深省,医治我因过分执著而产生的痛苦,让我的心从物欲横流的社会中超脱开来,到云外去呼吸新鲜的空气。

我不知道该如何形容你。你不像是当头的棒喝,让人在余痛未息之中顿悟;你不像是云外的鸡啼,让人惊醒却不知何处觅踪迹;你也不像是温情脉脉的教诲,等到悟得,只剩下两鬓白霜而已……

庄子,《庄子》,我愿与你再梦一次,你梦蝴蝶,我梦你。

参考文献

[1] 胡仲平编著:《庄子》,燕山出版社1995年版。
[2] 涂光社:《庄子范畴心解》,中国社会科学出版社2003年版。
[3] 老聃:《道德经》,黑龙江人民出版社2004年版。
[4] 马周周:《庄子教育学》,甘肃文化出版社2008年版。
[5] 〔法〕卢梭:《爱弥儿——论教育》(上卷),李平沤译,商务印书馆1978年版。
[6] 〔法〕卢梭:《爱弥儿——论教育》(上卷),李平沤译,人民教育出版社1985年版。

慧能

慧能　禅

——顿悟

晨光微启，山林中那个瘦弱的年轻人早就大汗淋漓了。他在卖力地砍柴，供养他的老母亲。山脚下那间小屋已经炊烟袅袅。他二十出头，身强力壮但略显单薄，挂满汗水的脸上带着超脱尘世的逸气。他用衣袖拂去额上的汗水，回头打量，那柴火已经堆积成小丘。青年满意地将之束成捆，下山回到家中，简单吃过了饭，便辞别母亲，进城卖柴。母亲为他理了理额前的乱发，心满意足打量着面前的这个小伙子，他高大英气，像极了他已经去世的父亲。母亲心里暗暗高兴，假以时日，将纺织的布匹卖掉，日子过得稍微殷实一点后，就给儿子张罗亲事。用不多久，就会有大胖小子呱呱坠地，卢家有后，也总算给英年早逝的相公一个交代。

可母亲不知，他这一去，命运就悄然发生了变化。

年轻人翻山越岭来到了城里，把柴卖给了一户富裕人家。按照主人吩咐，将柴放到里院。年轻人在转身的那一刻忽然被诵经声所吸引，那诵经声仿佛甘泉，丝丝缕缕流进年轻人心里，使之驻足、凝神，全然忘记了一路的奔波劳累，不知不觉听了很久。待到诵经人诵经完毕，年轻人赶紧恭恭敬敬迎上去："敢问，您刚才读的是什么经？"诵经人打量了这个卖柴的小伙子，笑了笑："我刚才诵读的是《金刚经》。"年轻人继续追问："那么您是从哪里习得此经的？"诵经人讶异这个小伙子怎会对佛法如此痴迷，但看到他热切的目光，于是耐心说道："我来自湖北蕲州黄梅东禅寺，那里有位黄梅五祖，法号弘忍。他门下有一千多人，我去那里拜见五祖，听他讲这部经典。弘忍大师说，只要常常持诵《金刚经》，就能看清自己的佛性，直接成就佛道。"年轻人听后，心中十分向往，便拜别母亲，只身前往湖北蕲州。

为心中的圣地不辞辛苦,年轻人不停地走,风餐露宿,草鞋也磨破了好多双,终于来到了湖北蕲州东禅寺。仰头看去,仿佛整座寺都闪着金光。年轻人走进去,一眼望见端坐在法座上的五祖大师。大师须发皆白,但精神矍铄,双目有神。大师身旁的是大弟子神秀,他身材修长,面容俊秀,脸色苍白,面无表情。五祖细细打量着这个黑瘦、衣衫褴褛的年轻人,问道:"你从何处来?想要什么?"年轻人恭恭敬敬答道:"我从岭南新州不远万里而来。只求顿悟成佛,不求其他。"五祖笑了:"岭南人?那不是个南蛮子吗?南蛮子也想成佛?"弟子们哄堂大笑。年轻人没有被这羞辱吓到,正色说道:"人确实有南北之分,但佛性却没有。我这南蛮子在身体上与和尚您不同,但佛性上却没有差别的呀!"

此言一出,满堂的哄笑安静下来。五祖心头一震,嘴角闪过一丝不易觉察的微笑,他惊讶这个年轻人的不卑不亢,也深知他天资聪慧,具有悟性,是个不可多得的好材。他很想和这个年轻人多多交流,又唯恐引来其他弟子的嫉妒,给年轻人带来杀身之祸,于是正色喝道:"你这南蛮子,不要再说了!快去碓房做工吧!"

年轻人应声而退。五祖望着他的背影,隐隐觉得这背影变得愈发高大起来。

这年轻人就是后来的六祖慧能,他"一花开五叶",为禅宗的发展与传播做出了极大的贡献。

一、从《坛经》看六祖的一生

《坛经》,或称《六祖坛经》,是记录六祖慧能生平以及禅宗思想的典籍,最初是由六祖的弟子法海集录而成。虽然有学者如胡适曾认为《坛经》为六祖弟子之一的神会一系伪作,主要代表了神会一派的思想,但经大量学者批驳考证,胡适之说显然是一家之言。虽然《坛经》中不免有六祖弟子为维护以六祖为代表的"南宗"正统地位而刻意抬高之嫌,但整体上还是符合历史事实。因此,我们将《坛经》作为研究六祖生平及思想的主要资料。在《坛经》流传的过程中,祖本已遗失,但出现了多种版本。其中在 20 世纪 20 年代发现的敦煌本《坛经》,是最接近于祖本的唐写本。本书也将敦煌本《坛经》作为研究六祖生平的主要资料之一。

1. 少时孤贫

慧能,又名惠能,生于唐太宗贞观十二年(公元638年),死于唐玄宗先天二年(公元713年),是伟大的思想家,唐代著名的宗教改革者,禅宗的实际创始人。慧能俗姓卢,祖籍为河北范阳(今涿州市),因其父谪官至岭南新州(今广东新兴县东),遂为广东新州人。相传慧能出生时,有两僧夜叩门,对其父说,此儿日后与佛法有缘,故特此来赐名"慧能",慧者,以法慧施众生,能者,能作佛事。《坛经》中记载,"惠能严父,本贯范阳,左降流于岭南,作新州百姓。此身不幸,父又早亡,老母孤遗;移来南海,艰辛贫乏,于市卖柴"[①]。从这段材料可以看出,六祖慧能的童年是十分艰苦不幸的。在慧能刚满3岁时,父亲便染病早逝,使得家中的境况一落千丈。母亲单独抚养慧能,为了谋生,从新州流落到南海县。家境贫寒使得慧能无法入学,不会读书认字,他还不得不靠打柴卖柴来维持生计。

2. 结缘佛法

如前文所述,慧能长到了20多岁,有一次机缘巧合,在进城卖柴时听到有人诵读《金刚经》,于是产生了极大的兴趣,决心按诵经人所言,北上湖北蕲州追寻五祖弘忍。

公元662年,慧能安顿好母亲,开始了行程,终于在长途跋涉之后参见了五祖。如前文的故事一般,五祖对慧能南方人的身份进行了嘲讽,称其为"獦獠",认为"獦獠"是不能成佛的。慧能不卑不亢地回答,认为人虽有南北之分,但佛性却没有,人人都可以成佛。五祖惊讶于慧能的悟性,并被慧能的回答所打动,但为了保护慧能,不使其因为锋芒过盛而遭嫉妒,引来杀身之祸,遂安排慧能去碓房舂米。

---

① 慧能著,赖永海主编,尚荣译注:《坛经》,中华书局2010年版,第2页。

3. 承受衣钵

由于五祖年岁已高,急于传授衣钵,于是召集其弟子,要求他们出偈语,来考察他们的悟性。

其中,五祖的大弟子神秀所做的偈语广泛流传,在众弟子中得到了很大的认可,偈语曰:"身是菩提树,心如明镜台;时时勤拂拭,勿使惹尘埃。"①五祖认为,按此偈语修道,可以避免堕入地狱、恶鬼、畜生三恶道,从而会获得很大的利益。但五祖内心明白,神秀并未进入顿教法门。

还在碓房舂米的樵夫慧能听到小沙弥吟诵神秀所作的偈语,一听就明白做此偈语者实际上并没有明见本性。而自己承蒙大师教诲,于日常生活中早就参透了大禅佛法的本意,于是请人代笔,同样也做出了四句偈语:"菩提本无树,明镜亦非台;佛性常清净(惠昕本为'本来无一物'),何处惹尘埃"②。众弟子惊叹不已,五祖也明白慧能悟性很高,已经进入了顿教法门,暗生了将衣钵传于慧能之心。

次日,五祖来到慧能舂米的碓房,用杖击碓三下而去。慧能通晓了五祖的意思,于是在三更进入五祖的禅房。五祖用袈裟将门窗遮掩,于夜半向慧能传授佛法,并授之衣钵。因为慧能出身低贱,且是行者身份,五祖担心慧能因此身份接受衣钵,继而成为六祖,留在中原会招来嫉妒,甚至有性命之忧,因而帮助其连夜南逃,并叮嘱慧能非必要的时候不能显露自己六祖的身份。

五祖亲自送慧能到九江的渡口,待慧能上船,五祖亲自摇橹。慧能说:"师父,您坐着吧!该是弟子摇橹才是啊!"五祖一语双关地说:"我是师父,该是我渡你才是啊!"慧能答道:"以前自己迷蒙的时候,是师父渡我。现在弟子开悟了,该是弟子自渡才是啊!"五祖会心一笑。这个戴发修行的山野樵夫,终成了日后被称作"东方耶稣"的第六祖,为改革佛教做出了巨大贡献。时为公元662年,慧能24岁。

4. 遍施佛法

果不出五祖所料,慧能承受了衣钵南下后,遭到了多人的追杀,试图抢回衣

---

① 慧能著,赖永海主编,尚荣译注:《坛经》,中华书局2010年版,第10页。
② 同上书,第21页。

钵。但慧能隐居在中原人所不甚熟悉的岭南一带,勉强保住了性命。

公元 667 年,母亲去世,慧能遂远游韶州曹溪,遇到了村人刘志略。刘有一位已经出家的姑姑无尽藏尼,遂引之与慧能相见。无尽藏尼持《涅槃经》向慧能请教。慧能说:"这书上的文字我是不懂的,但其中的义理,我还是明白的。"无尽藏尼十分诧异,问道:"您不识字,怎能通晓这书中的义理呢?"慧能答道:"诸佛无上的微妙法理,是和文字没有关系的。"无尽藏尼大为惊异,认为慧能有着非同寻常的悟性,于是告诉了村里的耆老,请慧能居住在当地的宝林古寺中,为众生讲授佛法义理。但没有居住多久,慧能便遭到恶人追杀,迫不得已潜入猎人队伍中。他悲天悯人,常常放走被擒住的动物,并且不食荤腥,只食"肉边菜",还常常给那些猎人讲授佛法。这一躲就是 15 年。

15 年过后,以神秀一伙为主力的追杀恶徒渐渐放弃了对慧能的迫害。慧能也因此得以出来公开讲授佛法。在广州法性寺,正巧遇上印宗法师在讲《涅槃经》。寺庙前旗幡飘动,两位僧人也在因为风动还是幡动的问题争论不休。慧能上前说道:"既不是风在动,也不是幡在动,而是各位仁者的心在动。"由此一语惊人,慧能证实了自己六祖的身份,并在此地接受剃度,从此公开授徒讲经,从者甚众,影响广大。

以上是《坛经》所记叙的六祖承受衣钵后的遭遇。实际上有学者认为,慧能南下后,受到神秀手下人追杀和迫害,因此书中有刻意抬高慧能、贬低神秀之嫌,很可能是"小说家"之言。笔者赞同此种观点。弘忍大师在渡慧能到江口之时,曾经嘱咐,"三年勿弘此法"。这三年,不是因为慧能有难,不是有恶人所害,真正的原因在于慧能还没有达到成佛的境界,需要继续修行,还需要再"悟"。只有潜心静修,达到境界,才能为人师表。这也是弘忍大师对众弟子的一贯要求。

5. 一花五叶

公元 713 年,即唐玄宗先天二年,慧能圆寂,享年 75 岁。慧能一生为佛教改革作出了巨大贡献,也促成了禅宗发展史上"一花开五叶"的盛况。

"一花"是指禅宗之源——由达摩传入中国的"如来禅";"五叶"指禅宗之流——六祖慧能门下的五个宗派。至慧能去世时,嗣法弟子 67 人,他的弟子积极推广佛法,形成了南北二宗。慧能弟子荷泽神会所创立的北宗逐渐取代了以神秀为代表的北宗,但由于菏泽一派后继无人,在唐末衰亡。南宗影响甚大,在其门下,后来形成河北临济宗、江西曹洞宗、湖南沩仰宗、广东云门宗、江苏法眼宗五宗,即"一花开五叶"。而临济、曹洞、云门禅法又漂洋过海传至日本、朝鲜,继而传入欧美,如印顺法师所言:"天下之言禅者,乃群以'南禅'为口实焉。"①

二、禅与禅宗

禅,是汉传佛教的术语,原是"禅那(巴利文:bhavana,吠陀梵语:Dhyāna)"的简称,汉译为"静虑""思维修""摄念"等,简单理解,就是集中精神,不为外物所动,保持心理平衡的一种方式。

追根溯源,"禅"的源头在于印度佛教。禅的主要意义,在于通过修行,摒弃世间的各种欲望和纷纷扰扰,使身体得到安静,使精神得到放松,使心灵得到解脱。关于禅的分化,自宋代以来,禅门里一直流传着"拈花微笑"的典故。佛祖释迦牟尼(约公元前 624—公元前 544 年)在灵鹫山登座时,一言不发,只是拈了一朵鲜花给众徒看。众弟子都面面相觑,不知何意,只有摩诃迦叶(生卒年不详)心有所得,破颜微笑。佛祖释迦牟尼认为摩诃迦叶已经悟到了佛法的真谛,请他坐在事先准备好的高座上,并付法给他。佛祖告诫他,守心持志,传递佛法,发扬光大。摩诃迦叶自此成为西天第一代祖师。摩诃迦叶后又传了 27 位祖师。经过这些祖师的弘扬,佛法的力量、影响逐渐深远,佛门宗派林立并日益壮大起来。到了中国的南北朝时期,佛教第 28 祖菩提达摩(公元?—535 年)来到中国,弘扬佛法,成为中国禅宗初代祖师,被尊称为"东土第一代祖师""达摩祖师"。相传达摩祖师来到中土后,听闻梁武帝信佛,因而前去为其说法。但因为话不投机,愤然"一苇渡江",最终止于嵩山少林寺,于寺中面壁九年,后收僧徒,传授禅法。达摩祖师后传二祖慧可(公元 487 年——593 年)、三祖僧璨(约公元 510 年—606 年)、四祖道信(公元 580 年—651 年)、五祖弘忍(公元 602 年—675 年)、六祖惠能(公元 638 年—713 年)。

所谓禅学,丁福保在《佛学大辞典》中解释为禅家之学,也即见性成道之法。

---

① 释印顺:《佛教史地考论》,中华书局 2011 年版,第 35 页。

而禅宗,又称"佛心宗""宗门",是佛教中国化的产物,始于达摩祖师,盛于六祖慧能。严格意义上来说,在慧能南宗顿教确立之前,中国只有禅学,没有禅宗。慧能是禅宗史上一个极为重要的人物。

慧能对禅宗的贡献有以下几个方面。第一,慧能弟子根据慧能生前的言行整理编纂的《坛经》,是中国佛教唯一一部称为"经"的著作。《坛经》在流传过程中出现很多版本,从侧面上反映出禅宗思想的流变。最通行的版本当属法海本《坛经》。它的出现,从理论上颠覆了以坐禅、参禅、净心、外求为特征的传统意义上的禅法,转而开创了一种简单的、内求的新禅法。第二,慧能摒弃了以往烦琐、注重表面的种种修禅形式,提倡"不落阶级"的修行。传统的参禅,主张渐修,即要求人们按照阶级或曰果位的不同由低至高依次修行。佛经中记载,如果一个凡人想要修成佛,需从证到阿罗汉果、再到缘觉果、菩萨果,直到圆成佛道。慧能提倡修行不应拘泥于某一阶级,可以不用依次渐修,有慧根的人可以通过顿悟,前念迷,即凡人,后念悟,即佛。慧能由此开创的顿教法门,使禅宗修行仪式更加简化,从而更具有生命力。第三,慧能使禅宗修行更加生活化。传统的修行,过于注重外在环境,如在远离市井、人迹罕至的山野建立寺庙,坐禅修行,凭借环境的清净带来内心的清净,此外,任何想要参悟佛道的人,都要出家,接受剃度等烦琐的佛门仪式。慧能则认为修禅不能脱离生活,他说:"佛法在世间,不离世间觉。离世觅菩提,恰如寻兔角。"[①]不要试图脱离生活去参悟佛法,佛法就在琐碎的人世间,行走坐卧皆是佛道。另外,慧能认为,修行佛法,不必要接受烦琐的仪式,不必在寺庙修行,甚至不必出家剃度,只要用心参禅,人人皆可以修成正果。这样就使得禅宗修行比较生活化,因此受到了很多士大夫和平常民众的欢迎,从而促成了禅宗的普及化。第四,慧能将禅宗的修行由传统的"向外求"转化为"向内求"。以神秀为代表的北宗主张渐修,主张要时时勤拂拭如明镜台一般的心灵,不使其沾染来自外界的尘埃。这是一种典型的"外求"式修行方法。慧能主张要"内求""自省",他认为人的心灵像明镜一般,本来就是一物不染,一物不附的,自然更无须拂拭。慧能还这样说道,东方人犯了错要去西方参求,寻求解脱,那么西方人犯了错该去哪里呢?所以应该追求自我教育,向内求法。总之,慧能创立的南宗禅是中国佛教史上一次重大的变革,它

---

① 慧能著,赖永海主编,尚荣译注:《坛经》,中华书局2010年版,第61页。

标志着佛教中国化的成熟,南宗禅使复杂的修行简单化,并将之寓于生活之中,从而赢得了广大的信众,使禅宗的影响越来越大。不仅如此,禅宗的思想也受到统治者的重视,对中国传统政治和思想文化发挥着独具诗意的影响,也在潜移默化中影响着中国人的精神和性格。

三、禅宗教育

1. 禅宗的教育前提

如果将整个寺院视为一座学校的话,那么很明显,这个寺院的住持则是教师,众僧徒则是学生。但事实上,这所学校并非是封闭的,住持常常会外出传法,或接纳外来求法的民众。这样一来,教育面就扩大了,学生也不仅局限于寺院的僧徒,凡是想要求法的人,都可作为学生。这里就涉及禅宗教育的前提,即禅宗认为什么样的人是可以教育的。

传统的佛教宗派,注重考查人是否有"慧根"或曰"佛性",这样就存在着一个潜在的前提——并不是所有的人都有慧根或佛性。自佛教传入中国,关于佛性论的问题,一开始并没有引起重视。随着佛教典籍的翻译和流传,佛性论的问题渐渐进入人们的视野。首先是晋末法显译《大般泥洹经》,经中说到,一切众生都有佛性,但一阐提(梵文:Icchantika,佛教术语,指一种断灭善根的人)除外。也就是说,一阐提不具佛性,不能成佛。这种说法当时就引起了名僧竺道生的不满。经过对佛经的仔细研究,竺道生认为,佛性,人皆有之,一阐提也可以成佛。由于时代以及中国佛教发展不成熟等各种原因,这种说法在当时并不能站稳脚跟,竺道生的这一论断当即引发了一场争论,一些滞文守旧之徒甚至起而攻击他,因此,"众生皆有佛性"论并未成气候。直到黄梅五祖弘忍,在初见慧能时,还对他进行奚落道:"你不就是个岭南的獦獠么?獦獠怎么能够做佛?"可见中国佛教发展到弘忍那里,还不承认人人都具有佛性。倒是这个来自岭南、大字不识的农民慧能,没有被这奚落吓到,他认为作为獦獠的自己,身体或许和弘忍不同,但佛性是人人都有的,自然也存在于自己身上。

慧能的佛性平等论,主要体现在两个方面。第一,佛性人人有之,不分种族、阶级、贵贱,分布在一切人之中,不因为是中原人就独占佛性,也不因为是獦獠就缺失佛性。第二,每个人所具有的佛性在质量上也是平等的。不因为是富贵之人就会具有较多的佛性,也不会因为是贫贱的人因而具有较少的佛性。此外,佛性还不关乎文字,不因为学富五车就拥有较高的佛性。慧能本身就是一个很好的例子。慧能大字不识,却能语出惊人,甚至超越于博学多知的神秀。既然佛性皆有,佛性平等,何来顿悟与渐修之别?慧能认为,佛性人人平等,佛法也只有一种,但学佛之人的领悟能力却有快慢之别。领悟能力快的人,可以顿悟,一悟即至佛地,而领悟能力慢的人,则适合渐修。因此,在慧能看来,本没有顿渐之分,只是因为人有利根、钝根之别,所以名为顿渐。顿渐在于人,而不在于法。

既然佛性人人有之,那么细究,佛性究竟是何物?慧能认为,佛性就是人的自性,或说是人的本心。人的本心,在慧能看来是清净无染的,在这里,他的心性观也已经超越了善恶的层面,就像他所做的偈一样,"本来无一物",心灵像明镜一般,遇善显善,遇恶显恶,显示万物却并不为任何一物所附着,如此这般清净无染,自然也不用如神秀偈中所言,要"时时勤拂拭",才能避免"惹尘埃"。每个人参悟成佛的过程,都是识得本心的过程。如若识得本心,则可以顿悟成佛。因此,欲成佛,须向自心求。

基于此,佛性人人有之,自心本自清净,这成了慧能禅宗教育的潜在前提。慧能因此尊重众生,怀着虔敬的心去对待前来求法的一切群众,并尊称之为"善知识",这也从侧面反映出慧能的学生观。

2. 禅宗的教育目标

如上文所述,禅的本意为"静虑""思维修",想要通过禅修使人们的身体得到放松,精神得到集中,心灵得到超脱,简而言之,就是教导人们超脱于尘世的纷纷扰扰,获得心灵上的宁静与自由。

黄梅五祖弘忍在年岁已高、急欲传衣钵时候,对弟子说道:"吾向汝说,汝等终日只求福田,不求出离生死苦海。"[①]这里我们容易联想到昔日达摩祖师会见梁武帝,梁武帝问他:"你看我建了那么多寺庙,接济了那么多群众,我是不是功德无量,可以修成正果?"达摩祖师给出了否定的答案,认为梁武帝不是在修佛,

---

① 慧能著,赖永海主编,尚荣译注:《坛经》,中华书局2010年版,第9页。

其关注点不在于内省自心,明心见性,而是专注于外在的福田或福祉,自然也谈不上什么功德。此言引起梁武帝的不快,达摩见梁武帝心性不正,话不投机,于是愤然出走,留下了一苇渡江的佳话。同样,在弘忍看来,修行的目的不在于外在的求福田,最重要的事情是要超脱生死苦海。尘世的纷扰,总会使凡俗的人们执着于外在的表象,尤其是执着于生死之事,因此心灵总是被贪婪、担忧、争斗和痛苦所填满,终其一生追求外在的虚妄的东西,心灵无法自由。因此,禅宗的教育,意在使人们看透尘世但不出世,超脱于外在的表象去追求心灵的解脱,这样的人,就是有智慧的人,禅宗所要培养的人,就是这种智慧的人。智慧,在梵语中称为"般若"。《般若波罗蜜多心经》中有一句"般若波罗蜜",意指大智慧能够引导人们到达彼岸。慧能在布道的时候,对信众一概称为"善知识"。"善知识"来源于梵语:Kalyāṇa-mittatā,原指良朋、良伴或良师之义,后演绎为能够引导众生离恶修善,入于佛法的有大智慧的人,都可称善知识。

总之,禅宗认为人人都具有佛性,只要识得本心,人人都可以获得般若智慧,顿悟成佛。因此,禅宗的教育目标也就是培育超脱于尘世,具有大智慧的人,现在的善知识,将来的佛。

3. 禅宗的主要教育思想

禅宗的教育思想,主要是以追求般若也即大智慧为主要内容,以离念、离相、不住为主线的"空"的思想。

禅宗的思想,是与其心性论分不开的。慧能的心性论广泛吸收了来自儒家、道家和佛教的思想精华,又自成体系。第一,慧能强调心性的重要性。心性就是佛性,求佛要向自身寻求,不能从外部寻求,心性是万物的本源,人们所看到的一切不过是心性的外在表现。慧能说到:"心量广大,遍周法界,用即了分明。应用便知一切。一切即一,一即一切。"[①]意思是人的本性能够包含世界中的一切事物和现象,这些事物和现象都存在于每个人的本性之中,只有运用心,才能识别世间的万象,如果能明晓自己的本心,那么就能知晓这世间的一切。第二,慧能论述了心性的本质特点。人的本性是清净的,既不是善的,也不是恶的,已经超越了善恶的层次,人的心性就像一面明镜一般,只是遇善显善,遇恶

[①] 慧能著,赖永海主编,尚荣译注:《坛经》,中华书局2010年版,第43页。

显恶,但它本身却是清净无染的,同时,它又是无声灭的,是超自然、超时空的实体。慧能进一步说道,世间凡夫俗子之所以感觉痛苦,其原因不外乎其心被太多外物所遮蔽,所迷惑,进而使其执着于本是流象的一切。当其所执着的一切发展变化,即会痛苦不堪。慧能教育人们要看透世间的表象,认识自己的本心,超越于俗世的喧扰,明心见性,获得本性的清净,获得心灵的自由,直至顿悟成佛。第三,慧能认为,心性是万物的尺度,人的一切所见所感都是以心为标准来衡量的。在慧能的眼里,物间运转,因果轮回,万象因缘,都是由心而起,由心而化。将心作为世界的本源,作为衡量万物的尺度,类似于古希腊的哲学家普罗泰戈拉的名言"人是万物的尺度"。普罗泰戈拉肯定了人的力量,促使了人的觉醒。慧能的心性论将心作为万事万物的尺度,走向了唯心主义。

在"自性清净"的心性观的引导下,慧能认为一切皆空。《金刚经》中有"过去心不可得,现在心不可得,未来心不可得"[①]的思想,即认为世间的万事万物都处于不断变化之中,过去已经归于腐朽,执着于过去,必会陷于过往的泥淖之中无法自拔,过去心不可得;未来的一切还没有发生,期许于未来或将希望寄托在未来上,也是不现实的,未来心不可得;那么身处其中的现在,是否就是需要执着和把握的呢? 也不是,因为现在的一切都只是表象,都在时时刻刻变化之中,所以,现在心也不可得。既然万事万物都在流动和变化,那么一切皆是空,执着于任何一物,必会引起烦恼,违背本性。因此,慧能教导人们,要离念、离相、不住。

所谓"离念"或曰"无念",即是心中不执着于任何一种念头或想法,保持心灵的清净。《坛经》中记载,慧能承受了五祖的衣钵后,逃往南方。五祖传递了衣钵后,连续三天没有上堂说法,众弟子甚异之,问五祖道:"师父衣钵传给何人?"五祖答道:"我的佛法已经去了南方。"弟子又问:"是谁得到的呢?"五祖回答:"是有能力的人得到的。"众弟子想到一连几天不见南方人慧能,肯定是他得到了衣钵逃亡了。于是许多人南下追杀慧能,试图抢回衣钵。其中有个脚力比较好的、还和慧能是同门师兄弟的慧明,追到了慧能,并将他围堵在一处深林之中。慧能见已经无法逃脱,便将衣钵放置在一处大石上。慧明看到了衣钵立刻去取,但无论如何都搬不动。慧明因此受到了惊吓,慌忙对慧能说:"我不是来

---

① 史建、翟霞注:《金刚经》,华夏出版社2006年版,第33页。

求取衣钵的,我是来真心求法的!请求师父为我说法,救我困苦!"慧能在高处的大石头上看着虔诚悔过的慧明,对他说:"不思善,也不思恶时,就是你的真面目!"慧明顿悟,说:"我在五祖门下多年,并未开悟,今日师父一说,豁然开朗!"慧明由此放弃了追杀慧能,并改了自己的法号,拜慧能为师。这里讲的"不思善,也不思恶"的状态,就是离念的状态。慧能主张"于念而不念",他承认人的心理活动不会停止也没必要停止。心中不生一念,枯坐修行或灵魂出窍都是压抑人的本性的,不是正确的修行方式。真正的修行方式,应该是"于念而不念",即是人的心理可以产生各种想法,很多"念",但却不执着于任何一念,也不生出妄念,心灵不被任何外境所沾染,而处于一种不断变化发展的状态之中。迷失的人往往会陷于现象之中,产生种种幻觉,从而产生各种错误的看法,烦恼和痛苦便由此而来。因此,慧能以无念为宗。

  禅语里所说的"相",是指通过眼、耳、鼻、舌、身、意六识所感受到的外在物体的印象。慧能认为人的自性清净,本来是无一物的,又因为心是万物的尺度,因此万物也是空的。但是,万物却可以在六识的观照之下显示出不同的"相"来。凡夫俗子往往执着于事物的表象,看不到本质,而慧能认为人们所感知的"相"没有固定不变的形式,也没有固定不变的标准,同样的事物在不同的参照之下会有多种表现。相对于大树来讲,小草柔弱而矮小,风强劲时能够将其吹折,但相对于蚂蚁来说,小草高大而坚硬,无法撼动。因此,人们要超脱于外在的表象,追求无相,或曰离相的境界。慧能认为,之所以要离相,原因之一在于万事万物都是由因缘而成,是虚妄之物,本来就没有不变的实在之相与本体之相。正如《金刚经》所言,"凡所有相,皆是虚妄,若见诸相非相,则见如来"[①]。此外,在修行的过程中,要超脱于事物的表象,才能识到真正的本心,在这里,慧能并不是否认客观事物的外在表象,也不是要求人们到达一个"无相"的地方去修行,事实上也不存在无相之地,关键要做到处在红尘凡世声色犬马之中,感受万物表象的时候,不为各种表象所迷惑,超越表象看到本质,接近佛地。佛教修炼有三个境界,所谓起初看山是山,看水还是水;后来看山不是山,看水不是水;到最后,看山还是山,看水还是水。慧能也说,"外离一切相,是名无相,能离于相,

---

① 史建、翟霞注:《金刚经》,华夏出版社2006年版,第13页。

则法体清净。此是以无相为体"①，如果能离于相，法体就不会受到污染，自性便会清净了。

所谓"住"，即是在任何一个时刻，心有所停止，停留在某个具体的事物之上。所谓"不住"，则与之相反，是紧承"离念""离相"而来的。世间一切都没有固定的形式，也没有稳定的状态，诸法因缘生灭，自性本空，一切事物都是处在不停地轮回流转之中，根本没有常住不变的东西。不但具体事物是这样，而且一切法都不能常住不变。因此，既不能为任何一念所束缚，也不能为任何的表象所黏滞，不为任何对象所束缚，就是无住为本。心性就如明镜照物，观照映像却不留映像，如同长空过雁，闻声见影却不留痕迹。无所住，即是不执着，不执着于过往的陈迹，不期许虚妄的未来，不沉迷于当下的声色犬马，不计较喜，也不念及悲，宠辱得失俱忘怀。"不住"的心灵就如同奔流的江水，不阻于山川，也不陷入泥淖，才能保持前一个刹那后一个刹那，每个刹那绵绵不绝，时时刻刻都依循着佛法。

总而言之，慧能认为，通过识得本性，做到无念为宗，无相为体，无住为本，就能获得般若之智，就能渡至彼岸。

4. 禅宗的教育方式和禅修方式

慧能开创的南宗在教育方式和禅修方式上都做了颠覆性的变革。相比以北宗为典型的传统宗派，慧能反对教条，教育方式上灵活多样，采用不立文字、机锋棒喝等非常规的形式，在禅修方式上更是一反往常脱离生活"向外求"的方式，将禅宗修行拉回了人世间，提倡"向内求"，认为佛就是众生，生活之道就是佛道，提出了口念心行、心经结合、自悟与师助相结合的修行方式。

（1）教育方式

不立文字的教育方式。所谓不立文字，就是不执着于文字。慧能教育众弟子，学习经书是重要的，但不能拘泥于文字和经书。在慧能那里，文字只是参悟佛法的工具而已，如果把佛法比作天上的明月，那么文字就是指月之手。人们通过手指看到了月亮，但是并不能将目光集中在这手指上。慧能还认为，文字

---

① 慧能著，赖永海主编，尚荣译注：《坛经》，中华书局 2010 年版，第 79 页。

和佛法之间其实并无关系，关键在于悟性。他本身就是一个很好的例子——出身贫苦，大字不识，却悟性超群，得到五祖赏识，并传授其衣钵，比起学富五车的神秀更能明心见性。在慧能做出偈子、请求江州别驾张日用代笔时，遭到了张日用的奚落，但慧能认真地告诫他，文字和悟性不相关，也不要小看下等人。下等人往往有上上等的智慧，上等人不免也犯一些愚蠢的错误。从佛祖的"拈花微笑"到慧能的"指月之指"，都讲求"以心传心"。这些典故很好地说明了慧能在教育上"不立文字"的思想。其实慧能并非反对文字，只是要求人们不能拘泥于文字，咬文嚼字。参悟佛法，不在于读了多少经书，或者把经书读了多少遍，最重要的是心中是否能够顿悟。

机锋、棒喝的教育方式。"机锋"是一种佛教用语，指以含义深刻，不落迹象的言语彼此问答，互相启发。这些问答如弓箭触机而发其锋锐，故称为"机锋"。慧能经常以此作为教学方式，来印证学者的程度，以及导引学生得到顿悟。《坛经》中记载着一个著名的"一宿觉"的佳话，讲的是发生在慧能和弟子玄觉之间的故事。玄觉来拜见慧能，初次见面，玄觉就围绕慧能转了三匝，然后就把手中的锡杖一振，杵在一边。六祖见状，说道："一个出家人，应该具有三千的威仪，八万的细行，这是最基本的礼貌。你连这个基本的礼貌、威仪、礼足、顶礼，这样的八万细行都不懂，你来自何方？算是哪门的出家人？"玄觉听罢，并没有被震慑到，他说："生死是件大事，人的一生如此短暂，你不知道无常鬼什么时候就来索你的命了，哪里还有时间参拜行礼呢？"慧能说："既然如此，你为何不去领会不生不灭、无快无慢的道理呢？虽然生死事大，当你参悟到了无生灭法，悟到了不生不灭的道理，哪里还有生死的概念呢？当你彻底明白了无速这个概念的时候，又怎么会有无常迅速之感呢？"玄觉又回答说："本性就是无生，不必再去体悟，知晓这种智慧本身无速，超越了对待，又怎么会有快速的分别呢？世间万事万物本身就没有什么生死和快慢。"听了玄觉的回答，慧能就知道他已经有所证悟，连连称赞："是的，是的！"到了这时，玄觉向六祖恭敬地行礼，将要告别。六祖慧能赞叹玄觉对无生义的通达，留玄觉在寺中住一宿。至此，玄觉大彻大悟。这就是著名的"一宿觉"的故事。慧能和玄觉之间的对话言辞犀利，妙语连珠，是机锋教育的绝好范本。

所谓"棒喝",是禅师开悟弟子的一种方法,或用棒打,或大声一喝,或棒喝交施,使弟子于当下开悟。《坛经》中记载,一名叫神会的童子,13岁时候前来拜见慧能。慧能说:"你远道而来,非常辛苦,还能识见事物的本来面目吗? 如果能认识事物的本来面目,就应该识见本体,那么你先说说看。"神会说:"事物的本来面目就是无所住,永远不会静止,认识本体就是主体。"慧能说到:"你这个小师父说话怎么那么轻率!"神会反问道:"大师你坐禅,识见佛性了吗?"慧能听罢,走下堂去,用棍子打了神会三下,问道:"我打你,你是痛还是不痛?"神会回答道:"既痛也不痛。"慧能说:"那么对于佛性,我看见了,也没看见。"神会问道:"什么叫看见了也没看见?"慧能说:"我说看见了是看见了自己的过错,我说没看见是指看不见他人的是非好恶。那你说既痛也不痛是什么意思? 你如果不痛,就像草木瓦砾一样没有知觉;你如果说痛,就像凡夫俗子一样,会生起怨恨之心。见与不见是两种偏见,但痛和不痛是可以生灭的有为法。你还没识见本心,怎敢来捉弄他人?"神会向慧能行礼,表示悔过。这是慧能通过棒喝来使弟子开悟。

(2)禅修方式

反对枯坐静修,主张自悟。传统的禅学教育方式,以神秀北宗最为典型,讲求枯坐、静思、冥想,拘泥于经典而不自悟。慧能认为这样是不妥当的,不仅不利于身体的健康,也对参悟佛道毫无助益。

《坛经·顿渐品第八》记载了这样一个故事。随着慧能的弘法,南宗的影响力逐渐扩大,门人众多,逐渐形成了"南能北秀"对峙的局面。虽然慧能和神秀两位祖师不分彼此,但其门下的弟子却渐生爱恨之心。神秀门下的弟子经常奚落慧能,认为慧能没有什么了不起。神秀说:"慧能得到了不需要师父传授而自悟自通的智慧,深入领悟最上乘智慧,我比不上他。并且我师父弘忍大师亲自传授衣钵和教法给他,难道是白费力气吗? 我只恨不能常常去和他交流。"神秀又叮嘱弟子:"你们也不要一直在我门下修行,可以去慧能大师那里去学习智慧。"于是,神秀的一个弟子志诚决心南下探个究竟。志诚来到了曹溪山,跟随大众向慧能大师参学请益,但并没有说明自己是从哪里来的,以为可以悄悄蒙混过去。慧能还是识破了,当即就向大众宣告说:"这里有一位偷听佛法的人。"志诚知道自己瞒不下去了,就立刻出来礼敬参拜,陈述了自己到来的缘由。慧能问志诚:"你的师父神秀大师是怎样开示大众的?"志诚说:"师父常常教诲大众守住本心,观想清静,常坐静卧,不要睡觉。"慧能听后,立刻说:"常坐静卧,这是不对的,不仅拘束了身体,而且对参悟佛法真意并没有什么帮助。听我说一个偈语吧。"于是,慧能作偈:"生来坐不卧,死去卧不坐。一具臭骨头,何为立功课?"①志诚听后,再次参拜慧能,说道:"我在神秀大师门下多年,并没有悟到佛法的真意,今天在您这里,我豁然开朗,契合了本心。"对于慧能来说,枯坐和静修都只是外在的形式,参悟佛法不在于坐禅,最重要的是心中有所感悟,才能悟得佛法真谛。

反对渐修,主张顿悟。传统的禅修讲求渐修,即是从凡人层面上开始修行,循序渐进,依次取得不同的果位,最后功德圆满,修炼成佛。一般来说,采用渐修的方式会耗费大量的时间。如证到阿罗汉果位,最快是三生,最慢是六十小劫;证到缘觉果位,最快是四生,最慢是一百劫。这种渐修的方式不仅极其耗费时间,而且形式烦琐。如要想参悟佛法,必须住进寺院,接受剃度,每天念诵佛经,参禅打坐,定期参拜佛祖,等等。慧能反对这种烦琐冗长的修行方式。在他看来,佛性自然存在于每个人身上,因此每个人都有可能成佛。能否成佛,关键不在于参禅打坐的形式,也无须耗费大半生的时间依次求得果位,并且,如果将精力集中在取得果位之上,往往滋生妄心。能否成佛的关键在于心中是否能够顿悟。就如同五祖夜半给慧能传法,慧能顿悟,以及"一宿觉"的典故,都说明了成佛只是悟与不悟的问题。慧能主张顿悟,破除了烦琐的修行仪式,使得禅宗走向民众,禅宗因此愈发具有生命力。但是,慧能并不绝对反对渐修,顿悟与渐修也不是完全对立的。《坛经》中记载了慧能对于"顿渐之争"的持平观点:"法本一宗,人有南北;法即一种,见有迟疾。何名顿渐?法无顿渐,人有利钝,故名顿渐"②,"法即无顿渐,迷悟有迟疾"③。意思是说,每个人身上都存在佛性,而且佛性平等,世间的佛法也是只有一种,只是人的领悟能力因人而异,领悟能力强一些的人,可以一悟至佛地,领悟能力差一些的人,可以参用渐修,参悟佛道。

---

① 慧能著,赖永海主编,尚荣译注:《坛经》,中华书局2010年版,第147页。
② 同上书,第146页。
③ 同上书,第57页。

反对出世觅佛,主张入世修行。传统的禅宗修行一般都有出世倾向,或将寺庙建于人迹罕至的深山之中,或断绝人的正常社会联系甚至是断绝如吃饭饮水等正常生理需求。这种修行不仅有出世倾向,更有苦修倾向。慧能对这种禅修方式进行了批判:"离世觅菩提,恰如寻兔角"①。修行是不可以脱离人世间的,正如佛性自然存在于每个人身上,佛法也自然存在于人世间。慧能的思想类似于庄子的大道思想。《庄子·知北游》中记载着这样一则典故。东郭子向庄子请教,"道"在什么地方呢? 庄子答道,"道"无所不在。东郭子说:"必定得指出具体存在的地方才可以吧。"庄子说:"在蝼蚁之中。"东郭子说:"怎么处在这样低下卑微的地方?"庄子说:"在稊稗(一种类似谷的草)之中。"东郭子说:"怎么越发低下了呢?"庄子说:"在砖瓦之中。"东郭子说:"怎么越来越低下呢?"庄子说:"在大小便之中。"东郭子无语了。慧能对于佛法的解释,虽没有像庄子说的那样低下,但很好地继承了庄子的思想,慧能也认为佛法是存在于世间的每一处,每一种活动之中,参悟佛道不仅仅是在寺院诵经打坐,所谓行走坐卧,皆是佛道。甚至对于慧能来说,参悟佛道完全可以不用出家。慧能本身在继承衣钵的时候,只是行者的身份,并未接受剃度,但慧能已经顿悟成佛,可见是否出家或接受剃度,对于参禅实际上并无影响,凡人只要一心向佛,自悟本心,明心见性,完全可以在家带发修行。慧能这种入世修行的思想被他门下的弟子进一步阐发——第三代传人马祖道一认为,"平常心是道"、"行、住、坐、卧,应机接物,尽是道"②。到后来,慧能门下进一步演化为呵斥佛祖,批判经文。其手段可能有些激进,但共同的目的,即打破偶像崇拜,摆脱拘泥于经书而不注重自悟的修行方式,摒弃外在的烦冗的仪式,将僧人由追求外在形式上的"静"转变为追求内心的"静",解放了身体,将修禅寓于普通的生活之中,怀海法师甚至喊出了"一日不作,一日不食"③的响亮口号,将修禅和劳动结合起来,使禅宗更加生活化。

口念心行,心经结合。慧能创立的南宗,在修行方式上讲求不立文字,以心传心,但并不是否定佛教经典,也不是反对僧人读经。在慧能看来,读经不是目

---

① 慧能著,赖永海主编,尚荣译注:《坛经》,中华书局2010年版,第58页。
② 释道元:《景德传灯录》,成都古籍书店2000年版,第595页。
③ 释普济编:《五灯会元·插图本》,万卷出版公司2008年版,第105页。

的,经文只是"指月之指",内心有所证悟才是关键所在。对于佛教的典籍,不仅要"口念",而且要"心行",做到"心经结合",否则,即使将经书背诵得滚瓜烂熟,充其量不过是个书袋而已。《坛经》中记载这样一个故事。有一个僧人叫法达,洪州人。他7岁出家为僧,常常念诵《法华经》。一次,他来参拜慧能,行礼磕头时头却不触到地面。慧能见状斥责他说:"行礼时头不碰触到地面,还不如不行礼。你心中肯定执着某一事物,你平时都修行了些什么?"法达答道:"我念诵《法华经》已经达到三千部了!这样还不是很好的修行吗?"慧能听了,说道:"如果你真的念到上万部,并且得悟了经文的真义,却仍然觉得自己很了不起,那么你可以和我一起修行。你现在因为自己读了三千经书就洋洋自得,不知道自己的罪过,你叫什么名字?"答曰:"我叫法达。"慧能说到:"你的名字叫法达,但你哪里通达佛法了?听我说一个偈语吧!"法达听大师说道:"汝今名法达,勤诵未休歇;空诵但循声,明心号菩萨。汝今有缘故,吾今为汝说;但信佛无言,莲华从口发。"①这个偈语主要批评法达只知道空口念诵,但并未明心见性。法达听后,后悔不已,向慧能参拜谢罪,说:"从今往后,我应该对一切都保持着谦虚的态度。其实弟子虽熟读《法华经》,但心中并不知道它的真义,心中常常疑惑。还请大师为弟子说法,解释弟子心中的疑惑。"慧能说:"法达啊!实际上佛经是非常通达的,你之所以有疑惑,是你的心有疑惑啊。"在这里,慧能认为,一切佛经的根源都是在于心,在于人的自性,基于人的根基设立教化典籍,若明白万法源于自性,则可以直契本心,在悟明自性之后,就能不依靠经书,达到"不假文字"的程度,即慧能所说的"内外不住,去来自由,能除执心,通达无碍,能修此行,与《般若经》本无差别"②。

自悟与师助相结合。慧能提倡顿悟,更提倡自悟。经书万部,一手一卷,禅师一位,同时说法。但并不是所有读经的人都能明心见性,也不是所有听禅师说法的人都能顿悟成佛。在外部各种条件都一样的情况下,能否领悟到佛性,关键在于自己是否能够自悟,否则任何外在的帮助和形式都是无用功。比如,神秀和慧能同为弘忍的弟子,神秀作为首席大弟子,与目不识丁的樵夫慧能相

---

① 慧能著,赖永海主编,尚荣译注:《坛经》,中华书局2010年版,第109页。
② 同上书,第50页。

比,自然是得了五祖更多的教诲和传法,理应比慧能更能悟得佛法真义。但从神秀所作的偈语来看,他并没有明心见性。而慧能在弘忍那里,听一言便悟,顿悟成佛,这就是自悟。此外,玄觉通过阅读经书,参悟到真义,也是自悟。但慧能承认,人有利钝,并非是所有的人都能通过自悟成佛。在自己不能自悟的时候,要借助于禅师,在禅师的帮助下悟得佛法。在慧能还没有出家的时候,听闻别人诵读《金刚经》,心中一动,身上的佛性被唤起。但此时的慧能并没有顿悟,否则就没有北上求师到弘忍门下的故事。在弘忍的启发之下,慧能明心见性,顿悟成佛。说到底,禅修是个人的事情,如禅宗所言,它像吃饭、饮水、撒尿、拉屎等事情一样,不能由别人来代劳。在寻求大彻大悟的道路上,不能一味自悟,这样未免滋生偏见和妄心;也不能一味假借于外在的力量和形式,这样未免本末倒置。正确的禅修方式应该以自悟为主,在自己不能开悟的时候,应该寻求师助,从而使自己能够真正参悟到佛法真义。

5. 禅宗的教育原则

慧能创立的南宗,在当时及后世产生了重要的影响,不仅与其独特创新的修行方式、简明而又深奥的佛教义理有关,而且与其独特的教育原则有关。禅宗教育有两大重要的原则,一是因材施教,二是启发。

(1) 因材施教

慧能坚持因材施教是有其客观原因的。从古到今,从西方到东方,任何一种思想都不是狭隘地"独善其身"的。古希腊哲学家柏拉图借助"洞穴喻",表达出得到真知、走出洞穴的哲学家应该返回洞中去解救依然蒙昧的人民。中国的孔子则教导弟子为君子儒,无为小人儒,实际上都是体现了知识分子的一种责任感。做学问或者是修佛法能使自己精神和心灵得到解脱,如果仅仅满足于这个层面而不想普度众生,就是自私自利的学者和孔子口中的"小人儒"。实际上佛教也是如此,佛祖释迦牟尼自己顿悟后,体恤所有承受生死轮回之苦的人们,将佛法传给众生,包括中国佛教的始祖菩提达摩祖师来中国传教的初衷也是"吾本来兹土,传法救迷情"[1]。慧能在接受了五祖衣钵后,更是承担了传播佛法

---

[1] 慧能著,赖永海主编,尚荣译注:《坛经》,中华书局2010年版,第181页。

的重任。他的学生或者说是传教的对象,实际上远远不仅只有僧人,还有平民百姓、帝王将相等。传教对象的众多和不同,使得慧能不能简单使用同一种方法来对待。另外,慧能承认每个人的悟性都不相同,有人"利",有人"钝",此外,弟子的性格也是差别很大,所有的这些都要求慧能应该区别对待,因材施教。

慧能在接待前来求法的普通大众时,注意到了他们悟性一般、学问尚浅的特点,在说法的时候,一般采用较简短、容易理解的表达方式。在编写偈语的时候,短小押韵,一般都是五字一句,且善用比喻,使之易懂且朗朗上口。慧能还善用儒家思想来传播佛经,表面上是儒家的思想,实际上在最深处来源于佛教思想。慧能用这样的教学方法使学生理解了不出家也能学佛的道理,巧妙地用儒家思想演绎了深奥的佛学理论。另外,慧能一般用"善知识"来称呼前来求法的信众,这样不仅让对方感受到了尊重,更拉近了信众与大师之间的心理距离,更具有感染力。对于不同类型的弟子,慧能也参用不同的教育方法。如法达因为自己读了三千经书而自大,目中无人,六祖就要先杀杀他的傲气,等法达心中确实悔悟后,再去讲解他心中的疑惑,教导他正确的做法。神会也是如此,年少聪慧,但说话十分轻率,慧能用棍打他三下,既是为了让他明礼,作为对他行为不敬的惩罚,也是为了帮助他识见本心,达到顿悟。对于不同悟性的弟子,慧能的教育方式也是不同的。悟性较低的弟子,慧能采用较浅显、直白的讲解来帮助他明心见性,而悟性较高的弟子,慧能一般不会直接告诉其答案,而是引导其自己发现。慧能认为,对于悟性较高的弟子,没必要将所有的佛经义理都告诉他,也没有必要占用弟子太多个人的时间去为他讲经,应该留给弟子大量的时间,让他们自己提出疑问,然后自己得出解答,而不是过分依赖老师。老师有所提示,也只是暗示诱导,绝不轻易将答案告诉学生。在教学时注重简明扼要、提纲挈领,师生在一问一答中解决了所有问题。

(2) 启发

所谓启发,意即开导指点或阐明事例,引起对方联想并有所领悟。慧能认为,佛性存在于每个人身上,修行也是一件"自渡"的事情,师父没有必要将佛经义理如填鸭般直接教授给弟子,最重要的是促使对方自己开悟。运用启发方法来教育的,不只是慧能一人,古希腊伟大的哲学家苏格拉底也是运用启发方法,即著名的"产婆术",虽然都是不直接告诉对方结论,但两者有极大的不同。我们运用两个典故来说明。

苏格拉底和玻勒马霍斯谈论正义的问题,玻勒马霍斯认为帮助朋友,伤害敌人是正义的。

苏格拉底(以下简称"苏"):你所谓的朋友是指那些看起来好的人呢,还是指那些实际上真正好的人呢?你所谓的敌人是指那些看上去坏的人呢,还是指那些看上去不坏,其实是真的坏人呢?

玻勒马霍斯(以下简称"玻"):那还用说吗?一个人总是爱他认为好的人,而恨那些他认为坏的人。

苏:那么,一般人不会弄错,把坏人当成好人,又把好人当成坏人吗?

玻:是会有这种事的。

苏:那岂不要把好人当成敌人,拿坏人当成朋友了吗?

玻:无疑会的。

苏:这么一来,帮助坏人,为害好人,岂不是正义了?

玻:好像是的。

苏:可是好人是正义的,是不干不正义事的呀。

玻:是的。

苏:依你这么说,伤害不做不正义事的人倒是正义的了?

玻:不!不!苏格拉底,这个说法可能不对。

苏:伤害那些不正义的人,帮助正义的人,能不能算正义。

玻:这个说法似乎比刚才的说法来得好。

苏:玻勒马霍斯,对于那些不识好歹的人来说,伤害他们的朋友,帮助他们的敌人反而是正义的——因为他们的若干朋友是坏人,若干敌人是好人。所以我们得到的结论就刚好跟西蒙尼得的意思相反了。

玻:真的!结果就变成这样了。还是让我们来重新考虑吧。这恐怕是因为我们没把"朋友"和"敌人"的定义下好。

苏:玻勒马霍斯,定义错在哪儿?

玻:错在把似乎可靠的人当成了朋友。

苏:那现在我们该怎么来重新考虑呢?

玻:我们应该说朋友不仅是看起来可靠的人,而且是真正可靠的人,看起来好,并不真正好的人只能当作外表上的朋友,不算作真朋友。关于敌人,理亦如此。

苏:照这个道理来说,好人才是朋友,坏人才是敌人。

玻:是的。①

从上面的对话可以看出苏格拉底的启发,在整个过程中,苏格拉底在不断地提问、设疑,有意识地让对方跟着自己的思维走,慢慢使对方陷入自我矛盾的局面之中,从而发现自己思路上的缺陷,进而探究出正确的答案。而慧能并不是这样。

《坛经》记载,行思前来拜见慧能,开口就请教:"做什么事情,才能不落入上下阶级的分别呢?"慧能一听便知行思的悟性很高。但他并没有直接告诉他,也没有像苏格拉底一样主动牵引他的思维,促使其自相矛盾,反而话头一转,问道:"你曾做过什么事情?"行思回答:"世界上最高尚,即使是佛经教导我的事情我都不做了。"慧能反问道:"那你还落在什么阶级上呢?"此言一出,行思便顿悟了。另有金州的怀让禅师前来参拜慧能。慧能问他:"你从什么地方来?"怀让回答道:"我从嵩山来。"慧能又问:"你是什么物?怎么来的?"怀让回答说:"说什么东西都不合适。因为禅宗需要明心见性,这个本性就是菩提自性。但这些都是假名安立,实际上是没有这些的,如大师一定要让我说出什么来,终究是似是而非,我一旦说出来,就不对了。"慧能听后表示赞许。但是他担心怀让只是学会了一些俏皮话,并未明见本心,或者是并没有完全识见佛性。数年之后,慧能又就这个"一物不中"的问题问怀让:"你还有什么修正的吗?"怀让回答:"师父,不能说我没有修正,但如果污染了本性,则得不到本心本性了。"慧能知道怀让真正识得本性了,就欣慰地说道:"就是这个不污染,是诸佛共同护念的所在。"由此可见,慧能的启发式原则,实际上是促使对方自悟,并启发弟子不要拘泥于具体的问题上,要想开去,才能更加接近佛法。慧能后的弟子更是将这种启发式的原则贯彻得淋漓尽致。曾有记载说弟子向师父:"请教佛法的真义是什么?"师父却回答:"我今日未吃茶。"这种看起来毫不相关甚至是无厘头的答语,实际上是要启发弟子不要拘泥于问题本身,放弃直接从师父那里得出答案

---

① 〔古希腊〕柏拉图:《理想国》,郭斌和、张竹明译,商务印书馆2014年版,第12—13页。

的念头,转而要往更广阔的地方思考,直到自己顿悟。此外,禅宗的启发方式多种多样,除了上述看似毫不着边的回答之外,还有"机锋""棒喝"等形式,其目的都指向自我教育,自性自悟。

四、慧能教育理念对当下教育的启发

1. 自我教育

传统的禅宗教育大多注重形式,欲想假借外在的帮助,实现成佛的目的,于是产生了偶像崇拜,产生了繁文缛节,更产生了佛经依赖、圣地依赖、师父依赖等状况。慧能创立的南宗则一反传统教义,提倡顿悟,更提倡自悟。在现代教育的语境之中,早已破除了"棍棒教育"的阴霾,取而代之的是民主教育、素质教育、终身教育,等等。但是我们认为,最好的教育实际上是自我教育——"'要我学'不如'我要学'"。所谓自我教育,简而言之,即通过认识自己,要求自己,调控自己和评价自己,自己教育自己。教育的定义即有目的地培养和塑造人的活动,这种活动的主体性始终是学生,教师只是学生学习的引导者和辅助者。"自我教育"又在"教育"的层面上更进一步,更加突出了学习者的主体性和内向性。在现代的教育语境下,我们提倡自我教育,有对学生心理和学习行为的研究成果,更有客观环境的优越条件作为保障。

现代教育心理学认为,学生都有求知和自我教育的倾向,通过自己的探索得到新知,会产生满足感。事实上,自我教育的效果远远好过灌输教育。在客观条件上,印刷业和互联网技术的发展,使得知识不再被"束之高阁",具备基础的阅读能力的人都能从书籍中或互联网中得到其想要的知识。此外,终身教育理念的提出,使得人们不可能一辈子都待在学校求学,社会就是个大学校,人们都该在这个大学校中自己做自己的老师,进行自我教育。另外,自我教育不仅适用于智育,对道德教育更是一种很好的办法。道德教育是一种影响人的内在的情感、态度、价值观的教育,是内隐的,也是漫长的。道德教育不能一味灌输,必须要内化,否则就不会起到所希求的效果。就像美国教育家杜威所言,"我们可以压迫一个孩子的颈部肌肉,使他每遇到一个人就鞠躬,到了后来,鞠躬成了一种自动的行动。但是他的鞠躬具有一定目的和一定意义以前,他的鞠躬并不

是一种认识或敬重的行动。"① 由此可见,在道德教育上,自我教育的作用不可忽视,教育者所要做的,就是在尊重学习者主体性的基础上,积极引导其进行自我教育,促使道德内化。

2. 生活教育

慧能开创的南宗教派,其禅修方式相比于传统的一个显著特点,就是将修禅与生活紧密联系起来,既不要求人们把寺庙建在远离市井的深山之中,又不要求人们出家剃度。无独有偶,八百多年之后的德国(1517年),一位叫马丁·路德的人,张贴出了《九十五条论纲》,抨击教会的腐败、黑暗和众多的繁文缛节,警醒人们,不要再被教皇"只要购买赎罪券的钱币投入钱柜,叮当一响,罪人的灵魂就飞入了天堂"的谎言所欺骗,告诫人们,赎罪不需要购买教皇的赎罪券,接近上帝也无须教皇的烦冗仪式,只要心中怀有对上帝虔诚的信仰,就可以通过直接阅读圣经达到目的。两者都主张简化各种仪式,只需要内心具有信仰或者具有佛性,就可以直接自悟自度。但两者在改革的初衷、方式等方面也有所不同。

慧能不仅仅是简化了各种仪式,更是将佛拉回到人世间,将禅修也寓于尘世中的一行一走,一坐一卧。慧能开创了禅宗教育"生活教育"的先河,这与慧能早期的经历有很大关系。慧能出身贫寒,少时孤苦,靠打柴供养自己和母亲,禅宗里流传着慧能打柴时劈竹顿悟的佳话,其门下的弟子更是很好地贯彻了其生活教育甚至是劳动教育的思想。在20世纪初的美国,进步主义教育家、哲学家约翰·杜威针对学校教育的弊病,提出了"教育即生活""学校即社会"的观点,认为教育应该与生活结合起来。杜威的得意弟子、我国著名的教育家陶行知先生,结合我国当时的社会环境和现实条件,将杜威的主张转变为"生活即教育""社会即学校",认为教育的本质就是让人们更好适应生活,学会生活,而社会就是一个大的学校,不应该把学校封闭成一个象牙塔,而应该拆除社会和学校的界限,让学生在社会中学习各门学问。笔者赞同"生活教育"的观点。第一,学校应该承担其社会责任,不应该自我封闭,成为象牙塔或传授与社会生产发展相脱节的知识。学校应该为学生本身谋得更好的发展,为社会培养合格的

---

① 〔美〕约翰·杜威:《民主主义与教育》,王承绪译,人民教育出版社2013年版,第36—37页。

劳动者,为每个家庭培养高素养的家庭成员,所以,学校应该与社会接轨,与生活接轨。第二,当今社会,各种高新技术飞速发展,知识膨胀令人应接不暇,在学校中不可能学习到所有的知识,反而在生活中,学生能够得到更好的锻炼,增长更多的见识。第三,当下学校的一个普遍倾向就是重视系统知识的传授,比较忽视实践。在某些方面,对于某些知识,尤其是道德知识,如果没有道德实践,单单注重机械记忆,口头背诵,是收不到德育效果的。而生活是个大舞台,它不仅能够提供认知,更能提供学校较难提供的实践。法国启蒙教育家卢梭所提倡的"自然后果法",就是将教育寓于生活之中,让学生在生活中承受其所作所为的后果,然后促使其在这种后果中增长记性或本领。笔者提倡生活教育,但并不认为所有的生活场景或环境都适合教育,在实行生活教育的同时,需要教育者对生活环境进行筛选,摒弃生活中不良因素的影响,才能收获生活教育的优良效果。

3. 顿悟

传统的禅宗教派主张渐悟渐修,不仅耗费大量的时间,而且不利于悟到佛法。慧能一改渐悟渐修之风,提倡顿悟,他说:"善知识!我于忍和尚处,一闻言下便悟,顿见真如本性。"[1]日本佛法研究者铃木大拙认为:"悟可以解释为对事物本性的一种只觉的察照,与分析或逻辑的了解完全相反。"[2]现代教育心理学中也有所谓"顿悟"的理论。最著名的是德国心理学家苛勒(W. Kohler,1887~1967)、韦特海墨(M. Wetheimer,1880~1943)和考夫卡(K. Koffka,1886~1941)为代表的格式塔学习理论。其主要观点为学习不是尝试错误的过程,而是顿悟的过程。最著名的实验即苛勒所做的大猩猩吃香蕉的实验。把大猩猩关在一个木笼里面,木笼里有事先准备好的两只木箱,然后将香蕉悬挂在大猩猩够不到的木笼顶端。大猩猩看到了香蕉,但几次跳起来都无法够到,放弃了向上跳取香蕉的意图。突然,大猩猩注意到了笼内的木箱,它搬起木箱,站在上面,还是够不到,于是又搬起另一个木箱,叠放在一起,站在两只木箱上面,大猩猩最终吃到了香蕉。格式塔心理学家认为,学习是智慧的行为,需要有理解和

---

[1] 慧能著,赖永海主编,尚荣译注:《坛经》,中华书局2010年版,第53页。
[2] 〔日〕铃木大拙:《禅与生活》,刘大悲译,上海三联书店2013年版,第69页。

思维的参与,它不是一种渐变的过程,而是一种顿悟的过程。在问题解决前有一个困惑或沉静的时期,表现出长时间的犹豫不决和停顿,但在问题解决前到问题解决之间有一个过渡时期,这个过程是突飞猛进的,是爆发性的。由顿悟而来的智慧容易迁移,且不容易遗忘。在实际的教学过程中,最好的教学不是教育者把所有的课堂时间都填满,或者把所有的知识都一览无遗地展现给学生,最巧妙的智慧应该是学会留白。这种留白,是给学生思考的时间,更是给学生顿悟的时间。此外,在现代教育的语境中,我们要摒弃禅宗教育中的棒喝教育,但不排斥运用一些巧妙的启发语,或者制造特殊的场景,引导学生顿悟。

4. 教学不只是知识的传授

慧能作为中国佛教的第六祖,其开创的南宗教派门人众多,一花开五叶,影响深远,但做出如此巨大贡献的慧能,却是一个大字不识的樵夫。佛教讲求以心相传,心心相印,不立文字。慧能不立文字的思想,在现代语境下可能看起来有些偏激,但启示我们,在教育中要注意比传授知识更重要的东西——道德的内化、价值观的转变和素养的形成。长期以来,在应试教育的指挥棒下,学校教育沦为高考的奴隶,学校的一切出发点都是为了高考,学生学习的全部意义在于在高考中取得好成绩,升入好大学。因此,传授基础的系统的知识成为学校教育的主要内容,对学生的压迫越来越严重,有些学校领导甚至喊出"抓学生抓出血来"的口号。因此,过于注重和拘泥于系统知识的传授和应试教育的产生两者互为因果。这种教育压抑了学生的本性,学生在高压之下心理扭曲、行为失控的现象屡见不鲜。掌握基础的知识是必要的,它是现代社会的通行证,也是提炼思想的基础,但是教育并不能拘泥于基础知识的传授,更重要的是培养一个健康圆满的人。教育考核也不能仅仅依靠分数的高低,一些基本的能力,如生存能力、适应能力、学习能力、交际能力等,还有思想品德的发展,是远比知识更为重要的能力,而这些能力和品德,将要伴随学生一生,就像慧能所言的佛经义理一样,是真正需要去体悟,去重视的。在 90 年代末期,人们提倡素质教育,要求教育者不仅要重视系统知识的传授,更要注重学生多方面的能力的培养,造就全面发展的人,经过十几年的教育改革,素质教育取得了良好的效果。

5. 平等的师生观

慧能作为一个影响极大的禅师,他面对的"学生"各种各样,不仅是其门下的众多僧徒,还有王公贵族,也有平民百姓。慧能并没有因为对方是王公贵族而卑颜屈膝,高看其三分,也没有因为对方是平民百姓而将其视作草芥,对于前来求教的民众都恭谦地称为"善知识"。在慧能眼中,佛性平等,众生也皆是平等,所以一视同仁。

实际上,教育不平等的现象古今中外皆有之。在古代,教育是权贵人家的特殊待遇,奴隶的孩子势必终生为奴,没有接受教育的权利。在近代,美国的黑人民权运动中,马丁·路德·金曾在《我有一个梦想》的演讲中说道,希望将来自己的孩子能和白人的孩子坐在一起,欢快畅谈——当然,平等接受教育也暗含其中。而对于我国,在现代教育中,相比于慧能时代,教育形式更加规范,教育条件更加优越,随着人口流动和城乡之间的互融,也带来了教育对象上的差异,使课堂中学生的出身、资质、水平不尽相同。一些农村出身的孩子,在环境和资源的占有上比不过城市的孩子,当他们和城市中接受教育的孩子坐在同一个课堂上时,在学习和理解能力上可能会出现逊于城市孩子的现象。有些教师往往会因此而忽视甚至歧视这些"差生",这势必给孩子身心和以后的发展造成不良影响。我们认为,在整个教学过程中,教师扮演着重要的角色,一个优秀的教师需要掌握多种教学技能,而最为重要的、超越于教学技能之上的,应该是一种平等的观念,对所有学生一视同仁。我们提倡,"教师眼中无差生",对于班级中一切学生,都应该一视同仁,而对那些因为各种原因落后的学生,教师更应该在尊重和保护的基础上多多留心辅导,怀着一颗平等的心去对待每一个学生,促使不同资质的学生都能得到适合他的最好的发展。

五、红尘深处是禅意

"宠辱不惊,看庭前花开花落;去留无意,望天上云卷云舒。"现代社会熙熙攘攘,而禅却留给我们一种云淡风轻的智慧。它是一个新的阶梯,一扇新的窗口,引领着我们用另一种眼光去看待世界。

长期以来,一提到佛或禅,人们总认为是一种离世修行。实际上,正如慧能所说,离开现实的人生去寻找禅意,其难度不亚于寻找长着角的兔子。有人说,单看"禅"这个字,一人一心一单,所以心思单纯了,就能接近禅。而我们更认为,禅是存在于这个真实的、喧闹的世界之中的,在纷扰的红尘深处,就是禅意。物质生活水平的提高,刺激着人们的野心和贪欲,也使人更加迷失了自己。回头看时,我们的先人早就给我们开了药方——禅宗里面关于生死、关于执念、关于自性解脱的智慧,值得我们卸去所有凡世尘埃,去细细研磨和品味。

1. 生死

五祖欲传衣钵,召集门人后对他们说的一句话就是:生死事大。唐代颇具禅意的诗人王梵志曾在他的无题诗中说道:"城外土馒头,馅草在城里。一人吃一个,莫嫌没滋味。"[①]不管贫贱还是富贵,每个人都不能避免一死。人生苦短,生死事大,这种由生死大事带来的痛苦,是人们想要解脱的关键所在。而作为佛学家和哲学家的慧能早就看破了生死。在将要圆寂的时候,慧能召集所有的弟子,与他们一同进最后的斋饭,并对他们谆谆教诲。弟子们问了很多,慧能也回答了很多。在慧能说自己将要圆寂之时,许多弟子都难过地垂下眼泪,只有神会没有哭泣,也不露悲伤之色。慧能对那些哭泣的弟子感觉失望,认为他们没有像神会一样,真正大彻大悟,看透生死。他教诲弟子说:"你们为什么要感到难过呢?无非是因为怕不知道我到哪里去了吧。可是我知道我将要到哪里去,没有什么理由感到悲伤,而且人生本来就是不来也不去的,更没有必要落泪。我离开后,虽然不能再为大家讲经说法,但佛性是不增不减的,并不会因为我的离去而消失。不要像世间的人那样悲伤哭泣,泪如雨下,或者接受别人的吊唁和慰问,这样你们就不是我的弟子,你们这样做也不合佛法。只要你们识见自我本心本性,就没有动也没有静,没有生起也没有毁灭,没有生也没有灭,更没有是非和住往。我去世以后,你们按照这个修行,和我在的时候有什么分别呢?如果违背了这个教法,纵然我在世,又有什么用呢?"真正晓悟了的人,不因为别人的离去而痛苦,更不会因为自己的离开而担心和恐惧。曾有弟子问禅

---

① 周溶泉、徐应佩、姜光斗、顾启:《历代怨诗趣诗怪诗鉴赏辞典》,江苏文艺出版社 1989 年版,第 591 页。

师,生命的最后一刻应该做什么?禅师云淡风轻地回答:"遇茶吃茶,遇饭吃饭。"另外有超达的庄子,妻子去世之后鼓盆而歌,自己行将就木的时候,坚持死后以天地为棺材,日月星辰做陪葬品,引得秃鹰蝼蚁竞相食之。这些都是大彻大悟的人们,死亡已经不能使其改色。

对于在红尘凡世中浮浮沉沉的我们,或许只有很少的人能够真正做到像庄子、慧能那样超脱,拥有那种看破一切的生死观,但我们应该学习禅师豁然的生死观、超然的处世态度和"因缘聚合,物极必反"的辩证法,不被一时的成功和鲜花迷惑了眼睛,也不被一时的失败和阴云阻碍了脚步,坚信如莫泊桑所言"人生不会一直顺利下去,也不会一直糟糕下去,它只是在此之间来来回回地波动和徘徊"。通晓此理,更能促使我们珍惜当下的生活,并将所经历的或悲或喜的一切都看作生命的馈赠,逢迎阳光和鲜花的时候能够多一分理智,遭遇急流和暗礁的时候,也能多一分淡定和坦然。

2. 执念

在佛教义理中,执念又叫做"妄心",是一种与本性相反的念想。道家解释,人是因为产生了"自我"的观念,进而会主动将自己与周围的一切分离开来,以自己狭小的思想范围和眼界来作为衡量世界的标准,进而产生了差别和动乱,自然也产生了痛苦。而禅宗解释说,人的自性本来是清净的,无善无恶,自性受到了污染和蒙蔽,就会滋生贪欲、憎恨等诸多妄心,就会产生执着。从这种被蒙蔽和污染了的本性中滋生出的执念永远不会被满足,既然永远不会被满足,就只会永远痛苦。综观人类历史,不分时代也不分国别,多少人被膨胀的欲望扼杀了幸福,更有甚者甚至断送了性命。禅宗以一种变动不居的眼光来看待世间的一切,正如《金刚经》中所主张的那样,已经腐朽的过去、还没有诞生的未来以及真真切切生活着的现在,都是不能去在乎的,因为一切都是变化着的,一切都是表象。人们所追求的金钱、名誉、地位,所有的一切,不过是永远处在瞬息万变之中的事物的表象而已,都是虚空的,正所谓禅宗主张一切皆空,眼耳口鼻等感官所感受到的一切有相之物都是不可靠的,若是人们真正在意所见到的世间万象,并为之深深所惑,沉迷其中,不免会引起各种欲望,滋生各种执念和妄心,必然会沉沦于无比的痛苦之中。禅宗教导人们,不仅要一切看轻,更要一切看清——一切外在的功名利禄比不上一个宁静闲适的心境,对于身外之物要看轻;超越于事物表面,往往更能看清事物的本质。禅宗主张一切有相有形之物都是靠不住的,并不是否定客观事物的存在性,而是启发人们透过事物的表面,看清本质,获得恬然自得的状态,正所谓之前看山是山,看水是水,这是没有开悟时候的状态;及至后来,看山不是山,看水不是水,反映了将要觉醒还没有觉醒的困顿迷雾之状;到了最后,回归到看山还是山,看水还是水的状态,此时已经完全开悟,看到的不仅是事物的表象,更是事物的本质,恬然和宁静由此而生。

执念越多,心中在乎的东西就越多,或者沉迷于过去的痛苦不能自拔,或者陷于憎恨的泥淖中迷失自己,或者是在追求浮光掠影中误入歧途,或者因为某种感情的剥离而痛不欲生。禅宗教导人们放下心中的执念,追求清净的佛地,这种思想影响了千千万万的中国人,范仲淹写下"不以物喜,不以己悲"①,张说则写下"澄江明月内,应是色成空"②,都表现了人们看破一切的心中寂然恬静之感。而对于我们来说,自己苦心追求的而且让自己感觉痛苦的一切,往往是错误的、不值得去执着的东西,等到时过境迁,再回头看时,当时所执着的一切远远没有那么重要。放弃一分心中的执念,心中便会豁然开朗一分,便会更加看清自己和现世,更能恬然自得应对一切。

3. 平常心

六祖慧能认为,佛性无南北,佛由心悟。但这里的"心"是指与妄心相对、本来清净的那颗心。心就像道一样,不悲不喜,不生不灭,不增不减。慧能的再传弟子马祖道一认为,平常心就是道,他告诉弟子,修道也不过是饿了就吃饭,困了就睡觉。弟子很不解地问,这种平常的饮食睡眠怎么能是修道呢?马祖道一反问道,这怎么不叫修行呢?你看有多少人吃饭时不好好吃饭,百般地思虑;又有多少人睡觉时不好好睡觉,千般地计较,这都是没有悟道的表现啊。

细读佛经里面的潺潺智慧,简而言之,平常心就是一种无分别的超然之心。禅宗向来有"援庄济禅"的传统,在理论基础上更多地化用了道家,尤其是庄子

---

① 吴调侯、吴楚材编,史礼心等注:《古文观止》,华夏出版社1998年版,第492页。
② 彭定求、沈三曾、杨中讷等编:《全唐诗》,中华书局1999年版,卷89,第2页。

的思想。《庄子》里有一个广为人知的朝三暮四的故事。一个老翁喂养了一群猴子,每天给每只猴子七颗李子。早上给猴子三颗,晚上给猴子四颗,这群猴子非常高兴;而如果早上给猴子四颗,晚上给它们三颗,它们就恼怒不安,因为它们觉得李子的总数比以前少了,要求老翁增加李子。庄子评论道:"名实未亏而喜怒为用。"[①]也就是说,实际上,早上三个,晚上四个和早上四个,晚上三个,李子的数目是没有变化的,变化的是这些猴子的心态,它们因此而产生了分别心,朝三暮四他们就高兴,朝四暮三它们就恼怒。而我们中的许多人难道不正像猴子,常常因为得失荣辱而患得患失。禅宗里讲求平常心的智慧,一切道都蕴含在这平常的无差别的心中。这种平常心接近于清净的本性,是超越于悲喜善恶的,平常心如止水,任何风吹草动都不能引起一丝波澜。苏洵曾说道:"泰山崩于前而色不变,麋鹿兴于左而目不瞬"[②],就是说,即使泰山在我面前突然崩溃垮塌,我的脸色也不会改变;即使麋鹿突然在眼前跳过,我的眼睛也不会看它一眼。如果说这是一种定心的智慧,禅宗的淡然更远远超越其上。禅宗教导人们,不仅要对世间的种种变化不动于心,甚至即使大限已到,也要平常对待。禅师曾回答弟子说,哪怕是无常鬼突然出现,告诉我下一刻就会将我的命索去,我也不会害怕,那么在这一刻,我还是该喝茶就喝茶,该吃饭就吃饭。在尘世中被各种浮光掠影所迷惑的人们,往往没有一颗平常心。禅宗讲世间万事万物不过是因缘聚散之故,缘来则聚,缘去则散,没有分别也无须计较,学习修炼一颗平常心,宠辱不惊,毁誉不动,对万事万物都抱有一颗感恩、理解、包容、惜缘之心,这能够让作为凡夫俗子的我们在世间万象中多一分淡定和坦然。

4. 自度

有一则禅宗故事。天降暴雨,一个人在屋檐下避雨,夜幕将至,暴雨仍然没有停歇。正在这个人着急之时,他看到一个禅师撑伞走过,连忙大喊:"禅师,禅师!我没有雨具,请您度我一程!"禅师在雨中立住,对他说:"我在雨中,你在檐下,我的伞外有雨,而你檐下无雨,我怎么能度你呢?"那人听罢,离开屋檐,站在雨中,说:"现在我在雨中了。禅师可否度我?"禅师又回答说:"你确实在雨中,

---

① 胡仲平编著:《庄子》,燕山出版社1995年版,第40页。
② 苏洵著,张以文、刘凯译析:《权书》,民族出版社2000年版,第4页。

我也在雨中。但我不被雨淋,是因为我有伞,所以是伞度我。如果你要想被度,不必找我,还是自己去找伞,去自度吧。"所谓自度,简单理解,就是自己拯救自己,自己帮助自己。慧能开悟之时对五祖说,弟子要自度。在其后的传法生涯中,慧能也将这个道理告诫给所有的"善知识",迷失时师助,但开悟还需要自度。大珠慧海同样继承了这样的思想,也强调自度。他说:众生自度,佛不能度。道谦禅师也曾经说过,穿衣、吃饭、屙屎、撒尿、走路这五件事不能由别人代替,同样,迷雾困顿,想要得到最终的解脱,怎么能由别人代替?

禅语说道,魔由心生,亦由心摄。我们并不是反对外在的帮助,而是认为,真正的解药在于人们自心,所谓天助自助者,了解自己的本心,于清净中始见自性。

参考文献

[1] 慧能著,赖永海主编,尚荣译注:《坛经》,中华书局 2010 年版。
[2] 黄夏年:《六祖慧能研究》,大象出版社 2013 年版。
[3] 〔日〕铃木大拙:《禅与生活》,刘大悲译,上海三联书店 2013 年版。
[4] 洪修平:《禅宗思想的形成与发展》,江苏人民出版社 2011 年版。
[5] 陈耳东:《公案百则》,中华书局 2008 年版。

韩愈

韩愈 复兴儒学
——人性三品

"俱怀逸兴壮思飞,欲上青天揽明月。"大唐盛世,有着满溢而出的张扬与自信,连生在当时的人们写出的诗,都是如此的飘洒!可惜花不常开,人不常在,盛唐时代的意气风发,早就伴随着诗仙李白的离去而离去了。安史之乱之后,大唐江山在凄风苦雨中逐渐动荡。国家的创伤,连同个人半生的漂泊,都密密麻麻地刻在了将至不惑之年的韩愈的额上,似刀劈,像乱麻。

经过了艰辛的童年和充满挫败感的青年时代,韩愈到了35岁,才谋得四门博士这一官职,掌管人才的选拔和考量,然而不受重用,几次遭遇排挤和贬谪。快到不惑之年,才重新被召回京师。对于韩愈来说,这些年,作为一个羸弱的文人,他承受了很多,也因此由己及人,怜悯并爱惜人才。

韩愈不仅珍惜人才,更善于发现人才,尤其他受命于国子监时,更加不能忘记身上的重托。唐代规定,州、县馆在每年的仲冬都会选拔学业有成者,并将他们送往尚书省。考试完毕后,长官会宴请僚属,设宾主席,陈设俎豆,准备管弦,筹办宴会。在一次款待河南考生的宴会中,韩愈听说有一名叫李贺的才子赴宴。对于李贺之名,韩愈早有耳闻——河南寿安境内有一神童,长于文章,工于诗歌,出口成章,轰动京城。为了表示重视,韩愈特别邀请了好友皇甫湜一同赴宴。

韩愈和皇甫湜由此结识了李贺。谈笑风生之间,韩愈为这个瘦弱而俊秀的青年所倾倒,连连感叹后生可畏。李贺对韩愈的知遇之恩甚是感激,激动之情

难以言表,不多时,一篇连贯大气的《高轩过》①一气呵成:

> 华裾织翠青如葱,金环压辔摇玲珑。
> 马蹄隐耳声隆隆,入门下马气如虹。
> 云是东京才子,文章巨公。
> 二十八宿罗心胸,九精照耀贯当中。
> 殿前作赋声摩空,笔补造化天无功。
> 庞眉书客感秋蓬,谁知死草生华风。
> 我今垂翅附冥鸿,他日不羞蛇作龙。

韩愈阅后,连声赞叹,此生年纪虽小,但文章奇美瑰丽之中又不失大气,真是不可多得的好材。韩愈惜材爱材,于是心里暗暗对李贺留意,并想尽自己所能去扶植栽培李贺——推荐李贺应进士试。李贺本身就是个才华横溢的人,再加上韩愈的推荐,这得进士的小事,理应不费吹灰之力。可是,出乎意料的是,有一位和李贺争夺进士名额的人出来诽谤说:"李贺父亲的名字为李晋肃,'晋'字读音上和'进'同音,所以应该避讳,不能让李贺参加考试。"此言一出,引得暗暗嫉妒李贺才华的人纷纷出来附和。韩愈好友皇甫湜连忙找到韩愈,说道:"请你务必要把此事说清楚,不然的话,你我都会受到牵连,而李贺的才学也会因此被埋没。"韩愈作为一个文人,他前半生所经历的种种不公正的事情一一在他的脑海中回放,而到了现在可以有权力去整治考风学风之时,怎可以让这种荒谬之事剥夺人才公平竞争的机会?怀着满腔愤怒,韩愈挥笔而就《讳辩》②一文,以此为李贺鸣不平:

> 《律》曰:"二名不偏讳。"释之者曰:谓若言征不称在,言在不称征是也。《律》曰:"不讳嫌名。"释之者曰:谓若禹与雨、丘与蓲之类是也。今贺父名晋肃,贺举进士,为犯"二名律"乎?为犯"嫌名律"乎?父名晋肃,子不得举进士,若父名仁,子不得为人乎?

韩愈在这里争辩道,孔子的母亲叫"征在",只要说"征"的时候不说"在",说"在"的时候不说"征"就可以了;大禹的儿子可以叫做"雨";"丘"和"蓲"也是这

---

① 冯浩非、徐传武编:《李贺诗选译》,巴蜀书社1991年版,第206—209页。
② 韩愈著,严昌校点:《韩愈集》,岳麓书社2000年版,第164页。

样。如果现在父亲的名字叫"晋肃",他的儿子就不能参加进士考试的话,那么如果父亲的名字是"仁",那么他的儿子就不能当人了吗?

虽然这篇言辞犀利、掷地有声的文章最终没能改变李贺的命运,礼部官员昏庸草率,如李贺自己所言"阊扇未开逢猰犬,那知坚都相草草"①。但是韩愈爱惜人才,与不正的学风考风作斗争的气节却广为人们所称赞。韩愈也因此在中国教育史上留下了夺目的一笔。

一、一生颠簸可奈何,文章千古任人评

说起韩愈的一生,人们会少一份轻松的语调,而多一份沉重。韩愈生在唐代由盛转衰的时期,在其短短 57 年的生命里,经历了德宗年代的四镇之乱、泾原兵变、汴州兵变,顺宗年代的王叔文集团改革运动,以及宪宗年代的刘辟、吴元济藩镇叛乱等事件。而对于韩愈本人来说,春风得意之时甚少,颠沛流离、苦难相随的日子更多。

1. 早岁便知世事艰

韩愈,字退之,河内河阳(今河南修武县)人,生于唐代宗大历三年(公元 768 年),出身于一个小官吏和书香世家。其五世祖韩均,曾任北魏定州刺史、金部尚书,封安定康公;高祖韩暧,入唐以后,曾任雅州刺史;曾祖韩泰,曾任曹州司马;祖父韩睿素,曾任朝散大夫,桂州都督府长史;韩睿素有四子,长子仲卿,便是韩愈的父亲。韩仲卿历官潞州铜鞮,调补武昌令,后改鄱阳令,为官清廉,颇有政绩,曾与李白、杜甫交好。而随着安史之乱(公元 755 年至 763 年)爆发,唐朝由盛转衰,韩愈的家族也随着国运一起走向了衰落。韩愈出生不久母亲便去世,3 岁时候父亲又撒手人寰。韩愈从此孤苦无依,乳母李氏怜惜他,不忍离开韩府,一直尽自己所能去哺育和照顾韩愈,直到看着韩愈成家立业,生儿育女。但仅凭乳母一个人的力量是不足以养育韩愈的,韩仲卿夫妇相继离世后,抚养韩愈的重担实际上落到了韩愈的兄长韩会身上。韩会长韩愈 30 岁,其妻郑氏,年过 30 仍未有子嗣,她对韩愈甚是疼爱,对他教导有加。

---

① 李贺著,王琦注释,王步高、刘林辑校汇评:《李贺全集》,珠海出版社 2002 年版,第 140 页。

韩会于大历九年（公元 774 年）提名金榜，谋得六品起居舍人的官职，于是携时年 7 岁的韩愈，举家搬往繁华的长安城。但韩会也许是因为作为文人，书生气太浓而善恶不分，忠奸不辨，竟然跟当时的宰相元载一伙人打得火热，而元载等人皆是贪财掠货、纳受私赃之人，后来东窗事发，大历十二年（公元 777 年）元载被杀。韩会因此受到了牵连，被贬至人烟稀少的荒蛮之地韶州。这对韩会一家来说是个致命的打击，韩会本人更是郁郁寡欢，万念俱灰，无心于政事与文章。不消两年的时间，韩会便一病不起，离世时只有 42 岁。时年韩愈 12 岁，自小痛失双亲，现又失去了仰仗的兄长，韩愈感到了命运的残忍。古人重视叶落归根，狐死首丘，韩会客死他乡，其妻郑氏毅然决定带着全家北上，一路上历尽千辛万苦，终于到达了河南河阳，将韩会的骨殖安葬在故乡。

然而，韩愈仅在河阳待了一年，朝廷中又发生叛乱，无奈百姓只得逃难。韩愈一家也不例外，在兵火四起的时代过着心惊胆战的日子。而后叛乱平息，郑氏夫人也在满目疮痍的中原寻找安身立命之所，毕竟，她还带着年幼的韩愈和韩会二弟之子韩老成。考虑再三，郑氏夫人决定举家迁往宣城，千里迢迢搬迁，又一次使郑夫人尘满面，鬓如霜。安定下来之后，郑氏夫人悲怆地看着韩愈和老成说："韩家两世人，如今只有你们了啊！"年仅 14 岁的韩愈记住了这一句，他不太懂，但能听得出悲凉。

谁说"早岁哪知世事艰"呢？

2. 卑愤只为拾青紫

韩会是个文人，韩愈跟随韩会成长，自然受到熏陶。据记载，韩愈 7 岁便开始读圣贤之书。当初韩会因在京城做官搬进长安城，期间结识了很多贤人名流，也给韩愈提供了良好的环境，再加上韩愈本身天资聪颖，13 岁就能写文章了。在封建社会，通过读书而进入仕途对于出身并不显赫的韩愈来说，诱惑极大。韩愈虽精通儒家经典，但并不像颜回一般"一箪食，一瓢饮，在陋巷，人不堪其忧，回也不改其乐。"韩愈读书的目的很明确：做官。而且，他对自己信心满满，在《复志赋》中说道："忽忘身之不肖兮，谓青紫其可拾。"[①]

韩愈 19 岁离开家，到了京师，此行就是来"拾青紫"的。虽然韩愈自信满

---

① 韩愈著，严昌校点：《韩愈集》，岳麓书社 2000 年版，第 2 页。

满,但无奈他的官运并不好。从贞元二年(公元786年)到贞元八年(公元792年),韩愈一连住了七年,应试了四次,才登上了进士第。在此期间韩愈过着寄人篱下的穷困日子,每每看到京城中权贵之家轻裘肥马、仆从如云时,往往生出落寞之情。在他的诗歌《出门》中,这种落寞之情显露无遗,但是他又相信自己不会一直这么困顿下去,总有一天会否极泰来。最后韩愈终于如愿登了进士第。可是依照唐朝的制度,登进士第后还需要经过吏部的考试,才能被正式授予官职。韩愈在吏部试中同样不走运,一连考试了三次,却没有一次中。这时候已经到了贞元十一年(公元795年),韩愈已经在长安城住了十年之久,但并没有谋得一官半职,他已经27岁了,理想和现实的落差让他无所适从。他一面灰心丧气地想要做个隐士或者农夫,每天躬耕于田野,再也不参加考试,不去做官,逍遥地过完一生;一面又在不断地上书宰相,攀附权贵,甚至有摇尾乞怜之态。他在《与凤翔邢尚书书》中写道:"布衣之士,身居穷约,不借势于王公大人,则无以成其志;王公大人,功业显著,不借誉于布衣之士,则无以广其名。是故布衣之士虽甚贱而不谄,王公大人虽甚贵而不骄,其事势相须,其先后相资也。"①一口一个"王公大人",可见韩愈多么汲汲于富贵!在这般努力之下,时来运转,韩愈终于在他29岁时候被任职为观察推官,这等小官韩愈虽然心里不满,但也由此结束了布衣生活,开始了沉沉浮浮的仕途。

3. 是非功过后人评

大唐王朝,不管是盛世时候的浮华,还是衰落时候的飘摇,都已经被历史的风尘所掩蔽,个中滋味,总是仁者见仁,智者见智。至于韩愈本人也是如此,斯人已去,但功过自有后人来品评。

提到韩愈,我们会首先想到其作为文人,位列"唐宋八大家"之首,但同样作为文人,韩愈和李白、杜甫这样的文豪也不一样。李白是纵情浪漫的,作为文学侍从,在政治上几乎无所作为;杜甫心怀济世之心,曾喊出"安得广厦千万间,大庇天下寒士俱欢颜",却始终官闲位小,无缘参政;而韩愈不同,他虽然早年官运不济,并在仕途上屡遭贬谪,但后来官至吏部侍郎,他是有心也有能力参与政治的。韩愈秉着浩然之气,行正义之事,一直临近生命的结束,还不惜自己衰弱的

---

① 韩愈著,严昌校点:《韩愈集》,岳麓书社2000年版,第394页。

身体，一心想要为天子除弊事。

　　第一次是在贞元十九年（公元 803 年），京师及附近地区大旱，但某些官员出于自身利益，阿谀奉承，对皇帝谎报天气虽旱，但谷物甚好。韩愈亲自走访调查，发现事实并非如此，百姓被沉重的赋税所压制，难以糊口，甚至饿殍遍地。韩愈上书给皇帝说："臣伏以今年已来，京畿诸县，夏逢亢旱，秋又早霜，田种所收，十不存一。陛下恩逾慈母，仁过春阳，租赋之间，例皆蠲免。所征至少，所放至多；上恩虽宏，下困犹甚。至闻有弃子逐妻以求口食，拆屋伐树以纳税钱，寒馁道途，毙踣沟壑。有者皆已输纳，无者徒被追征。臣愚以为此皆群臣之所未言，陛下之所未知者也。"①在这里，韩愈指出了事情的真相，夏旱早霜，谷物收成十不存一，人民都到了抛弃孩子，逐走妻子，甚至拆掉房屋砍掉树木来交税的地步了，希望皇帝能够体恤民情，减免赋税。但就是这样一篇证据充足、感人至深的文章，却触动了当时朝中的黑暗势力，这些官员纷纷向皇帝诬告韩愈，于是韩愈被贬为阳山令。这样的经历并没有使韩愈学会阿谀奉承，他还是会为民请命，忠贞直言。最具代表的是韩愈反对皇帝迎佛骨之事。唐代佛教盛行，韩愈认为在世风日下、民不聊生之时，欲想恢复大唐盛世，必须要发展生产。但他眼看着农民不耕种，士兵不卫国，士大夫不从政，都相继遁入空门。韩愈反对佛教，尤其是反对皇帝信奉佛教。功德使上奏朝廷说，凤翔法门寺塔有一节佛的指骨，这是国泰年丰的预兆，请陛下开门迎接。宪宗笃信佛教，欲消耗大量人力资财来迎接佛骨，韩愈一听则拍案而起。他无所畏惧地上书《论佛骨表》，言辞激烈地指出佛骨不是什么吉祥之物，只是枯朽的骨头，是不祥之物，应该投之于水火，以绝后患。笃信佛教的宪宗大怒，韩愈也差点因此送命，遭到了贬谪。但在贬谪之地，韩愈也做出了一番政绩，受到百姓的拥戴。

　　韩愈作为文人，饱读圣贤之书，其中对孟子最为推崇。他为了反对佛教，模仿佛教的法统论，提出了儒家的道统谱系："尧以是传之舜，舜以是传之禹，禹以是传之汤，汤以是传之文武周公，文武周公传之孔子，孔子传之孟轲。轲之死，不及其传焉。"②孟子之后儒家的学问就不得传了，韩愈在与友人书信中说，愿意继孟子来传道，促使儒学复兴。韩愈常与柳宗元等人交好，他们认为现在的文

---

① 韩愈著，严昌校点：《韩愈集》，岳麓书社 2000 年版，第 394 页。
② 同上书，第 147 页。

章都陷入了前代骈文的泥淖中不能自拔,提倡突破这种桎梏,发挥文学的自由、活泼和使命感,于是兴起了浩浩荡荡的"古文运动"。韩愈自身的文章摆脱了骈文的束缚,文章中充满着生气和活性,被后人称为"水一样的文字"。韩愈等人的古文运动使唐代的文坛生气勃勃,他自己也成了古文运动中的一面旗帜。

但是韩愈一生汲汲于富贵,戚戚于贫贱,为了拾得青紫,步入高阶,不惜攀附权贵,摇尾乞怜,其文章中并非总是充满亮色和正义。

二、作为政治家的韩愈

韩愈一生的仕途是非常坎坷的。他曾位居高官,但也屡遭贬谪。在政治倾向上,韩愈是彻彻底底的"骑墙派,折衷主义者"①。韩愈出身庶族地主,却又向往着豪门地主,希望得到他们的支持和赏识,但往往不如意,最终在庶族地主和豪门地主之间徘徊。作为朝廷命官,对于国家大事,如"永贞改革",韩愈的态度是十分暧昧的;在人才选拔等大事上,韩愈也是时此时彼,摇摆不定。韩愈推崇君权至上,但因尤其推崇儒家的孟子,受其思想影响,韩愈的政治主张中也包含着许多仁政爱民的思想。

贞元十九年(公元803年),关中地区大旱,田中谷物受其影响,几乎颗粒不收。但身为京兆尹的李实却上书皇帝,谎称虽然天气干旱,但田中谷物收成不错,建议皇帝按照往常一样,增加赋税。时为监察御史的韩愈亲身走访观察,目睹了田中谷物十不存一、饥民满城、饿殍遍地的惨状,实在对李实这种违心的话语感到愤怒。民间有优伶曾编歌谣来讽刺李实作为京兆尹,不体恤民情,反而在大旱之时搜刮民脂民膏的行为,结果被发现,以谋反和妖言惑众之罪名被杖打而死。韩愈对这两种情况都是知晓的,他也深知李实在朝廷中势力强大,触犯了他后果不堪设想,因此犹豫了。但如果知情不报,自己还算是什么监察御史呢?思忖再三,韩愈毅然写出了《御台上论天旱人饥状》,向皇帝描述了天旱不收、农民生活悲惨的现状,言语真挚地肯定皇帝有恩泽爱民之心,并且说道:"今瑞雪频降,来年必丰,急之则得少而人伤,缓之则事存而利远。"②希望皇帝能

---

① 刘国盈:《韩愈》,北京出版社1979年版,第58页。
② 韩愈著,严昌校点:《韩愈集》,岳麓书社2000年版,第394页。

够缓一缓，对于现在不能上交赋税的百姓暂停收赋税，等来年谷物收成好了再一并交齐。韩愈的上书在当时并没有引起直接的、太大的反响。可是就是在年末，韩愈忽然被贬为阳山令。至于韩愈为什么被贬，历史上没有记载，这件事也成了千古谜案，学者们猜测纷纷，最为主流的意见是，韩愈的《御台上论天旱人饥状》肯定在某方面触怒了李实，这应是韩愈被贬的重要原因之一。韩愈被贬到阳山后，并没有自暴自弃，荒废政事，而是积极考察当地的民情，关心百姓疾苦，为政清廉，受到当地百姓的爱戴，百姓纷纷以韩愈的姓来给自己的孩子命名。

韩愈虽然在政治上的倾向比较摇摆，但排佛抑道的立场是非常鲜明的。唐代在文化上实行开放和兼容并蓄的政策。唐代是佛教发展的繁盛时期，皇帝对于佛教的发展也比较支持，如唐太宗对于玄奘西行取经给予了精神和物质上的支持，玄奘归来之后，太宗还专门建塔以供其研究经书和传授经书。女皇武则天也多次邀请神秀、慧能等大师进宫说法，为其女皇地位进行造势。而李唐王朝的天子因为道家创始人姓李，因而也对道家倍加推崇。皇帝常常是庶民的表率，皇帝崇佛媚道，百姓自然也不例外，热衷于出家诵经、修炼丹药以祈求长生不老。儒家的学说便受到了冲击，正统地位岌岌可危。韩愈排斥佛教和道教，最根本的原因在于佛道两家破坏了儒家学说的"君君臣臣父父子子"和伦理纲常体系，危及社会生产发展。儒家强调伦理纲常，各守其位，但佛教却宣扬人们摆脱世俗的一切。韩愈曾在文章中描述士人出家时候的场面：老母亲哭泣着挽留，妻子抱着襁褓中的孩子在屋内叹息。他认为，如果出家就意味着逃避责任。另外，唐代自安史之乱由盛转衰后，百姓的生活也走向了下坡路，各种苛捐杂税和沉重的服役往往使人们痛苦不堪，但出家之人不仅免除赋税，而且还由朝廷供养。他们往往住着高耸入云的佛塔或是像王公贵族所居的庭院一般豪华的寺院。出家有这般吸引力，很多逃避责任和赋税的人们纷纷涌入寺院，使寺院鱼龙混杂，真心向佛以求内心清净的人并不多。实质上，僧人们的一切开销都是直接来源于国家，间接来自于百姓的。出家的人多了，就意味着剩下的百姓的赋税更加沉重。

为促进社会发展和体恤民生，韩愈坚决反对佛道。言辞激烈的文字，自然触怒皇帝，幸亏裴度等人求情，韩愈才躲过了被杀头的命运。但还是被贬到了更为偏僻的地方——潮州。时年韩愈已经52岁了,即将接近生命的尽头,想到再一次被贬谪,心中无限悲苦。在行至蓝关之地时,一场忽然而降的大雪使贬谪之程更加艰难,韩愈不禁悲从中来,作了一首《左迁至蓝关示侄孙湘》,诗中表达了其虽年老力衰,仍然愿意效忠朝廷的思想:"欲为圣明除弊事,肯将衰朽惜残年。"①韩愈早就知道潮州是未开化的荒蛮之地,但真正到达之后,情况比他想象的更加糟糕:道路不通,民不开化,"岭南以口为货,其荒阻出父子相缚为奴"②,在中原早就被废除的奴隶制依然存在,韩愈大为失望。但失望之后,韩愈决心亲自调查,了解和改善民生。韩愈在潮州主要做了这样几件大事:驱除鳄鱼之害;释放奴婢;用自己的俸禄来兴办乡学;振兴教育,提拔人才。经过韩愈的改革,潮州的风气逐渐开化,人民的生活质量逐渐提高,老百姓拥戴他,将境内最重要的江水命名为"韩江",此外还有"韩山""韩亭""昌黎路"等,流传至今。

但是,我们应该看到韩愈所代表的阶级立场。韩愈出身于庶族地主小官吏家庭,虽然早年体会到生活的艰辛,但他和出身平民的官员并不一样,他代表的是地主小官吏阶级的利益,他所提倡的仁政,一方面是为着百姓的利益,但更多是作为拥护君权、维护长治久安的一种手段。

三、作为文学家的韩愈

1. 复兴儒学与古文运动

一提到中唐的文学巨匠,我们就不得不提及韩愈。韩愈位列于"唐宋八大家"之首,之所以有如此高的成就,一是因为其作品数量多,仅仅古诗就有359首;二是由于作品种类多,有赋、诗歌、散文、墓志铭、书、说等;三是其作品质量高,影响大,如《早春呈水部张十八员外》《左迁至蓝关示侄孙湘》《师说》等都是千古传诵的名篇,而来自于韩愈作品中的"摇尾乞怜""落井下石"等词语,早就成了成语,内化在中国人的思想中;此外,韩愈的文风奇伟瑰丽,风格多变,时而自由奔放,时而凄婉感人,后代的文人多评价韩愈的文章像水一样,苏洵称赞韩

---

① 韩愈著,严昌校点:《韩愈集》,岳麓书社2000年版,第136—137页。
② 同上书,第368页。

愈"韩子之文,如长江大河,浑浩流转",宋人李涂称赞韩愈"韩如海",苏轼更是称赞他"文起八代之衰,道济天下之溺"。

所谓古文运动,则是以韩愈为首的文学改革家,不满于写作骈文的风气,改为学习三代两秦古文的改革文章体裁的运动。关于古文运动的发生,有其深刻的历史背景。

在经济领域,均田制最终破产,大土地所有制进一步发展,赋税制度也随之发生变化,社会上一系列的改革相继发生,最终结果是劳动力和地主阶级都得到了一定的解放,而这种解放势必会反映在人们的思想和文学创作上。在政治领域,唐朝自安史之乱后就进入了中唐时期,这个时期唐朝由盛转衰,面临着一系列的重建和巩固。在文化领域,由于盛唐时期实行开放包容的文化政策,唐代统治者既积极欢迎西传而来最终完成中国化的佛教,也因为道教创始人姓李而欢迎道教,同样也包容和吸收着各种少数民族和外来的文化(如日本文化),所以一时间,唐朝的文化领域异彩纷呈,各类文化纷起争鸣。但这种繁荣,却成了儒家士子的隐忧,正所谓多个中心就意味着没有中心,从汉代董仲舒建议汉武帝"罢黜百家,独尊儒术",确立起儒家文化的正统地位后,到了中唐时期,面临佛教和道家的冲击,儒学的地位岌岌可危。此外,韩愈之所以成为古文运动的一面旗帜,还和他个人的原因分不开。韩愈出身于文章世家,他的父亲韩仲卿就写得一手好文章,曾与李白、杜甫等大文豪交好,其叔父韩云卿虽然英年早逝,但文采斐然,韩愈更是称赞其叔父云卿"当大历世,文辞独行中朝,天下之欲铭述其先人功行取信来世者,咸归韩氏。"[1]云卿对韩愈的创作风格有很大的影响。韩愈的兄长韩会也擅长诗文,在韩会任职于长安城时,经常诗歌会友,对韩愈有着潜移默化的影响。韩愈本身天资聪颖,虽官运不济,但无法遮蔽其满腹经纶的才华。韩愈具有深远的眼光和作为知识分子的使命感,食君之禄就要为君谋事,一生从仕的20多年中,有四分之一的时间是在国子监等学校任职,一生都在和文化、教育打交道。韩愈不满于六朝兴盛延续至中唐的骈文,认为骈文问题固定,太过于死板,而且骈文往往空有华丽浮靡的辞藻,却不能反映社会现实,不具有深刻的思想性,因此需要改革,发挥文章的社会作用和思想性,"文以载道"。韩愈喜欢交际,常常诗歌会友,在文章见地上,逐渐和柳宗元、刘禹

---

[1] 刘国盈:《韩愈》,北京出版社1979年版,第78页。

锡、皇甫湜等人达成了共识。

基于以上时代和个人背景,一场古文运动兴起了。古文运动实质是反对骈文的空虚、浮靡、僵硬之风,直接面对孔孟正统的儒家文化。在古文运动中,韩愈的贡献最大。在文章结构上,韩愈灵活多变,或使用单句,或使用复句,或夹杂使用;在文章体裁上,韩愈创作了大量的诗歌、散文、赋等,善于说理,善用比喻;在文章内容上,韩愈突破了以往悲悲戚戚的个人情绪,更多地关注社会现实,反映人民生活;在文章风格上,韩愈用词讲究,奇伟瑰丽,或气势浩大或真挚感人,不仅给当时的文坛一片生气,更影响了后世的文学创作。

从韩愈兴起古文运动和复兴儒学的关系上看,前者是后者的手段,后者是前者的目的。韩愈复兴古文,实际上是确立儒家的"道统说",通过古文运动来影响文坛,进而影响人们的思想,为儒学争得一席之地,逐渐使其站稳脚跟,使其成为主流的思想,并渐渐使佛道融入儒学体系之中。

值得一提的是,韩愈一边致力于古文运动,复兴儒学,一边也在排斥着佛道,尤其是佛教思想。他主要从三个方面来抨击佛教。第一,中国自古就有重中原、轻夷狄的传统,韩愈将其上升到夷狄之辨的高度,认为佛教是外来的文化,是野蛮未开化的少数民族创造的野蛮之物,不能成为中原的正统思想;第二,韩愈指出佛教宣传的思想实质上是教导人们摆脱世间的责任,堕入虚无的境地,这是对伦理纲常的极大破坏,最终会使家破国衰;第三,韩愈指责浮屠害政,僧人们不从事生产建设,却依靠国家和人民养活,随着僧人队伍的壮大,势必会建造更多的寺庙,养活更多的僧人,这着实会给国家带来沉重的负担。韩愈甚至言辞激烈地说道:"人其人,火其书,庐其居"[①],就是说,必须把和尚、道士还俗为人,烧掉佛经道书,把佛寺、道观变成民居。

2. 古文运动与文艺复兴

公元9世纪初,中国唐朝有韩愈等人发起的古文运动。在500多年后,14—16世纪的西欧发生了一次类似,但又不完全相同的文艺复兴运动。文艺复兴发生的根本原因是社会生产力的发展,科学技术的进步,新兴资产阶级取得一定地位,他们越来越不满于教会的各种繁复仪式以及教士们要求人们克制和

---

① 韩愈著,严昌校点:《韩愈集》,岳麓书社2000年版,第148页。

禁欲、自己却荒淫无耻的行径，最终发动了持续三四个世纪的文艺复兴运动。

文艺复兴运动首先发生于意大利中部的城市佛罗伦萨，随后发展到各国。文艺复兴表面是复兴古希腊罗马时期的文化，但它绝不是简单的"文化复古"运动，而是新兴资产阶级借助于复兴古希腊罗马文化来弘扬人本主义。新兴资产阶级利用古希腊、罗马文化作为反封建、反教会的斗争武器，吸收古典文化中有利于自己的因素，并对之进行合理改造，从而创造了为其服务的新思想和新文化，即"人文主义"。

文艺复兴运动中，古典语言、古典文学受到推崇，不仅如此，还在绘画、诗歌、雕塑等艺术形式上，掀起了艺术创作的高峰，涌现出许多杰出的艺术家，包括"文艺复兴三杰"——达·芬奇、拉斐尔、米开朗琪罗。这一时期的艺术作品种类繁多，题材丰富，各具特色，但都共同彰显着人的色彩，弘扬人的地位。如达·芬奇的名画《蒙娜丽莎》，通过对一个世间普通女子的笑容的刻画，凸显了人性的美好；而拉斐尔的代表作《西斯廷圣母》中的圣母，俨然摆脱了中世纪传统圣母干枯、冷漠的形象，更加贴近于民间的母亲，表现出浓浓的母爱。这场运动体现出人性的美好，提高人的地位和作用，肯定人的正常需求，反对封建教会对于人性的压迫，反对禁欲主义。文艺复兴运动不仅促成了欧洲历史上文学艺术创作的高潮，催生了许多名家和名作，更重要的是解放了人，弘扬了人性，肯定了人的地位，为资产阶级走向历史舞台提供了有力的武器，并为科学技术的发展开辟了道路。

中国唐代韩愈等人发起的古文运动和西欧发生的文艺复兴运动，两者有相似之处。第一，在形式上二者相似。古文运动和文艺复兴都是复兴之前的文化，古文运动复兴的是三代先秦时期儒家的文化；文艺复兴则是复兴古希腊罗马的文化。第二，二者在目的上相似，都是借助于复兴以往的文化来为当下服务，并不是单纯重现当时的文化。古文运动欲想借助于复兴古代文学来摆脱浮靡而又言之无物的骈文，进而提高并巩固儒学的地位，促使儒学的复兴；文艺复兴则是依靠复兴古希腊罗马文化，彰显人的地位和价值，反对禁锢人性的宗教，为新兴资产阶级登上历史舞台鸣锣开道。第三，二者在影响上相似。古文运动的发生使浮靡的骈文逐渐退出文坛，各种文风、体裁的作品被支持和鼓励，掀起了文学创造的高峰，并产生了许多大家，深刻影响了宋代的文学创作，并对之后的理学发展产生了重要影响;文艺复兴运动则几乎遍及整个西欧,领域之大,范围之广,时间之久前所未有,文学、绘画、雕塑、解剖学等都得到了发展,深刻改变着人们的思想,对后世文艺和科技的发展产生了不可估量的影响。

古文运动和文艺复兴运动也有不同之处,如二者的发生领域不同,侧重点也不同,等等。古文运动发生的领域仅限于文学,绘画等领域并没有涉及,而文艺复兴运动不仅涉及文学界,还广泛涉及绘画、雕塑等领域。二者的侧重点也不同,古文运动侧重于复兴儒学,使文学发挥出其反映现实的功用来,实现"文以载道",文艺复兴运动更多是彰显人性的价值,肯定人的地位和作用等。

四、作为教育家的韩愈

1. 教育思想

(1) 思想基础

韩愈的教育思想,深深植根于儒学的思想体系之中。虽然唐代文化政策包容开放,儒释道并存争鸣,但韩愈自小接受系统的儒家教育。他最为推崇孟子的思想,认为同样作为孔学传人的荀子和扬子对于孔子的思想"择焉而不精,语焉而不详"[①],只有孟子基本上原汁原味地继承了孔子的思想,在孔子的弟子中是最正统的儒学思想。在中唐儒学因受到佛道的冲击而逐渐式微的情况下,韩愈致力于振兴儒学,教育是振兴儒学的主要手段之一。佛道都在宣传自己的学说之时,韩愈大力宣传儒学,将其教育思想建立在"道"上。

韩愈所谓的道,有自然和客观规律的意思,如天道地道人道,天道指上天之道,天道失常,日月星辰就不能运转;地道是指地上草木土石之道,地道失常,江河就不能奔流,草木就不能生长;人道是指处在天地中间的人民生活的规律,人道失常,天下就会动乱,人民的生产发展就不能正常进行。此外,韩愈所谓的道,更有人伦道德的意味,他将孔孟学说进一步细化加工,归结为"仁""义""礼""智""信",并为此提出了"道统说":"斯吾所谓道也,非向所谓老与佛之道也。尧以是传之舜,舜以是传之禹,禹以是传之汤,汤以是传之文武周公,文武周公

---

① 韩愈著,严昌校点:《韩愈集》,岳麓书社2000年版,第147页。

传之孔子,孔子传之孟轲;轲之死,不得其传焉。"①国内学者如陈寅恪先生认为,韩愈的"道统说"是仿照佛教的"法统说"创作的,但有些学者则认为证据不足,道统说在儒家本自有之。笔者赞同第二种观点,孟子曾倡导尧—舜—禹—汤—孔子的相继系统,并以此传承为己任。韩愈的"道统说"不过是重申了孟子的观点而已。韩愈称孟子死后,正统的孔孟之道就不得传,言外之意是将自己作为继孟子之后的儒学正统传人。

（2）教育目的

韩愈一生致力于复兴儒学,其教育的直接目的就是恢复先王之道,宣传圣人之教,促使儒学的复兴,以抵御佛道的冲击。对于具体的个人来说,韩愈的教育目的在于培养良好的品德,使其能够修身、齐家、治国、平天下。他在《原道》里引用了《大学》里的一句话:"古之欲明明德于天下者,先治其国;欲治其国者,先齐其家;欲齐其家者,先修其身;欲修其身者,先正其心"②,由此可见,韩愈注重培养人的道德,只有具备较高德行才是成为人才的最基本的要素,有了光明的德行,就能推己及人,从而会影响和感染周围的人,去除污染而自新,就能重振儒学,就能成为忠君、明礼、清正之人,最终能够"治国""平天下"。教育是为政治服务的,以教育手段实现政治目的才是韩愈教育的终极目的。

（3）教育内容

韩愈的教育内容自然紧随其教育目的而来,韩愈致力于振兴儒学,其教育内容自然是儒家经典。但韩愈并不是将所有的儒家经典都纳入教育教学的范围之中,他认为不是所有的儒家经典都是正统的孔子之说,比如荀子、扬子,他们要么是择其不精,要么是说其不详,甚至汉代大儒董仲舒,韩愈都没有提及。韩愈最为推崇孟子学说。韩愈认为教育内容,除了学习儒家所要求掌握的六经,即《诗》《书》《礼》《乐》《易》《春秋》外,还要掌握经典要籍。韩愈在《答李翊书》中说道:"始者非三代两汉之书不敢观"③,就是说,韩愈学习"古之立言者"已经 20 多年了,不是夏、商、周三代和两汉的书不敢看,不是圣人的思想不敢铭记。他还说道:"其所读皆圣人之书,杨墨释老之学无所入于其心"④,就是说,韩

---

① 韩愈著,严昌校点:《韩愈集》,岳麓书社 2000 年版,第 147 页。
② 同上。
③ 同上书,第 210 页。
④ 同上书,第 204 页。

愈所读的书都是圣人的书，对于杨墨和佛教道家的书是不看的。韩愈又说"行之乎仁义之途，游之乎《诗》《书》之源，无迷其途，无绝其源，终吾身而已矣。"①可见，韩愈的教育内容主要依靠儒家经典，但是他对儒家经典进行了一番筛选，将不符合正统的孔子学说或曰"道说"的杂说剔除出去，这样才能使学子直面孔孟之学。

（4）教育对象

韩愈并不是持有现代意义上"大学生观"的人，即所有的人不分外在的等级、年龄等客观条件，也不分智愚等内在特点，皆可为学生。他在教育对象方面的选择和他的性情三品论是分不开的。

世人对人性的讨论，从来就没有停止过，早在韩愈之前就有论述。如孔子认为人性是相近的，后天的学习才使得人们的发展变得不同；孟子认为人性是善的，要保持善良的本性就要注重塑造良好环境，规避不良影响；荀子认为人性是恶的，只能通过后天教导来祛恶从善；扬子则认为人性不是简单的善或恶，而是善恶混杂的；董仲舒把人性分为三种：接近圣人的美好天性是"圣人之性"，善恶混杂的则是"中民之性"，而几乎全部是恶的下品之性则是"斗筲之性"，等等。

韩愈虽然没有提及董仲舒，但他的性情三品论和董仲舒极为相似。韩愈在《原性》中第一句话就说道："性也者，与生俱生也；情也者，接于物而生也"②，也就是说，人的天性是与生俱来的，而情则是我们在接触外物时候的情绪反应。韩愈又认为，人自降生，其天性中就自然存在着仁、义、礼、智、信五种品质，其情也自然具有喜、怒、哀、惧、爱、恶、欲七种成分。那么如何区分性三品和情三品呢？韩愈认为，性有三品。在上品之性中，仁为根本，同时也具备其他四种美德；在中品之性中，有时仁德成分是比较少的，甚至是有所违背的，其他四德的搭配也比较混乱；至于下品之性，对于仁德是完全违背的，和其他四德也是相悖的。韩愈认为，情也有三品。上品之情是对于情的七种成分都能进行很好的控制，既无不过也无不及；中品之情对于七情的控制有时过，有时不及，不能很好地控制；而下品之情则完全不能控制自己的七情，任意妄为。这就构成了韩愈的"性情三品说"。

---

① 韩愈著，严昌校点：《韩愈集》，岳麓书社2000年版，第210页。
② 同上书，第148页。

因此,韩愈认为,具备上品之性情的人,是最完美的,不教自会,无师自通;而下品的人怙恶不悛,任意妄为,身上没有一丝可取之处,教育是不能在他们身上发生作用的,只有中品的人是值得教育的,是主要的教育对象。通过对中品之人的教育,使之弃恶扬善,接近于上品之人。而对于下品之人,只能通过严酷刑罚,威胁震慑,使其不敢作恶。

2. 教育实践

(1) 任职国子监

韩愈一生从仕有20多年,其中有四分之一的时间是任职于国子监。国子监相当于现在的大学,韩愈初为四门博士,是一个七品的小官,后任国子监祭酒,相当于现在的大学校长。韩愈关心教育和人才的成长,恪尽职守,奖掖后进,频频向皇帝献计献策,提出了振兴教育的计划,并取得了一定的成绩。

当时的国子监下设几个学馆,各学馆分设主讲教员"助教""直讲"等若干人;四门馆是国子监属下的学馆之一,主要招收六品以及侯爵以下的子孙中的优秀弟子。当时的学生"耻游太学",造成了国子监生源不足。基于此,韩愈提出了振兴教育的计划。他在《请复国子监生徒状》中说,"今请国子馆并依六典;其太学馆量许取常参官八品以上子弟充;其四门馆亦量许取无资荫有才业人充"①,即主张不应该只读上庠,而不读太学四门学,应该扩充生源,国子学按六典招生(理教礼政刑事),太学要从六品扩充到八品以上的弟子,四门学也该招收无背景有才能的弟子入学,以扩大生源。

韩愈晚年任国子监祭酒,生源的问题倒是已经得到解决了,但他发现国子监弟子素质普遍低下,教师的水平也不高,于是决心加以整顿。韩愈认为,要想提高学生素质,需先从教师做起,因此要培育和选拔高素质的教师。经过认真选拔,仔细考量,韩愈亲自推荐道德和学问上皆可为人师的张籍担任国子监博士。韩愈的提拔使张籍甚为感动。像张籍等一批具有真才实学的人担任了学馆的不同职务,自然也提高了讲学的水平,连听课的学生都高兴地说,自从韩公来到了国子监,国子监就不再是寂寞之地了。注重对国子监教师的选拔和考量之外,还建立起严格的考核标准,要求教师不仅要具备良好的品行、渊博的学

---

① 韩愈著,严昌校点:《韩愈集》,岳麓书社2000年版,第359页。

识,还要具有一定的教学技巧,并且还要有先进的教育观念。在韩愈的努力下,一批高质量、反传统的新型教师蓬勃生长起来,他们带动着国子监教风、学风的改良,也在潜移默化中影响了整个社会。

(2)收徒授学

韩愈在当时的文坛显赫一时,不少青年才俊都慕名而来,投身于韩愈门下,逐渐形成"韩门"。"韩门"下有多少弟子无从考证,但可以确定的是,像张籍、李翱、皇甫湜、贾岛、刘乂、孙樵等人,日后都成了影响一时的文学大家,以诗文见称。韩愈授徒实际上欲模仿孔子弟子三千、授学杏坛的盛况,以此来振兴儒学。据记载,韩门师生关系融洽,韩愈犯了错误,张籍曾经当面指出,韩愈却对此毫不生气;韩愈一改往常授课的沉闷之风,授课俨然是诗文会友,讲解活泼,有时候还会唱起歌来。

随着韩愈的名声越来越大,韩门弟子也逐渐增多,为师多年,韩愈练就了知人、教人的本事。有一次,韩愈热情接待一位身穿破衣、足蹬麻鞋、素不相识的人。可事后,那人却写信给韩愈,指责他没有像古代的信陵君一样,为侯生牵车驾马,这是对他的怠慢和失礼。韩愈知道这是一位有才学的人,因此对这种无理的指责并不生气,反而连忙写信给予安慰。与此相反,韩愈对以诗文作为敲门砖,企图投机取巧的不实之徒甚是反感。有人曾经向韩愈请教不用刻苦学习就能迅速成功的秘诀,韩愈对此鄙夷地说道,世间没有什么学问是不用努力就能通晓的,连古代的圣人都如此,如今你问我取巧之术,无异于向盲人问路。韩愈不仅善于知人,更善于教人。韩愈被贬为阳山令后,并没有自暴自弃,在处理好政事之后,他最大的乐趣就是诗文会友,逐渐在阳山小有名气。有一位名叫刘师命的书生,年轻时候浪荡不羁,桀骜不驯,一事无成。韩愈在阳山结识了这位狂傲的书生,给他讲圣贤的故事和儒家义理。刘师命最终被感化,拜韩愈为师,在韩愈的悉心指导下,苦读经书,终于在诗文上取得了一定的建树。

再者就是韩愈对师道的改革。

韩愈经过艰辛的努力,终于在国子监谋得四门博士一职。在其位就要谋其政,食君之禄就要为君办事,韩愈忠于职守,对国子监进行了考察。他发现国子监的学生素质太低,师资也不太理想,而且士大夫普遍自负,耻于求师。韩愈欲想对此改良,士大夫因此联合起来嘲讽,认为他好为人师。在这种情况下,有些具有真才实学的人妥协了,如柳宗元,一名学生慕名而来想拜柳宗元为师,柳宗元却推脱说自己才疏学浅,不能担任老师。但韩愈并没有被这种嘲讽吓倒。他毅然写出了《师说》,批判士大夫一族才疏学浅还耻于求师的现状。

韩愈在《师说》开篇就言明了求师的重要性:"古之学者必有师。"[①]古代的圣贤都有自己的老师,孔子也曾经说过"三人行,必有我师焉",只有不断向别人学习,才能取其长处,补己短处。这里有个隐含的条件,那就是人并不是生下来就知道一切的。如果不学习,疑惑始终会存留在心中,它们不会随着时间而得到解决,只能通过老师的指导,才能解开心中的疑惑。韩愈在《师说》中讲的"老师"是具体的个人,但广而言之,一切皆可为师。例如,二战结束后,日本作为战败国之一,国内经济萧条,满目疮痍,民不聊生。但在短短的时间内,日本就勃兴起来,跻身于世界强国之列。究其原因,有人说日本是一个善于模仿的民族。笔者认为这并不贴切,模仿是照着葫芦画瓢的事情,单纯地移植和模仿是成就不了今天的日本的,因此,说日本是一个善于学习的民族更加贴切,他们以发达国家为师,最终创造了奇迹。既然古代的圣人和现代的例子都证实了求师和学习的必要性,那么韩愈身处中唐时期,士大夫一族皆耻于求师,韩愈开篇就强调求师的重要性也就不足为怪了。

韩愈进而对教师的任务作出了界定:"师者,所以传道、授业、解惑也。"[②]就是说,老师的主要任务有三,传道,即传圣人之道、先贤之说,也可以广而言之为传播仁、义、礼、智、信之说,塑造学生高尚的品格;授业,即教授学生功课,教授学生读经和写作;解惑,即解答学生在学习生活中遇到的疑难问题。

韩愈对教师职责的界定真可谓言简意赅,但实际过程中,真正兼顾传道、授业、解惑的老师有多少呢?在韩愈故去的一千年之后,教师都不能做到这三项职责。孙中山生于清晚期,他在私塾读书的时候,教师都只是单纯地让学生摇头晃脑地背诵经书。教师手持戒尺,学生背诵不过或者行为顽劣,就会被打戒尺。年幼的孙中山在私塾背诵经书的时候,不能理解经书中的内容,但老师总是回复说,你们现在只管背诵下来就好了,将来长大了自然会明白书中的道理。但孙中山并不满意这个回答,他不想囫囵吞枣似的死记经书,勇敢地站起来,请

[①] 韩愈著,严昌校点:《韩愈集》,岳麓书社2000年版,第158页。
[②] 同上。

求老师讲授书中的道理。教室里鸦雀无声,老师走近了,很多学生都以为孙中山会被打。但最终老师没有责打孙中山,反而为其讲解了书中的道理。课后同学问孙中山,你不怕挨打吗?孙中山回答,为了求知识,挨打也是值得的!这个故事曾经纳入小学课本中。我们在对孙中山勇敢求知的精神肃然起敬的同时,不免会对当时的教师和教育风气进行抨击。如果学生要求解答疑问都有可能会被打,教师传道、解惑的职能被丢到哪里去了呢?

当时的士大夫对韩愈进行嘲讽,说韩愈好为人师,并且还举出了一个理由:我们和你同岁,因此我们的道也是差不多的。既然都是差不多的,为何要拜你为师?韩愈对此进行回应。他认为并不是年龄相仿,每个人所学到的道都是一样的。我和你们年龄相仿,甚至年龄比你们小,并不代表我知道的不如你们。韩愈认为,生在我前面的,如果先通晓了道,那么我就应该拜他为师;而生在我后面的,如果先通晓了道,我也应该拜他为师。拜师的条件不是因为年龄的长幼,而是是不是比自己先通晓了道。就像庄子曾经说,一个老人,如果只是有年龄,而没有在年龄的增长、岁月的积淀中沉淀出智慧来,他就不能成为一个老智者,只能成为一个老朽。昔时孔子也曾经拜3岁的黄发小儿项橐为师,就很好地说明了这个道理。如果大家都耻于求师,那么心中的困惑就不能解决,自身的本领也不能增长,这样就会造成圣人越来越聪明,愚蠢的人越来越愚蠢。

韩愈还认识到,士大夫疼爱孩子,为他们选择老师,送他们去上学,而对于他们自身,反而耻于求师了。韩愈对此提出了批评:"小学而大遗,吾未见其明也。"[①]他认为士大夫们对于小的事情学习了,大的事情反而忽略了,是十分不明智的。韩愈的观点,符合现在的终身教育(lifelong education)观点。所谓终身教育,是在1965年,时任联合国教科文组织成人教育局局长的法国的保罗·朗格朗正式提出的教育观念,主张在每一个人需要的时刻以最好的方式提供必要的知识和技能,简而言之即"活到老,学到老"。终身教育理念的提出有着深刻的历史和文化背景。人类进入21世纪以来,科学技术尤其是互联网的发展引起了知识的大爆炸,固守于青年时代、束缚于学校教育、拘泥于某一领域的学习,往往都跟不上时代的步伐,免不了落后和被淘汰的命运。因此,人们应该在一生之中都要接受不同形式的教育,并且树立不断学习的意识。韩愈在《师说》

---

① 韩愈著,严昌校点:《韩愈集》,岳麓书社2000年版,第158页。

中指出,士大夫送自己的孩子去接受教育,自己却停止了学习,这是不明智的。虽然韩愈并没有明确地提出终身教育和学习的理念,但他的思想却是终身学习理念的萌芽。

韩愈在《师说》中还对传统的师生关系进行了改革。我国自古就有尊师重道的传统。在韩愈之前,教师被抬至很高的地位,所谓"天地君亲师""一日为师,终身为父"。《吕氏春秋·尊师》云:"生则谨养,死则敬祭,此尊师之道也。"①这种尊师的思想一直可以追溯到荀子。将教师抬至高位,反映了人们对于教师的尊敬和对教育的重视,但不免在教学上走向了"唯师独尊"的极端。学子跟从老师学习,对于老师教授的道理不能有异议,对老师的教导要虚心接受,甚至遭受老师的责打,也不能有所怨言。这种不平等的师生关系一直存在着,基于这种关系,学生在求学的过程中,学术水平要低于教师,否则就是对教师的不尊和不敬。韩愈认为这是完全没有必要和没有道理的。选择教师不是因为他的年龄大、出身好,或者声望高,而是取决于他是否对圣人之道十分通晓。将"道"作为择师的唯一标准,所谓"道之所存,师之所存也。"②在确立起择师的标准之后,韩愈顺理成章地提出,"是故弟子不必不如师,师不必贤于弟子",并且解释了原因:"闻道有先后,术业有专攻,如是而已。"③就是说,弟子不必在学术上不如老师,老师也没必要一直端着架子一定要比弟子高明,青出于蓝而胜于蓝更好,老师之所以是老师,不过是在闻道上早于学生而已。韩愈又认为,每个人的学术水平和认知范围都是有限的,欲想要增长更加全面的知识,不必一辈子只跟从一个老师,像至圣孔子,都曾经拜郯子、苌弘、师襄、老聃等为师,而且,学生领悟得道,其水平超过老师后,二者的师生关系可以互换,老师也可以是学生,学生也可以做老师。至此,韩愈通过"择师唯道""弟子不必不如师,师不必贤于弟子""闻道有先后而已"等说法,将教师逐渐请下了神坛。但这并不意味着韩愈反对尊师,相反,韩愈更加注重发展一种平等、教学相长的师生风气。

(3)兴办学校、选拔人才

此外,韩愈一生在官场浮浮沉沉,多次被贬,但即使身处贬谪之地,荒蛮之

---

① 吕不韦:《吕氏春秋》,内蒙古人民出版社2008年版,第23页。
② 韩愈著,严昌校点:《韩愈集》,岳麓书社2000年版,第158页。
③ 同上。

乡,韩愈依然热衷于教育事业。韩愈在任职于袁州时,发掘人才,奖掖后进,培养出江西第一位状元;在任职于潮州时,注意到了潮州各方面发展的滞后,意识到不能用严酷刑罚镇压,而应该施以圣人的教化。由于办学缺乏资金,韩愈就捐出了自己八个月的俸禄,以此来兴办学校,教化人民。韩愈的行为不仅使潮州的经济文化得到了发展,也得到了人民的拥戴,更重要的是,韩愈所为起到了榜样示范作用,当时各个地方官员以及后任的潮州官员们纷纷效仿韩愈,兴办学校,教化人民,收效甚大。

韩愈初入仕途之时,屡屡受挫,不被重用。究其原因,不是韩愈自身才疏学浅,而是在选拔制度上出现纰漏,要么不公,要么不明。韩愈就是这种有缺陷的人才选拔制度的受害者。屡屡失败给韩愈带来了重大的创伤,他曾经在给友人的信中表达说再也不从政,做个农夫,躬耕于田野,或者做个隐士,逍遥于江湖。但韩愈并没有真正放弃,他选择了以文字为武器,大声疾呼,与腐朽的选拔制度做斗争,于是在此期间,韩愈写出了《马说》。

韩愈在《马说》中,以千里马代指人才;以伯乐代指有眼光有远见、善于识别和任用人才的统治阶级。韩愈说:"世有伯乐,然后有千里马。千里马常有,而伯乐不常有"①。他认为,江山是世代有人才出现的,但是真正识得人才、重用人才的统治阶级真的是少之又少。不仅如此,这些统治阶级没有提供给人才施展才华的舞台,反而使他们遭受不公正的待遇,更对他们的呼声充耳不闻。如此一来,千里马都"辱于奴隶人之手,骈死于槽枥之间"②,人才都被埋没了。反过来,统治阶级亲自葬送了这些人才,还在抱怨世间没有人才。

但是韩愈还是幸运的,因为最终有"伯乐"识得了他,助他登上了高位。但不管他身为命官,还是遭受贬谪,都没有忘记发现人才,举荐人才。首先是发现并举荐李贺。可是出乎意料的是,李贺的才华遭人嫉妒,竟被人诬告,说他的父亲名字叫"晋肃","晋"和"进"谐音,所以李贺不能参加进士考试。韩愈认为这种说法十分荒唐,愤愤不平中写了《讳辩》为李贺辩解,但是韩愈当时官小权微,朝中的势力不可动摇,他的努力并没有为李贺争得考取进士的机会,这个奇才27岁郁郁而终。韩愈因此大为伤神沉痛。韩愈举荐的另一位知名的人才便是

---

① 韩愈著,严昌校点:《韩愈集》,岳麓书社2000年版,第154页。
② 同上。

贾岛。贾岛出身贫寒,早年出家为僧。元和五年(公元810年),至长安,见张籍。据说在洛阳的时候,因当时有命令禁止和尚午后外出,贾岛做诗发牢骚,被韩愈发现其才华,但韩愈只闻其名,未见其人。一次,贾岛骑着毛驴游荡在长安城,两句诗忽然涌上心来:鸟宿池边树,僧推月下门。他心里大喜,随即又感觉好像不是很恰当,第一句是没有问题的,但是第二句,是用"推"好呢?还是用"敲"好呢?贾岛琢磨得出神,不觉得自己的毛驴已经撞上了某位达官显贵的车子。而这位官员就是韩愈,他知道来由后,没有斥责贾岛,反而拱手行礼,和他一起讨论,认为用"敲"字较好。韩愈深深折服于贾岛的才华,出于爱才和惜才,韩愈劝勉贾岛还俗,受教于自己,参加科考,以免埋没了才华。以上两则是韩愈位居高位时候举荐的人才,而韩愈在被贬之地、官场失意之时,还不忘积极举荐人才。韩愈因反对迎佛骨而被贬到潮州,当时已经52岁。但是在到任之后,韩愈还任命了三位小官员,任命秦济为军事卫推官,任命史虚为卫推官,任命赵德为摄海阳县尉。他还推荐赵德为府衙推官:"专句当州学以督生徒,兴恺悌之风","赵德秀才,沉雅专静,颇通经,有文章,能知先王之道。论说且排异端而宗孔氏,可以为师矣"①。

五、韩愈教育思想的局限

尽管韩愈发起了古文运动,为复兴儒学做出了不可估量的贡献,他自己一生在文学上著作颇丰,位列"唐宋八大家"之首,在教育上也做出了许多改良,取得了一定的建树,但并不是韩愈所有的思想都是精华,都可以为我所用。在此对韩愈的若干教育思想作出反思。

1. 对"人性三品"的思考

如上文所述,韩愈将人的性情分为三品,上品之人天性美好且天资聪颖,可以做到无师自通,即使求师,教师和学生两者都不用花费太大力气;中品之人可导上下,就要竭力对其进行教育,创造良好的环境,规避不良的影响,使之接近上品之人,而不要沦为下品之人;而下品之人,教育是对其从来都不能起作用

---

① 韩愈著,严昌校点:《韩愈集》,岳麓书社2000年版,第450页。

的,只能靠刑罚、威慑和镇压,不使其作恶。

通过以上对韩愈论述的分析,我们可以知道,在韩愈眼中,一部分人是不可教的,也是没必要教的。一千多年之后,在当今 21 世纪,在倡导教育公平和"不让一个孩子掉队"的口号下,我们认为韩愈的"人性三品"观无疑是错误的,是带有歧视的。

历史的发展和辩证法告诉我们,世间并不存在着"非黑即白"的事物,没有一个人的天性是完全善良,不染一丝恶尘,自然也不存在一个人身上都是污浊而找不到一丝亮点。尤其对于教育工作者来说,任何人都有被教育的权利,也都具有被塑造的可能性,人的天性受遗传、环境等影响有差异,甚至有些孩子会表现出"恶劣"的行为,但这并不是说他们不具有可教性。就像夸美纽斯曾经说过,他找不到任何一块镜子模糊到不能反映出任何影像,也找不到任何一个人的智力和德行低下到不能被教育的程度。教育总会起作用的,"如果你不断地把水往筛子上泼,虽然它不能把水留住,但筛子会愈来愈干净。同样,迟钝和弱智的人,虽然他们不能在学问上取得进步,也能在性情上变得柔顺,学会服从行政长官和教会执事。"① 不仅如此,那些智力稍显愚钝或行为恶劣、甚至身体有残障的特殊儿童,可能比正常的孩子更需要教育,如果教育得当,往往会取得比正常儿童更显著的成果。

法国有部电影《放牛班的春天》。音乐老师克莱门特·马修经常被顽劣的男孩子们捉弄,但他没有放弃,在孩子们大喊大叫的时候,他反而说:"你的音调不错,适合唱高音","你的音色很好,适合唱中音。"克莱门特·马修没有严厉制止,反而从这些恼人的喊叫声中区分出高低音,并组织这些顽劣的孩子形成一个唱诗班。最终,这些孩子都得到了心灵上的感染和艺术上的熏陶,其中的一个学生皮埃尔还成了著名的指挥家。如果此电影有虚构的成分,那么海伦·凯勒的故事更说明了教育的重要性。海伦·凯勒在 19 个月时因患急性充血症而被夺去视力和听力。由于失去听觉,不能矫正发音的正误,她说话也含糊不清。对于一个残疾人来说,世界是一片黑暗和寂静,在这样的情况下要学会读书、写字、说话,没有强大的意志力,简直是不可能的。但是,海伦·凯勒没有向命运屈服。她的恩师安妮·莎莉文也没有放弃,她在海伦手心写字,教会她认字。

---

① 〔捷〕夸美纽斯:《大教学论·教学法解析》,任钟印译,人民教育出版社 2015 年版,第 66 页。

海伦的脾气很暴躁,尤其是在遇到她不能理解的字时,更会暴怒不安,对安妮老师又捶又打。安妮对此并没有失去耐心。一次,海伦不能理解"水 water"的含义,怒气之下摔碎了瓷娃娃,还捶打安妮老师。安妮老师抱着几近疯狂的她来到花园中,把海伦的手伸向开着的水龙头,水流在海伦的手上,安妮一遍遍地告诉她:"water! water!"在安妮老师的帮助和启蒙下,安妮学会了认字和书写。她 1899 年 6 月考入哈佛大学拉德克利夫女子学院,毕业后成为一名作家、教育家、慈善家和社会活动家。她的书《假如给我三天光明》,激励着处于困境的人们不断抗争,也彰显了教育的伟大力量。

我们承认教育的力量,但并不因此而走入教育万能的极端。我们所提倡的教育,既不是像爱尔维修所倡导的教育对于解决社会任何问题都有用处的"教育万能论",也不是像华生所宣扬的"请给我十几个健康而没有缺陷的婴儿,让我在我的特殊世界里教养,那么我可以担保,在这十几个婴儿中,我随便拿出一个,都可以训练他成为任何一种专家——无论他的能力、嗜好、趋向、才能、职业及种族是怎样的,我都能把他训练成为一个医生,或律师,或艺术家,或商界领袖,甚至也可以训练他成为一个乞丐或小偷"① 那样忽视个人的素质和种种主客观条件的"教育万能论"。我们认为,教育是塑造,更是唤醒,过分夸大和贬低教育的地位和作用都是不正确的。最好的教育应该像雅斯贝尔斯所言,教育本是一棵树摇动另一棵树,一朵云推动另一朵云,一个灵魂唤醒另一个灵魂的事情。教育应该是根据个人秉性的不同,选择适宜于他的教育方式,使学生更好地成为他自己。

另外,细究韩愈的"人性三品"论,我们发现,韩愈持有的是一种固定不变的眼光,一个人一旦被划为某一类人,他就永远是那一类人,而不会发生转变。在外国教育史上,把人划分为三类的,还有柏拉图。三类人各安其分,各守其业,社会就能平安无事,就是一个理想的国家。柏拉图虽然把人分为三类,但他承认每一类人都是对国家有用的,也就是说他们只是所从事的工作不同,没有歧视他们,并且,这三种类型的人并不是固定不动的,金质的人有可能产生铜铁质的后代,铜铁质的人也有可能产生金质的后代,要通过选拔将不同的人安置在不同的岗位上。虽然韩愈对三品人的后代没有具体的论述,单单就柏拉图认为

---

① Watson J. B.,Behaviorism,Chicago:University of Chicago Press,1930,p.171.

三种人都是有用的而论,柏拉图更进韩愈一步。

中国民间有句俗语,"三岁看大,七岁看老",意思是说,看一个孩子三岁时候的表现,你就可以知道他长大后是什么样子;看一个孩子七岁时候的表现,你就可以知道他这一生是什么样子。这是用一种固定的,而不是发展的眼光看待孩子的发展。一个孩子一生的发展有很多阶段,而教育又是具有可塑性的,"三岁看大,七岁看老"的观点,实际上就是否认了教育的塑造作用,这是我们所要反对的。历史上也有很多著名的例子,如柳永早年狂傲不羁,流转于青楼之间醉生梦死,后来幡然醒悟,成为一代文豪,"凡有井水处,皆能歌柳词"。上文中韩愈弟子刘师命,早年一事无成,浪荡形骸,投身于韩愈门下后便一改往常,专心于文章,最终成为一代大家。

总而言之,教育是具有可塑性的,每个人也都具备受教育的潜质。我们没有任何理由将学生划分为几等,贴上各种标签,没有理由认为哪个学生是不可塑造的,更没有理由将一些学生从教育中排除出去。

2. 对韩愈功利教育的反思

韩愈出身于小官吏家庭,幼年家道中落,丧失双亲,由兄长韩会及嫂子郑氏抚养长大。或许幼时经历悲惨,因此韩愈一生都在汲汲于富贵,戚戚于贫贱。按照他十几岁的想法,读书的目的就是"拾青紫"。韩愈对自己也是很自信的,可不曾想他早年官运不济,屡试不中,在长安落魄地度过了十年的时光。这些感叹,在韩愈《出门》等诗中显而易见。颜回的故事大家耳熟能详,而韩愈说这样的事情他做不到,因为颜回毕竟还有一箪食,一瓢饮,而他差点就没有饭吃了,怎么自得其乐呢?事实上,韩愈在京师完全没有窘迫到那种程度。他攀附权贵,向他们献媚,对一些贪官污吏大唱赞歌,甚至为了得到他们的赏识,不惜将自己比作乞丐、盗贼和无赖,呈现了摇尾乞怜之状。韩愈是位名家,但我们也无须为名人隐讳,韩愈一生做了不少正事,为政也清廉,但这种攀附权贵的事情却成了韩愈一生中最受人争议的地方之一。

不仅韩愈本身的功利性读书观受人争议,韩愈在教育子女方面的功利观也备受争议。他在《示儿》中写道:"我始来京师,止携一束书",说自己初到京师的时候没有祖上的荫资,只是一个落魄的书生,但经过辛勤读书,"辛勤三十年,以此有屋庐。"接下来,韩愈描述了屋庐的豪华:"中堂高且新,四时登牢蔬""东堂坐见山,云风相吹嘘""西偏屋不多,槐榆翳空虚""主妇治北堂,膳服适戚疏";又描述了庭院的广大:"庭内无所有,高树八九株。有藤娄络之,春华夏阴敷""松果连南亭,外有瓜芋区";接着又描述了来这间屋庐的人物都不是等闲之辈:"开门问谁来,无非卿大夫。不知官高卑,玉带悬金鱼",他们讨论的是什么话题,以什么作为娱乐:"问客之所为,峨冠讲唐虞。酒食罢无为,棋槊以相娱。凡此座中人,十九持钧枢。"[①]由此可见,韩愈这首《示儿》诗,用了很大的篇幅来描述现在庭院的广大,屋庐的豪华,和自己的高贵身份,最后告诫儿子,今后要想取得这样的成就,跻身于权贵之族,就不能放弃努力。韩愈这种教育孩子的方式和内容跟杜甫等人大不相同。杜甫等人主要教育孩子要有远大的志向和高贵的气节,而不是汲汲于富贵。

对于学生学习动机的激发,是广大家长和教师所面对的主要问题之一。所谓学习动机,是指引发与维持学生的学习行为,并使之指向一定学业目标的一种动力倾向,它是非智力因素中一个重要的因素。学习动机的强弱,直接影响学习活动的进行和学习效果的好坏。一般来说,较高的学习动机能够促进、唤醒较高的学习热情,促使学习活动的发生和顺利进行,并且往往会收到良好的学习效果。所以,在教育的过程中,要学会激发学生的学习动机。

学习动机的产生原因多种多样,也可以按照多种标准来分类。本文主要介绍三种标准。

第一种,按照学习动机的内外维度,可以将学习动机划分为内部动机和外部动机。所谓内部动机,就是由学习本身的乐趣所引起的。许多科学家都具有强烈的好奇心和研究热情,他们在整个研究或学习的过程中感觉很愉快,而不求其他外物满足,学习本身就是一种动力。这种内部的动机是很可靠,很稳固的,拥有内部动机的学生会积极地参与学习过程,能对自己的学业表现有所了解,他们具有好奇心,喜欢挑战,在解决问题时具有独立性。所谓外部动机,就是由外物(奖励、荣誉等)刺激所引起的。在这里,学习变成了想要得到"外物"的一种手段,学习者自身可能并不会沉浸于学习之中或者享受到快乐。外部动机大多不稳定和不持久,而且,具有外部动机的学习者一旦达到了目的,学习动

[①] 韩愈著,严昌校点:《韩愈集》,岳麓书社 2000 年版,第 94—95 页。

机便会下降。另外,为了达到目标,他们往往采取避免失败的做法,或是选择没有挑战性的任务,或是一旦失败,便一蹶不振。

第二种,根据学习动机与结果的远近关系划分为近景性动机和远景性动机。所谓近景性动机,简而言之,是为了在近期内有可能达到某一目标而产生的动机。如老师告诉学生,如果在一星期内记会了乘法口诀,就能得到一张奖状等。与之相反,远景性动机则是需要学生付出长久努力才能达到的目标所引起的动机,比如通过学习,变成一位精通英语的人,或者得到更高的学位等。

第三种,则是奥苏贝尔所划分的认知内驱力、自我提高内驱力和附属内驱力。认知内驱力是要求了解和理解的需要,要求掌握知识的需要,以及系统地阐述问题并解决问题的需要。自我提高内驱力是学生因自己的胜任能力或工作能力而赢得相应地位的需要,是成就动机的重要组成部分。而附属内驱力是为了保持长者们的赞许或认可而表现出来的一种需要。

通过以上分析我们可以看出,韩愈是在用外部的刺激和远景性的目标来激励孩子学习,而并不是从内部进行引导,使孩子热爱学习,享受学习。即使由外物能够激发孩子的学习动机,但这种动机是很不稳定的,也是不持久的,一旦目标即外在的功名利禄达到了,孩子就很可能停止了学习。而且,由于学习沦为了求得功名利禄的手段,在整个学习过程中,孩子很可能是不快乐的,从而引起学习动机的不稳定,并影响到学习行为的进行和学习效果的好坏。而且,以外在的功名利禄来诱导刺激孩子学习,也会使孩子将精力过多地放在追名逐利上,这是违背学习初衷和目的的。

六、韩愈经典教育理念的重拾

1. 何为师?

(1) 传道、授业、解惑

早在一千多年前,韩愈就在著名的《师说》里对教师进行了言简意赅的界定,对教师的任务以及师生关系也做出了一番探讨。

首先,教师的三大主要任务:"传道""授业""解惑"。我们所处的时代和韩愈并不相同,我们的教育内容也随着时代发生了变化,儒家的经典并没有被国人抛之脑后,但教育的内容却宽泛丰富了许多。虽然现代教育的任务不再是培养儒生,传播儒家的"道",但韩愈所谓的"道"却是从儒家思想中提纯出来的,满腹经纶但不会经世致用,不能修身齐家治国平天下的人,绝对不是知"道"的人,也绝非是韩愈所要培养的人才,所以,韩愈所认为教师"传道"的任务,涉及传播一种情感态度和价值观。

教师的另外两种基本职能就是"授业"和"解惑",即传授真知,解答学生的疑惑。教师要传授给学生知识,使其形成一定的知识储备,内化于自身的素养之中,并在学生学习遇到困难的时候给予一定的指导和解答,这是教师的天职。

(2) 民主教育思想的端倪

韩愈在《师说》中说,教师之所以为教师,不过因为先通晓了大道;弟子之所以为弟子,不过是还没有通晓大道而已,在教师那里学到"道"以后,不能因为"师必贤于弟子"的传统而限制自身的发展。韩愈所提倡的,是一种新型的师生关系,所谓"青出于蓝,而胜于蓝",正是他所希望看到的。既然弟子不必不如师,师不必贤于弟子,那么教师和学生的身份在合适的情况下也可以互换,互相学习,教学相长。韩愈是这样倡导的,也是这样做的。他和学生与其说是师生关系,倒不如说是相互助益的朋友关系。张籍是韩愈的学生,张籍曾写信给韩愈,毫不留情地批判韩愈文中的错误,韩愈没有生气,反而十分欣慰。

我国长期以来就有尊师重道的传统,教师常常会扮演一种家长和管理者的角色。韩愈通过"闻道先后""术业专攻"和"弟子不必不贤于师"等论述,将教师拉下了神坛。他还提倡"学无常师",足可见其民主教育思想的端倪。现代教育体制中,我们提倡民主教育,教师扮演的是"引导者"的角色,师生关系由对立走向缓和,相互学习,教学相长,是教育界的主旋律之一。

2. 怎样教?

(1) 系统性

韩愈在《进学解》中借助假托向学生训话,抒发自己怀才不遇、仕途蹭蹬的牢骚。虽然如此,在自嘲和反语中,韩愈也提及了教学和学习的方法。

韩愈假托学生之口抱怨道:"今先生学虽勤而不繇其统,言虽多而不要其中,文虽奇而不济于用,行虽修而不显于众"①,就是说,学习虽然勤劳却不能顺守道统,言论虽然不少却不切合要旨,文章虽然写得出奇却无益于实用,行为虽然有修养却并没有突出于一般人的表现。可见韩愈是反对"学虽勤而不繇其统,言虽多而不要其中"的。前者是针对学生学习而言,后者则是对教师而言。

传统的也是现在最普遍的课堂教学方法就是讲授法。教师一人讲,学生全体听。课堂时间的限制,要求教师在35—45分钟时间内,将课程内容传授给学生。如果教师没有很好地备课或者其教授不系统,通常就只能传递给学生一些零碎的知识,这样零碎的知识难以为学生所理解,因为其不成体系,所以容易遗忘;或者教师虽然很卖力地讲解,但由于不善于总结和归纳,往往说不中知识的"要害",即使说得很多,通常也不能促使学生顿悟。我们认为,教师不仅仅需要丰富的知识,还要掌握一定的教育教学方法,在教学过程中要注意将知识系统化,在讲授的时候应善于总结和归纳,讲不在多,而在精,学不在多,而在于系统。

(2) 因材施教

韩愈作为一名教师,也看到了学生之间的差异,认识到不能用同一种教学方法对待所有的学生。他认为学生资质不同,需要区别教学,更重要的是帮助学生认清自己,在适合自己的领域施展才能。韩愈在《进学解》中,巧妙地运用了一段对于木头的论述表达了这种思想:"夫大木为杗,细木为桷,欂栌、侏儒,椳、闑、扂、楔,各得其宜,施以成室者,匠氏之工也。"②就是说,屋梁、瓦椽、斗栱、门臼、门橛、门闩、门柱,都量材使用,各适其宜而建成房屋,这是工匠的技巧。

木头有不同的质地,应该区别对待,用在不同的地方。学生也是如此。每个学生由于受遗传、环境、教育等方面的影响,展现出不同的资质和性格。作为教师,更作为灵魂的工匠,应该善于发现学生之间的差异,因材施教,运用不同的方法来区别对待不同类型的学生。要注意在施教的过程中不能随心所欲,将学生塑造成某种类型,施教的前提应该是"因材",否则,大的木材去做门臼,或者小的木材去做屋梁,都是对学生的戕害。

---

① 韩愈著,严昌校点:《韩愈集》,岳麓书社2000年版,第159页。
② 同上。

3. 怎样学？

韩愈在《进学解》中说道："业精于勤，荒于嬉；行成于思，毁于随"，就是说，学业由于勤奋而专精，由于玩乐而荒废；德行由于独立思考而有所成就，由于因循随俗而败坏。

相比于韩愈的时代，现代科技提供了诸多便利，如人工智能的发展，催生了各种学习机；互联网的发展，使学习资源越来越多，远程课堂触手可及；课堂中多媒体的应用，使得学习告别枯燥乏味，等等。但是，作为教育工作者应该认清，合理利用现代科技的便利是必需的、有益的，但是不能过分依赖科技，它们只能作为教学和学习的辅助手段而已。要获得扎实的真知，必须教导学生踏实、勤奋、肯下苦工夫。

古人说，"三更灯火五更鸡，正是男儿读书时"。近代生物学家童第周抱着"别人能做到的事，我经过努力也一定能做到"的信念，每天天没亮，就悄悄起床，在校园的路灯下面读外语。古诗中有"读书破万卷，下笔如有神"之说，英语谚语中也有"practice makes perfect（熟能生巧）"的说法。可见，不分古今、中外甚至学科，要想取得一定的成绩，必须要下苦功。现在我们虽然不强调死记硬背，打疲劳战，但是必要的、反复的练习和勤奋学习的观念是必须要传授给学生的。正如马克思所说，通向科学的道路没有捷径，只有不畏艰难的人，才有可能到达光辉的顶点。

4. "其真无马耶"？

韩愈在《马说》中，抒发了千里马常有但伯乐不常有的苦闷，文末问道："其真无马耶？"又回答道："其真不识马也。"[1] 韩愈表面在说千里马，实际上是说如何改良人才选拔制度，使得千里马不至于被埋没。

（1）改良人才选拔制度

我国的学校教育在人才选拔机制上已经作出了很大的改善，取得了一定的进步。一个良好的人才选拔制度一定是公正透明的。在教育公平的问题上，国

---

[1] 韩愈著，严昌校点：《韩愈集》，岳麓书社 2000 年版，第 154 页。

家已经出台了一系列的政策。教育资源分配不均,多集中在我国东部沿海地区的大城市周边,而西部偏远地区教育资源较少。这种问题的出现是和经济发展有很大关系的,所以其解决也不会一蹴而就。基于此,国家在高考招生录取名额上,应该根据教育资源的多少,在教育机会和名额上多向占有教育资源较少的地区倾斜,并且,可以根据具体情况,采用不一样的分数体制,使得一开始就可能落在起跑线后面的孩子能有机会和大城市的孩子一起接受良好的教育。这和韩愈"其四门馆亦量取无资荫有才业者充"[1]的思想是不谋而合的。

其次,对于人才的选拔应该以多种标准。韩愈在《进学解》中说:"登明选公,杂进巧拙,纡馀为妍,卓荦为杰,校短量长,惟器是适者,宰相之方也"[2],就是说,灵巧的人和拙笨的人都得引进,有的人谦和而成为美好,有的人豪放而成为杰出,比较各人的短处,衡量各人长处,按照他们的才能品格分配适当的职务,这是高明的宰相所采取的办法。同样,对于当下的教育和人才选拔,也应该设立不同的标准和考核办法,多方面考核人才,而不是用单一的分数制来衡量所有的学生。只有这样,才能使不同类型的人才都能在合适的土壤之中发挥出自己的优势,展现自己的才华。

(2) 世有伯乐,然后有千里马

伯乐是善于相马的人,更是善于识别和任用人才的人。莫言还没有获得诺贝尔文学奖的时候,中国人一直在反思,为什么中国没有人能拿到诺奖?真的是因为中国人不够杰出吗?原因肯定是多方面的,教育制度、评判标准等,都会牵涉其中。但怀疑中国没有人才的论断是断不可取的。没有哪个民族只会产生资质平庸的人民,之所以不出人才,很可能是人才没有被发现,或者在早期就把人才的资质给扼杀掉了。最常见的是家长和教师将孩子各种奇妙的创造视为"破坏"或者"不务正业",认为他们的作品不过是儿戏,破坏了家里或教室里的东西,或者占用了正常做作业的时间,因此对其进行批评教导。孩子的创造性没有得到支持,反而被浇了头冷水,自然积极性会受到挫伤,一个未来的发明家也许就在这呵斥声中被扼杀了。

要想发现人才,必须转变唯学业为首的观念,家长和教育工作者要积极提

---

[1] 韩愈著,严昌校点:《韩愈集》,岳麓书社2000年版,第395页。
[2] 同上书,第159页。

高自己,做识别人才的"伯乐",在发现孩子身上有特长后应该予以鼓励和支持;在发现"千里马"后,应该予以一定的保护,对其采用正确的教育方法,使人才能够健康成长。

参考文献

[1] 韩愈著,严昌校点:《韩愈集》,岳麓书社 2000 年版。
[2] 刘国盈:《韩愈》,北京出版社 1979 年版。
[3] 李贺著,王琦注释,王步高、刘林辑校汇评:《李贺全集》,珠海出版社 2002 年版。
[4] 吕不韦:《吕氏春秋》,内蒙古人民出版社 2008 年版。
[5] 任崇岳:《文起八代之衰·韩愈传》,郑州大学出版社 2002 年版。
[6] 〔捷〕夸美纽斯:《大教学论·教学法解析》,任钟印译,人民教育出版社 2015 年版。
[7] Watson J. B.,Behaviorism,Chicago:University of Chicago Press,1930.

朱熹

朱熹　理学

—— 居敬持志

朱熹晚年体弱多病，经常腰痛，有时候会疼得呻吟。

有一天，朱熹对自己的弟子说："学做人就要像我对待腰痛一样。"

弟子们一脸茫然。

朱熹解释说："腰痛会让我经常去搓揉腰，那么腰痛就会减轻，甚至不疼了。但如果有时揉搓，有时不揉搓，就会没有效果。为人处世、求学问道都是如此，需要经常读书，不断反省自己的不足之处。"

朱熹（1130—1200年），字元晦，又字仲晦，号晦庵，又号晦翁、逐叟，别号紫阳，世称朱文公，祖籍江西婺源，出生在福建。南宋思想家，宋代中国一位百科全书式的人物，理学集大成者。

朱熹作为封建时期的儒学大家，其理论以儒家观点为中心，糅和佛家、道家，涉及哲学、经学、佛学、史学、道学、文学、乐律、书法以及自然科学，范围十分广泛。同时，朱熹还热衷于教育，积极讲学50年，每到一个地方，就修复或创立学馆，制定条律，编撰书籍，培养一批又一批人才。

朱熹一生著述颇丰，有《四书章句集注》《太极图说解》《通书解说》《周易读本》《楚辞集注》等，后人编有《朱子大全》《朱子集语象》等。其中《四书章句集注》成为后期封建社会钦定的教科书和科举考试的标准。

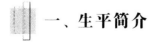

一、生平简介

朱熹从小聪颖早慧，幼时读诵《孝经》，便立志要以孝经中所言为自己的行为准则。五六岁时,朱熹听人说天是四方无边的,便开始思考天地之外是何物,思考得几近生病。朱熹在玩耍时,喜欢在地上用沙子画画,画的内容则是八卦图。

朱熹10岁开始读《大学》《中庸》《孟子》《论语》等儒家经典,在读《孟子》时,朱熹领悟到圣人与自己是同一类人时,欢喜之心难以言表。14岁时,父亲朱松病逝,弥留之际,将朱熹托付给武夷三先生,即藉溪胡原仲、白水刘致中、屏山刘彦冲。其中,胡原仲和刘彦冲二人喜好佛老,朱熹向他们求学,不仅涉及儒家传统,也广泛涉猎佛家、道家、兵法等领域,为日后广博的学问奠定了基础。

19岁,朱熹考取了进士,24岁初涉政坛,参与政治后依旧不忘读书,钻研儒学。31岁的朱熹为解释儒学中的疑难问题多地寻师求道,最终拜李侗[①]为师。在李侗指导下,朱熹逐渐明白了理学精髓便是静坐静心。因为通过静坐可以体认学问精深之处,也就是让心静下来,天理自然显现。以静求理成为儒家求道的主要途径之一。

1. 寒泉著书

1170年,41岁的朱熹在寒泉为母守丧,其间仍然不忘授徒讲学、著书立说,宣扬孔孟学说以及二程理学,来传道授业,教化世人。

在寒泉精舍,朱熹首先重新编写了《家礼》以整顿世风、推行礼仪;编写《太极通书》传播儒家精髓;编写《语孟精义》传播孔孟之道,驳斥异端邪说;编写《八朝名臣言行录》,为北宋以来的名臣如欧阳修、范仲淹等人正言正行,使之重新为世人敬;编写《西铭解》,宣扬宇宙的整体观和万物一体,提倡仁慈爱物;编写《伊洛渊源录》,记述理学的开创与发展演变,成为最早的理学史书;与理学家吕祖谦[②]一起编写了《近思录》,作为儒学和理学的入门级读物。

同时,朱熹开始了《四书集注》前期著述,将《论语》《孟子》《大学》《中庸》这四本儒家经典汇在一起集注。他编著了《孟子集注》《论语集注》《中庸章句》《大学章句》《周易本义》《诗集解》《知言疑义》等,综罗古今,融贯百家,为《四书集

[①] 李侗(1093—1163):南宋学者。字愿中,学者称延平先生,南剑州剑浦(属今福建南平)人。李侗为程颐的二传弟子。

[②] 吕祖谦(1137—1181):字伯恭,南宋婺州(今浙江金华)人,人称东莱先生。与朱熹、张栻齐名,同被尊为"东南三贤",是南宋时期最著名的理学大家。他所创立的"婺学"也是当时最具影响的学派。

注》打下了基础。①

当时这些著作在民间争相传阅,著名的印刷中心也不断来到寒泉,向朱熹取稿印刷,可见当时朱熹学说的受追捧程度。

2. 鹅湖之会

与朱熹同一时期的理学大师陆九渊、陆九龄在江西抚州自立学派,筑屋讲学,形成了著名的象山学派,其理念强调"心即是理",与朱熹的理念有诸多差异。

于是在1175年夏,"东南三贤"②之一的吕祖谦拜访朱熹之后,在回浙江的路途中,约陆氏兄弟在江西信州鹅湖寺,共同探讨两派理学差别。

论学期间,陆氏兄弟坚持"心即是理"的基本观点,认为虽然世间万物千变万化,但都是我们自心的呈现,所以只要用心体悟,就能认识并理解万事万物,并批判朱熹格物致知是在细枝末节上做功夫。而朱熹却认为陆氏兄弟认识事物的方法过于简单,真正认识事物必须通过博览群书,去观察思考每一件事物存在的道理,这样道理懂得越来越多,久而久之,终有一天会豁然开朗,认识万物的普遍道理。陆氏兄弟则反驳朱熹这样的方法烦琐又耗时,认为世上万物的道理要一个一个去思考,学习太过低效。如此辩论数日,双方争执不下,都无法说服对方,最终也未得出统一的结论。

作为同时代的理学大师,双方并没有因为这次辩论的争执不下而破坏了作为学者应有的风度。双方相互听取对方的意见,吸收对方的长处,反省自己的不足,使得各自的学派有所进步。鹅湖之会后,朱熹受到很大的触动,事后朱熹特地写信给陆氏兄弟表达了对其学问的敬佩之情,以及对自己的启发。几年后,朱熹在江西做官之时,陆九渊带着弟子来拜访朱熹,朱熹十分高兴,带着陆九渊等人一同坐船游览江西美景。

3. 修复书院

1178年,朱熹被朝廷任命为江西南康知军。当时南康军下属星子、都昌和

---

① 参见武夷山朱熹研究中心编:《朱熹》,福建人民出版社2005年版,第27页。
② 东南三贤:朱熹、吕祖谦、张栻。

建昌三县,府治星子,背靠雄伟的庐山五老峰,前临碧波浩渺的鄱阳星子湖,有着美丽的风光,却是个十年九旱的贫困地方。① 当朱熹了解到庐山五老峰下有一座白鹿洞书院,始建于南唐,曾经名扬天下,如今废弃百年,无人问津,十分感慨,决定修复书院。

1180年,白鹿洞书院完成重建,朱熹任洞主,购置百亩良田,解决书院学生的生计问题,并制定《白鹿洞书院揭示(学规)》,从四书五经中摘取一些基本的条目,作为书院教育方针与培养目标。把"父子有亲,君臣有义,夫妇有别,长幼有序,朋友有信"作为教育目的,把"博学之,审问之,慎思之,明辨之,笃行之"作为求学之序,把"言忠信,行笃敬,惩忿窒欲,迁善改过"作为修身之要,把"正其谊不谋其利,明其道不计其功"作为处事之要,把"己所不欲,勿施于人,行有不得,反求诸己"作为接物之要。之后,白鹿洞书院成为我国历史上著名的四大书院之一,而其《学规》也成为日后书院争相模仿的对象。

朱熹也在白鹿洞书院招收学生,传播理学思想。在紧张的学习之余,朱熹还经常与诸生漫步山林,徜徉山水之间。白鹿洞书院成立后,许多学生慕名而来。为了培养浓厚的学术氛围,朱熹还邀请了各地的名师名儒来书院讲学,包括在学术见解上与自己相左的学者,如陆九渊、刘清之等。白鹿洞书院在当时培养了一批又一批的人才,朱熹也在不断发展中形成了自己的独立学派。

1195年,65岁高龄的朱熹在湖南重修岳麓书院,扩建斋房,置办田地,广招学生,按照白鹿洞书院的学规来管理岳麓书院,把《四书集注》作为书院教材,亲自为弟子讲学解惑。一时间,岳麓书院学子云集,名声大振。

朱熹一生除了重建白鹿洞书院、岳麓书院外,还修建了武夷精舍,创立了紫阳书院等,培养了大批学生,不断传播着理学思想。

4. 朱学波折

1195年,一群反儒学的奸佞之臣在宁宗面前上书诋毁朱熹,之后朝廷将朱子理学视为"伪学",规定《论语》《孟子》《大学》《中庸》等书为禁书,朱熹的弟子被认为是"伪学之党",不能在朝为官。一时之间,朱学弟子纷纷改拜他人为师,易服变装,不敢称为儒家学者。

---

① 参见武夷山朱熹研究中心编:《朱熹》,福建人民出版社2005年版,第30页。

昔日门庭若市、如今门庭冷落的情境,朱熹也坦然面对,依旧与留下来的弟子讲学不辍,并愈加发奋著书。朱熹曾说过一句话:"非徒有望于今日,而又将有望于后来也。"他心里明白,自己的学说暂时无法被世人接受,但是一定会流传于后世,造福于后来之人。1200年,朱熹留下"道理只是恁底,但大家倡率做些艰苦工夫,须牢固著脚力,方有进步处"的遗训后,于沧州精舍中与世长辞。

在朱熹走后的几年里,朱学沉冤昭雪、重见天日,朱熹被尊为太师,朱熹的《四书集注》被列为宋朝官学,朱熹制定的《白鹿洞书院揭示(学规)》进入太学。之后朱学继往开来,先后成了元、明、清三朝的官方思想,对后期中国的封建社会产生了重大影响。不仅如此,朱熹的思想还远播海外,对日本、朝鲜、越南等地的儒学发展起到了促进作用,形成了日本朱子学、朝鲜朱子学、越南朱子学分支。

南宋词人辛弃疾称朱熹"所不朽者,垂万世名,孰谓公死,凛凛犹生"。清朝康熙皇帝称朱熹"集大成而续千百年绝传之学,开愚蒙而立亿万世一定之规"。英国古代科技史专家李约瑟说,欧洲最现代化的自然科学理论基础,应归功于庄周、周敦颐和朱熹等人,并称朱熹是一位深入观察各种自然现象的自然科学家。虽历经波折,但从长远看,朱学对中国、对世界文明进程的影响十分巨大。

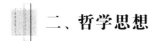

二、哲学思想

哲学思想是朱熹学术思想的核心,对于理解和把握朱熹的思想有着重要的作用。朱熹的哲学思想在继承程颐、程颢理学思想的基础上,又吸收了先秦儒家思想,以及佛家、道家等各派文化,加以融合、创新,在理气的本体论、认识论、心性论等方面,把宋代的哲学以及理学发展到了一个新的水平。

1. 本体论

在本体论的哲学体系中,对于世界本体的讨论,有以"天"为本体,有以"道"为本体,有以"心"为本体,而朱熹则是以"理"作为其哲学的核心范畴。

"理"不依赖任何事物而无始无终地存在着。没有天地存在时,理已经存在;天地消亡后,理依然存在,所以,宇宙万物都是由这一"理"产生。其次,对于

"理"的特性，朱熹认为天地之间有理有气，理是形而上之道，是万物之本，而气是形而下之事物，是万物的具体呈现。

由此引申出本体论中与"理"相对的第二个哲学范畴"气"。在朱熹的论述中，"气"属于物质概念，其存在方式是弥漫在宇宙的每一个角落，无所不在。我们呼吸的空气是眼睛可见的气，世间各种植物、动物也是具体的物质的气，忠君、孝亲背后所体现的凛然大义也是由气形成的。而"气"的变化在于，气凝结造作后，便能产生人和事物，呈现出各种形象来。根据不同气的作用，朱熹还将气分为"精气""魂气""浊气"等，十分详尽。

对于"理"和"气"这对概念的关系，朱熹从包含关系和先后关系两个角度来把握。首先，从包含关系上，"理""气"二者相互交融，不可分离，有理必有气，有气必有理；理寓于气中，气寓于理中。其次，从先后顺序上，朱熹认为"理""气"不分先后。有人提出，太极动而生阳，静而生阴，可见理在前气在后。而朱熹反驳说，太极生万物，只是一个道理就能概括，不是先有理而后有气的，理与气没有先后之分，但是如果从世界本原上看，朱熹又说先有理，才有气，理在朱熹这里是作为独立于气、独立于万物而存在的绝对精神。

2. 认识论

朱熹提出认知的过程包括格物、穷理和致知三个过程。格物是切入认知的入门方式，穷理是认知观的核心，而穷理达到极致的时候便是致知。各个环节层层紧扣，相互连接，构成了朱熹完整的认知观。

所谓格物，是要求人们通过对事物的考究来把握其中的义理。所格之物，不仅仅是天地之间一切所见之事物，还细微到人的起心动念。饮食起居言语念头，无不是所格之物。朱熹认为当人反省内心思虑的时候，被反省的思虑也是格物的对象，但是朱熹反对把"格物"等同于"格心"，完整的"格物"不仅仅包括反省内心，还应当是对任何事物都以博学之、审问之、慎思之、明辨之的态度来对待。朱熹曾把"格物"比喻为吃果子，要先去其外皮，再食用其肉，最后再将中间的果壳咬破，才能品尝到果仁的美味。如果不去外皮，则吃不到果肉，不吃果肉，则尝不到果仁。格物也是，要由表及里、由浅入深地一步步接触事物，格到尽头，就能够把握其理了。

所谓穷理,即是要穷尽道理。倘若"理"有十分,穷理穷两三分不行,八九分也不行,一定要格尽十分物理才能算是穷理。需要穷尽的道理有两类。一类是人的行为规范,包括道德准则和礼节规范。穷理在这里就是要把握道德规范并付诸实践,对父母要尽孝,对君王要尽忠之类,都要尽心尽力。另一类是指事物的道理,包括事物的本质属性、规律以及各种过程,需要对自然科学知识进行透彻的解释,来了解事物的本质与规律。

穷理至极便是致知。其中"致"字是推演开来的意思,就像暗室中见微弱光明处,寻着此光明去,不知不觉中就走到了外面,见到了大光明。而"知"字不仅是指人的知觉能力,也指认知后的结果。整合起来,"致知"就是指通过考察研究事物的道理,从而使知识得到扩充。朱熹认为,当格物达到极致,穷尽了事物的道理之后,人们的知识也就完备了,自然达到了致知的结果。所以,朱熹把格物与致知的关系概括为"格物所以致知",又将格物与致知的关系比喻成吃饭与饭饱的关系。而格物到致知的过程,便是一个逐渐积累、直到豁然贯通的过程,而且格物越广,穷理越尽,则致知的过程越快。

3. 心性论

心性论即人性的来源和心、性、情的关系。在朱熹的心性论中,心不是本体,性为万物之源,是本体。天地万物得理便为性,性与理等同,是一个层面的范畴。朱熹这里的性是超越物质实体、形而上的精神存在,"性是形而上者,气是形而下者。形而上者全是天理,形而下者只是那渣滓。至于形,又是渣滓至浊者也。"[①]这里可以看出,性是无形无相的存在,但又是世上万物产生的根源。

性的具体内涵则是人伦道德,"仁义礼智,性之四德也"[②]。对于当时封建伦理道德标准"三纲"(君为臣纲、父为子纲、夫为妻纲)和"五常"(仁、义、礼、智、信),朱熹是认可的,他认为天理的具体体现,便是仁、义、礼、智、信,便是君臣、父子、兄弟、夫妇、朋友要做到臣忠、父慈、子孝、兄悌、夫妇敬、朋友信。

关于心与性的关系,朱熹从两者的联系与区别两个方面入手。心与性的联系在于两者不可分离,他拿水饺打了个生动比喻,心犹如外面的皮子,性犹如里

---

① 黎靖德编:《朱子语类》(卷五),中华书局 1986 年版,第 97 页。
② 朱熹:《四书章句集注》,岳麓书院 2008 年版,第 355 页。

面的馅子,性寓于心中,就像馅包在皮子中,两者共同构成了一个完整的饺子,不可割离。而心与性的区别在于,不能认为性便是心,也不能认为心便是性,其实心是虚灵之物,而性为实体;心有知觉,而性无知觉,两者不可混为一谈。心性的区别还在于,性以仁义礼智为内涵,性为善;而心有善有恶,需要为善去恶,将一般的人心修炼为道心才可。可见,朱熹这里心性的关系与理气的关系有着类似之处。

三、百科全书式成就

朱熹不仅是位思想家、哲学家、教育家,还是一位博学多才、学贯古今的学者,在文学、美学、书法、天文、地质、政治、经济等方面研究透彻,是中国一位百科全书式的人物。

1. 文学领域

朱熹一生留下了大量的诗词、文章等作品,其中有不少脍炙人口的诗词,流传至今,为人们所吟诵传唱。而且,朱熹站在理学的角度创作,许多文学作品具有深刻的理学内涵,引人深思。

在朱熹之前的二程对文学是比较反对的,认为文学是玩物丧志的把戏,作为学者应该一心求道,以探寻天理心性为主。但是到了南宋的朱熹这里,作为理学的集大成者,朱熹是站在道学原则上来看待文学,认为文学道学两者是统一的,其中道学是根本,文学是道学的枝叶,当文学作品是从道心之中流淌出来时,便是符合道学的。

朱熹一生未及弱冠便开始作诗,诗歌创作有五十年之久,数量达到一千多首,风格平淡优雅,张弛有度。朱熹写诗学陶渊明,学唐诗中古朴的风格,篇幅较短,即景生情,自然流露。在朱熹诸多诗词中,流传最广最具代表性的,便是《春日》和《观书有感》。

春日

胜日寻芳泗水滨,无边光景一时新。

等闲识得东风面,万紫千红总是春。

观书有感

半亩方塘一鉴开,天光云影共徘徊。

问渠那得清如许,为有源头活水来。

从这两首诗来看,朱熹善于巧妙地将哲理融入诗歌的意境之中,构思精巧,引人入胜,从中可以看出朱熹对语言的驾驭能力和文学才气。

2. 书法领域

朱熹自小便临摹颜真卿、王安石等人的书帖,风格效仿汉唐,复古又不拘泥于古,下笔沉着典雅,独出心裁,简单平和又灵动洒脱,其墨宝被人们争相收藏。同时,朱熹又对历代书法家的碑帖进行评论,以其独到的眼光,写下了许多鉴赏性的文字。

朱熹看重书法所能表现的内涵与情感,一副好的书法作品,既要有哲理的内涵,又要表现出学识涵养,既要体现一个人的德行人品,又要呈现出意趣情感,并且坚持书法作品要从内心中流淌出来才可称之为作品。

朱熹流传下来的书法作品可以分为两类,一类是墨迹,一类是碑刻。墨迹多为一些著作的书稿,如《论语集注》的手稿,或是一些诗文、诗稿,如孔明的《出师表》,以及一些手札,如《与东莱先生书》等。碑刻多为石刻,少量竹刻、木刻,石刻中会刻一些诗文,如《四季读书诗》,或是一些匾额、楹联之类。

朱熹一生书法最顶峰的作品,是晚年在福建所作的《四季读书诗》帖,当时的朱子理学正遭受朝廷打压,被冠上"伪学"的罪名,朱熹精神上受到巨大压力却又坚忍不拔,当时写下的字圆润娟秀,透着一股悲凉,却毫无颓废之意,而是催人奋发精进。

3. 天文与地理领域

日本科技史学家山田庆儿教授[①]在他的著作《朱子的自然学》中提到,朱熹是被遗忘的自然学家。中国科学院院士席泽宗曾经发表文章介绍朱熹的天文

---

① 山田庆儿教授:历任日本京都大学教授、国际日本文化研究中心教授,现为京都大学和国际日本文化研究中心名誉教授,以及日本龙谷大学教授,主要从事东南亚哲学及科技文化史的研究,因其在科技史方面的卓越成就,曾于1988年获日本第15届大佛次郎研究奖。

思想，并认为朱熹的天体演化思想比前人有诸多进步之处。

可以说朱熹在科学方面最大的成就便是天文学。朱熹在儿时就提出天之外是何物的疑问，到晚年，朱熹对天地无边做出了这样一个比喻，认为天地就像墙壁一样，虽然无边，但是在看不见的墙壁之外一定有着我们未知的领域。

对于日月星辰的运转，朱熹也进行了探讨。朱熹家中还收藏有浑天仪，常用来研究天文。朱熹给弟子曾写过三封信。一封写于1188年，信中朱熹和弟子提到，京城某处有一个浑天仪，很想亲自去看看，但当时脚痛难以行走，表示十分遗憾。另一封信写于1189年，信中提到一位姓赵的人也在研究天文，在福州用浑天仪测试北极离地面的高度是20度，而朱熹自己在当地测试到的却是24度。可见，朱熹在这两年之间，已经在用浑天仪进行测试。

虽然当时的结论现在看来有一些还不符合科学事实，但是朱熹以一种格物穷理的探索精神，为后人留下了许多宝贵的自然科学知识。

朱熹以格物穷理的精神，不仅对天文学颇有研究，对于地质学也十分有见解，上天入地，想要穷尽天地道理。

朱熹根据亲身观察，对风、雨、雷、电、露、霜、雪、虹等自然现象进行解释。朱熹认为霜是露珠凝结而成，雪是雨水聚合而成，高山有雪是因为山上气清风紧，雨遇寒气，便凝结成雪。彩虹并非是用来止雨的，而是太阳光反射雨滴而形成的。

对于植物与季节更替变化的关系，朱熹提出，在冬天开的花不容易凋谢，如水仙，虽然看起来比较脆弱，但是花开的时间很长，梅花也是如此；到了春天，花容易凋谢，夏天则更加容易，像荷花，只开一日。这是因为在冬天，植物们的气息比较固定，所以不容易凋谢，到了春天夏天，刚开花精气便被耗尽了，就容易凋谢。

在地理学上，朱熹重视实地考察，对山脉走向、河流流向等都做了详细的记录。朱熹还对古代地理学的经典《禹贡》进行了考订。《禹贡》本是《尚书》中的一篇，书中将全国分为九个区域，称为九州，并且对每个州的地理都做了详细的叙述。朱熹重新进行了深入的研究，提出了自己的看法，具有重要的价值。

朱熹对地理的研究，多为实地考察和阅读前人的资料，虽有些缺少缜密的科学实验验证，但仍然在地理学方面取得一些很有价值的成果。

4. 政治、经济领域

朱熹不仅在政治上具有远见,而且关心国家经济发展,他的见解对当时重大问题的解决具有重要作用。

在政治方面,朱熹继承了二程,将天理论作为政治学说的核心,体现在正君心、修内攘外等各个方面。天理论是把天理当做自然界和人类社会的根本原理,是国家不能违背的治世准则,是治国的根本,告诫统治者,顺应天理则国家成,违背天理则国家败。之后朱熹围绕天理治国,展开了各方面的论述。

在君主制的时代,朱熹首先提出正君心是根本,即君王要根据天理纠正心中不符合天理的部分。朱熹之所以如此强调君心的纠正,是因为他看到在君主制下,君心的好坏将决定一个国家的安危命运。为了社会的长治久安,必须以天理来规范君王的言行,去除君王内心的私欲,从而为天下人谋福。其次,朱熹生活在内忧外患的时代,从而提出修内攘外的思想。修内即以德治国,着眼于伦理道德,体恤百姓疾苦,才能使得民心归顺。攘外即外攘强敌,对于宋和金的关系,朱熹主张以战争来取胜,唯独不能讲和,因为金和宋有着君父之仇,讲和是违背天理的。

此外,朱熹将天理治国的思想沿袭到经济领域,针对当时的重大经济问题提出了解决方案。

朱熹一方面重视农业,强调农业生产是满足百姓衣食生存的基本,是实行道德教化的基础,同时还鼓励垦荒,使得荒田得到耕种,这样农业发达就能满足百姓的基本衣食需求。另一方面呼吁减轻百姓赋税,提出朝廷宁可从百姓那儿多给予,不可从百姓那儿多攫取,反对与民争利,主张让利于民。同时,朱熹主张节省军费、行政费等开支,来减轻民众负担;在发生自然灾害时,主张救荒赈灾,救百姓于水火。

由上可知,朱熹的政治经济思想紧密相连,以天理贯穿,体现着爱民、恤民、以民为本的思想。

四、教育思想

朱熹热衷于教育事业,一生有 50 多年都是在讲学授徒,即使在朱熹从政期间，也从来没有放下过教育。著书立说、创办书院、编印教材、传道授业、传播理学思想与文化，为当时的社会培养了大批的人才。

朱熹以明人伦道德为教育目的，按照不同的年龄阶段设置不同的教育内容，以立志、博学、审问、慎思、明辨、时习、笃行为教学过程，提倡循序渐进、熟读精思、虚心涵泳、切己体察、着紧用力、居敬持志的读书方法，同时提倡德育上的立志、居敬、穷理、内省。朱熹的教育论精细而深微，系统而完整，对教育研究具有重大的意义。

1. 教育目的

朱熹的教育思想建立在其理学基础之上，而理学中天理在社会中的体现便是封建"人伦"。因此，朱熹便提出明人伦就是要穷尽天理，就是教育的目的。同时，"明人伦"的教育目的也是针对当时学校偏重于训诂之学与名利之求，由此要重新恢复儒家人伦教育与传统。

"明人伦"进一步在教育目标上的体现便是要培养出修身养性、遵循天理的圣贤。朱熹认为人的天性本是至纯至善，当与气结合在一起时，便会形成气质之性，而天性是气质之性的本然状态，气质之性是天性受到后天熏染而转化的状态。每个人的天性都是一样的，而气质是不同的，有善有恶。因此，要通过后天的修养功夫，把气质中恶的人欲清除掉，回归天性的本然状态。这便是教育能够培养出圣贤品格的理论基础。

朱熹曾说，"圣人千言万语，只是要教人做人。"古代君王治理国家，教化百姓，只有五句话，即父子有亲，君臣有义，夫妇有别，长幼有序，朋友有信；在学校教育方面，从家族到区域，各个层面都设立学校，使得百姓都能够学习受教；在具体的教学过程中，因材施教，不断开导鼓励人们，使他们能够明白诸多人伦道理，并且落实在行动中，在父子、兄弟、夫妇、朋友之间各尽本分。

同时，当时教育上存在忘本逐末，追求名利而忘记先王之意，虽然学校还在，但实际作用日微，人才凋零等情况，朱熹针对这一现实，要求所有的学校通过教学来对父子有亲、君臣有义、夫妇有别、长幼有序、朋友有信这五伦进行学习，增强学生的德行，完善学生的人格。

2. 教育内容

朱熹对于教育内容的设定,按照不同的年龄和特征,划分了四个阶段,并设置了对应阶段的教材内容。

(1) 胎教

朱熹认为在怀孕期间的妇女,其言行举止、饮食习惯等,都会对腹中的胎儿产生影响。因此,为了胎儿健康的成长,朱熹认为古代妇女怀孕之时,睡觉时不能侧卧,座位不在边上坐,走路时不要大声说话,饮食清淡,肉切得不正不吃,席子不正不坐,眼睛不看难看的事物,耳朵不听靡乱之声,这样生出来的孩子才能够容貌端庄,成为可塑之才。朱熹在当时就注意到孕妇的言行举止对胎儿的影响,可谓思想十分超前。

(2) 幼儿教育

对待学龄前的儿童,朱熹主张以德育为主进行一些简单的生活方面的引导。幼儿的乳母可以说是孩子接触的第一位老师,朱熹要求其穿着宽松,温良恭敬,言行谨慎。当孩子开始吃饭了,就要教孩子用右手拿筷子吃饭,当孩子能够说话了,和男孩子说话要大声肯定,和女孩子说话要细声柔婉。

(3) 小学教育

对于小学的定义,朱熹认为 8 岁以上,无论王公子弟还是平民百姓,皆入小学。在教育内容上,主要教孩子基本的洒扫应对、进退礼节,以及尊敬师长、孝敬父母、爱护朋友之道,而且必须是要让孩子在生活中练习这样的礼节习惯,直到内化在心中,日后便成为基本的德行与品格,同时还学习礼、乐、射、御、书、数六艺。六艺中的礼、乐是对孩子德行方面的培养,教导孩子尊师、孝亲、爱友、自律之道;书和数是对孩子智育方面的培养,但这是在学习礼乐之余进行的学习;射和御是对孩子体育方面的培养。可见,六艺的教育是文武兼备、人格全面发展的教育。

关于教材,朱熹从历史古籍中摘录了一些关于孝亲、事长、守节的格言故事,编写了《蒙童须知》,书中介绍了儿童日常需要遵守的行为规范,衣冠穿着、语言行为、读书写字、洒扫清洁等,十分详尽。朱熹还编写另一本册子《小学》,书中以人伦道德为主线,如君臣、父子、长幼、朋友、衣服、饮食等,引用儒家的格言和典型事例,进行生动形象的教育,同时也方便儿童学习效仿。

小学教育的特点是教孩子做事的规矩,当孩子习惯成自然的时候,自然就符合天理。

(4) 大学教育

大学则是 15 岁以上的学子进入的高等学府,以学理为主,学习穷理、正心、修己、治人之道。可见,小学和大学并不是两个割裂的阶段,同是为了体认天理,只是不同阶段的内容程度有所不同,小学学事是打基础,大学学理是进一步的深化。

大学教材以儒学经典以及理学著作为主。其中对于四书的学习,朱熹强调了学习的先后顺序,认为先读《大学》知晓为人为学的基本纲目,再读《论语》则确立为人中正平和之根本,再读《孟子》来激发学者自强不息的精神,最后读《中庸》来探寻古人学问的奥妙之理。同时,朱熹要求在大学之中将《四书章句集注》作为理学的主要教材,认为该书不多一字,也不少一字,添一字嫌多,减一字嫌少。对于比较高阶的六经《诗》《书》《礼》《易》《乐》《春秋》的学习,朱熹专门编撰了一批解读经书的教材,有《周易本义》《易学启蒙》《诗集传》《仪礼经传通解》《家礼》等来传授理学道理。

大学教育的特点是教人学理修身治人,以儒家经典为教本,结合朱熹独到的经学解释,既传统又保持特色。

3. 教学论

朱熹有句格言:"未知未能而求知求能之谓学,已知已能而行之不已之谓习。"可以看出,教学对学生的训练,不仅包括掌握未知的事物,还包括对已经了解明白的内容进行实践。无论是从教学过程还是读书方法上来看,朱熹的教学论都是为了实现明人伦的教育目的而实施的一系列指导。

(1) 教学过程

朱熹的教学过程论一定程度上源于《中庸》的"博学之,审问之,慎思之,明辨之,笃行之",他进一步阐释教学的过程便是:立志、博学、审问、慎思、明辨、时习、笃行。

立志。朱熹认为,树立远大的志向是为学做人的第一步。因此在教学过程中,朱熹将立志放在了首要的位置。

朱熹强调立志贵在坚定自己的志向,只管向前努力,进步是水到渠成的事。如果志向不坚定,只是听人家的泛泛而论,或是只言片语,是没有收获的。朱熹又说,书本内容记不住,多读便可记住;意思不明白,仔细思量便可明白;唯有志向不能确立,那就是没有任何办法了。当时的人们贪求利禄功名而不贪求道义,要做达官显贵之人而不要做好人,朱熹认为是没有做好立志这一环节。

对于如何立志,朱熹认为要立志成圣成贤。立志之人不是将自己风发的意气去盖过别人,而是直接以尧舜为榜样。在朱熹那里,圣人不仅仅包括尧舜禹、周公,还包括孔子,而且圣人并不是用来崇拜的,而是要去学习、效仿的。同时,朱熹认为,立志需勇猛,不是泛泛而谈,做简单的表面文章,而是要将志向刻入内心,才会百折不挠,才会在为学做人上有进步。

立志的例子,比较著名的是北宋张载的"为天地立心,为生民立命,为往圣继绝学,为万世开太平。"朱熹谈到张载的志向与为学精神之时,说"横渠之学,是苦心得之",要像张载一样,将众人当做父母兄弟看待,将万物当做同类看待,以一种大公无我、泛爱一切的博大胸怀来确立自己的志向。

博学。朱熹说,"博学是致知。"要想成为一个学问渊博的人,仅仅靠志于学是不够的,还需要扎扎实实、勤勤恳恳地博学一番才可。朱熹认为,博学的过程就是知识从简单到复杂再到简单的过程,这便是完成了对新知识的内化,成为自己的学问的过程。

博学的内容,不仅仅是指书本上的知识,还要通过多闻、多见、多识、多问等各种途径来接触直接经验和间接经验,从而广博自己的见识,寻求真知。这里朱熹又提到了圣人之学与俗学之间的差别,俗学只知道读书,而圣人之学要知道学者的为学之道。可见朱熹的博学不是简单死读书的代名词,而是具有经世致用、学以致用的丰富内涵。

朱熹之所以把博学放在教学过程中的第二环节,是为了纠正当时社会上为了贪求功名利禄而只重视书本知识的不良风气。朱熹还专门写文章批判了当时读书人忽视道德修养,不知读书之根本,忽视实践,成为沽名钓誉之徒。因此,朱熹提倡学以致用的活读书。

朱熹的博学观重视学者本身的阅历和经验，强调博古通今、经世致用。而且，朱熹不仅仅是在口头上倡导学以致用的博学观，在实践中，他本人就是一位博学之人，禅宗、道家、文章、楚辞、天文、地理、诗歌、兵法，几乎样样都学。朱熹晚期能够成为理学集大成者，也依靠博学打下的良好基础。

审问。朱熹认为，在广博的基础上，对于一些不能理解的问题，需要向经验丰富的人请教，分析问题的本质，探求问题的源流。朱熹认为，读书人需要学会提出疑问，才能有所进步。

学问二字，既要会学，也要会问。朱熹曾评价孔子的弟子说："孔门弟子善问，直穷到底。"可见会问问题，做到不耻下问，也是需要勇气和决心的。在信息交流不畅通的古代，学者想要获取更多的知识，就需要虚心向他人求教，无论对方的身份尊卑、贫穷或富有。

能提出真正有价值的问题，必定是经过一番思考的，当疑问得到解决时，就会对自己所追求的真知真理产生更深一步的信任感。去疑取信，可以说是审问这一过程的最终目的。

对于审问的内容，朱熹认为，即使是他人已经得出结论的东西，只要是自己发现了问题，也可以用怀疑的眼光去重新考虑，不可人云亦云，或是向权威的言论屈服。

以批判的眼光去研究学问，提出问题，由无疑到有疑，由有疑到无疑的转变，便是朱熹审问这一过程的最大特征。《朱子语类》就是记录朱熹回答学生提问和朱熹向学生提问的最好的审问案例。

慎思。慎思可以培养独立的分析判断能力，朱熹常说的"精思以开胸臆""思所以启发聪明"，都是指思维能力的培养与开发问题。朱熹认为，一个人专心思考一件道理，而且是时时刻刻都在思考，直至思考彻底透彻，以此类推，天下道理无有不能穷尽的。

对于慎思在读书过程中的作用，朱熹提出，在刚开始读书时，需熟读到好像是从自己口中讲出来的一样，然后继续静思到好像书中表达的意思就是从自己心中流淌出来的一样，这样读书就会有所收获，但是熟读精思之后，如果止步于此，就不会有所进步。

当运用已有的知识不能解决问题之时，便是思考的开始。对于慎思的内容,不是脱离实际、天马行空的思维,要明确目标,以事实为根据,进行审慎的思考,否则容易迷失思考的方向。

对于慎思的过程,朱熹还提出了"精思""思得熟""不思"三个不同的阶段。"精思"便是对思考的内容去粗取精、由表及里,从外部事物思考到内在联系。"思得熟"便是能够透过现象把握事物背后的规律与道理,思到最后眼里只见道理而不见事物了。"不思"并不是指不再进行思考,而是达到了自由的境界,与叶圣陶先生讲的"凡为教者必期于达到不须教"的思想有着异曲同工之妙。

朱熹的慎思论,是注重目标明确、事实导向的思考,要在特定的时间地点,去透过现象把握事物的本质,从而在思考过程中形成自己的判断与分析的能力。

明辨。明辨是慎思的进一步发展,教学过程中的明辨有两种方式,一是指个人运用正确的逻辑思维方式去辨别知识的真伪性,二是指师生之间互相质疑提问,明辨是非。无论是个人思辨的方式还是师生互相辩论的方式,都是为了通过辨别明晰问题,从而帮助学生获得学识,明白真理。

明辨的过程,如上面的慎思一样,也是由表及里,由此及彼,由浅入深,去粗取精,由表面到本质规律的过程,这是逻辑思维的顺序,也是明辨过程中需要采取的逻辑方法。

辨的原则有二,一是要广泛探索万物的各种现象,二是要将各种现象、事物进行对比,以把握其本质规律。

在明辨的过程中,朱熹一再告诫弟子,"以他说看他说,以物观物,无以己观物",要根据事实来说话,不能凭借自己一时的猜测来辨别。同时,朱熹提出,明辨不仅要从实际出发,还有一定的标准,便是因果律。因果律是指宇宙中发生的一切都有其发生的原因、结果与联系,如是因如是果。

从实际出发,重视万物之间的因果联系,以求通过辨别明晰万物的本质,便是朱熹的明辨论。

时习。时习便是对之前所学到内容的不断温习与巩固,加深理解,直至能将知识一直记在心里。

朱熹强调,时习不是为了重复而重复,而是在重复的过程中加强思考与理解的积极思维的过程;在巩固训练中,也是需要专心致志,凝心一处,即使周围嘈杂纷乱，也能闹中取静，全神贯注进行思考与复习；为了让学者做到凝神一处、用志不分，朱熹又提出要培养虚敬的功夫，即以千江有水千江月的宽阔心胸包容世间万千景致，如海上朗月，映照万物；最后，朱熹还强调在时习的过程中，要加以实践应用、温故知新，不仅仅将所温习的知识局限在书本上，而要走向社会，加强理论与实践的结合。

朱熹的时习方法，不是机械的重复，而是积极的思维；不是心不在焉的复习，而是用心一处的专注；不是故步自封，而是虚敬清明，包容万物；不是局限于书本，而是以实践为导向。

笃行。朱熹把"立志""博学""审问""慎思""明辨""时习"列为探求知识的范畴，把"笃行"列为行动实践的范畴，可见朱熹认为教学过程不仅仅包括知识上的学习，还要加以实践上的运用。

朱熹所说的笃行，便是需要引导学生将所学的知识应用于实践，既能培养学生解决各种问题的能力，又能进一步检验所学的知识。朱熹一方面以"逝者如斯夫，不舍昼夜"来教导弟子要以仁义为目标，以如何做人来引导弟子笃行的方向；另一方面，自己以实际行动来做好现实的榜样，将研究学问与为人处世结合起来，以自己的人格、行为来影响学生。同时，朱熹的笃行论包含着强烈的忧患意识，当时的宋朝官风败坏、人民处于水深火热之中，文化事业与教育改革面临危机，朱熹依旧选择承担起沉重的历史责任，并不断落实到行动中，为中国的历史创造新的生机与文化。

朱熹的笃行论，以仁义为核心方向，以历史责任为使命，不断在实践中创造着现实意义。

（2）读书方法

在朱熹教育思想中，对读书法尤为重视，一来是因为朱子理学一向对学问十分重视，希望通过知识这一途径来发展道德修养，二来也由于当时的教学都主张学生自己读书学习，先生主要是通过各种读书方法来指导学生。

读书方法的总原则要有三到，即心到、眼到、口到，其中心到最重要。读书之时，若心不在读的内容之上，则眼睛也看不仔细，心眼都不能专注，那么所谓的读书也只是漫不经心地读诵，是绝对记不住东西的。

细分看，朱熹的弟子们将朱熹的读书法进行了归纳，称为"朱子读书法"，分别为：循序渐进、熟读精思、虚心涵泳、切己体察、着紧用功、居敬持志。

循序渐进是指根据不同人的年龄、学习水平等各种情况，来安排学习的次序与计划，并且在学习过程中不能囫囵吞枣，要把前面学习的内容弄懂理解后再去学习后面的内容。读书的时候要由易到难，由浅入深，"如攻坚木，先其易者后其节目"。同时，朱熹认为在读书的时候，一本书没有看完不能去看下一本书，一本书里面，篇章语句等次序也不可乱。对于读经书与史书的顺序，朱熹也给出了建议，认为先读经书再读史书比较好。如果没有把《论语》《孟子》《大学》等经书弄透彻了，便去看史书，心里面没有权衡的标准，容易困惑。于是，朱熹在循序渐进的读书法中，将儒家传统经典的四书列为首位。

熟读精思是指首先通过熟读掌握书中义理，对熟读过程中产生的疑问进行深入的思考，得见道理。朱熹强调"书只贵读，读多自然晓"；强调读书需要读到不愿意放下书本，才能明白书中的真意，如果只是读了几遍，稍微明白了其中的意思就厌倦了，想要看其他的书，就是没有尝到读书的乐趣；强调看书要看得透彻，明白书中首尾呼应的地方，不可以放下书本就忘记了书中所讲的内容，需要逐字逐句逐段去理解，使得道理和内心相融合；强调读书要成诵，才算是精熟。熟读精思便是在熟读的基础上进行精细的思考，在思考的基础上再熟读成诵，读思交替，才会有无尽的心得体会。

虚心涵泳的对立面便是固执己见，以主观自我的思想来理解书中的内涵，在自己读书之前，自己心里就有了想法，然后用圣贤的语言牵强附会来印证自己的想法。朱熹提倡的虚心涵泳便是要以开放的心态，客观如实去理解书中的精华，以圣贤的思想来丰富自己的内涵，不必自立学说，也不用把自己的思想套用在古人身上。同时，朱熹还指出，在读书过程中，如果有所体会，也不必执着，先放一边，只需要继续读下去，便会有新的体会，如果执着于之前的体会，便不会再有进步。以虚心涵泳的心态来读圣贤之书，圣贤说一字便是一字，没有丝毫杜撰，才能明白圣贤之意。

切己体察有两层含义，第一，是在虚心读书、明白书中精要的基础上，反求诸己，对自己进行反省审查，使得自己的内在精神与圣贤相契合，第二，是将学习到的义理贯彻到日常生活行为中去，身体力行。朱熹认为，读书不可仅仅是纸上谈兵，需要时时反省观察自己，从书本文字之间，体验理论之实用，然后心渐渐静定，道理自然明晰。不然，即使学富五车、广闻博学，也没有真正的用处。

着紧用功要求的是一种刻苦用功、锲而不舍的精神，要在宽松的期限里，着紧课程的学习。朱熹说，圣人千言万语，说的无非便是要鞭策自己，勇猛奋发，掏心掏肺去做，就好像两边擂起战鼓，不问前方战况如何，一鼓作气，只管向前去冲即可。只有这样学问才能获得大的突破，不然三天打鱼两天晒网，零零散散学一些知识，终不会有大的进展。着紧用功强调的是在做学问上勇猛果决的精神，"精神一到，何事不成"。朱熹还为勉励广大学子珍惜学习的光阴，赋诗一首："少年易老学难成，一寸光阴不可轻。"

居敬持志，在朱熹看来是读书法中的根本。居敬持志本为修身养性之法，放在读书方面，便是要求学子在读书之时，心中明确志向，心如明镜，收敛身心，保持精神上的专注与警觉。居敬，是指心怀敬心与虔诚，不放逸散乱。在心怀敬畏的状态下读书做学问，内心清明、警觉，专心一处，便是居敬。持志，是指内心坚定志向，以成圣成贤为目标，百折不挠，要有勇往直前的毅力与决心，只有这样，在学问上方有进步。

4. 德育

朱熹把德育放在教育中的优先位置，以"五伦"为主的道德教育，强调道德修养方面的体认与践行。整个道德教育，是道德思想的认知、道德情感的培养、磨炼道德意志以及实践道德行为的知、情、意、行的过程。

在德育中，朱熹还提出四个道德修养的方法，即立志、居敬、穷理、内省。

朱熹一直把立志作为头等大事，无论是在教学过程中，还是在道德修养方面。具体立志的重要性以及方法已经在教学过程中有所论及。

对于居敬，有弟子问朱熹，怎样才能做到内心恭敬呢？朱熹回答说，只要内心没有妄想、杂念，外在没有放逸的行为。保持内心恭敬，不是说不听外面的声音，不看外在的事物，不管外面发生的一切，而是收敛身心，保持内心单纯，不放纵行为。概括起来讲，居敬就是要在精神方面高度集中，专注于对天理的体认和内心私欲的克服，没有丝毫的懈怠；在容貌行为上，就是要坐姿端正，站立笔直，目光正视，举手投足恭敬他人，不多言，气场整齐威严。

朱熹德育中的穷理，当然不是指对自然中各种规律的认识与学习，而是要对社会的伦理纲常进行体会认识。做君王的要明白仁义之道,做臣子的要明白恭敬之道,进一步,要明白为何为人君者要仁义,为人臣者要恭敬。

对于内省,朱熹以川流做比喻,来说明内省的重要性。天地万物来来往往而无有停息,这是道的本然体现,就像川流一般,因此学者要时时保持警觉,不断内省,才能与道相应。朱熹又以镜子比喻,我们的本心就像镜子一样,通透而清晰,但是一般人的内心已经沾染上了尘埃,内省就像是把镜子上的尘土拭去,恢复其本来的面目。

朱熹对德育的实施尤为注重为人师表的榜样作用,言传身教、立志、居敬、穷理、内省,朱熹不但要求弟子这样做,自己也是以此为准则,以自己的人格力量去感化学生。

五、借鉴价值

朱熹是宋代理学集大成者,是继孔子之后对中国影响最深远的教育家,用半个世纪在中国教育的土壤上辛勤播种,其详尽的理学体系以及教育论著对中国的影响生生不息,直至今日。全祖望曾称朱熹的思想为"致广大,尽精微,综罗百代",冯友兰在《中国哲学简史》中也对朱熹高度评价。

1. 思想对比

朱熹作为著名的理学家、教育家,不仅对中国历史产生了极大的影响,而且其思想远播海外,形成了日本朱子学、朝鲜朱子学、越南朱子学等分支。其中,日本朱子学中主要代表人物山崎暗斋,提出"回归于朱子学"的口号,一生专注于朱子学的研究,留下众多文献资料。

山崎暗斋名嘉,字敬义,是德川时代著名的朱子研究者,在日本创立了朱子学派,叫"新南学",又称"崎门学派",门徒多达六千人。在研究朱子理学过程中,山崎暗斋以朱熹思想中的"敬"为核心,加以引申,融入日本社会的发展需要,结合当时的日本神道学说,形成了与朱熹不同的思想体系。

(1)相同之处

朱熹与山崎暗斋的共同之处便是主敬,两人都强调敬字的重要性。

山崎暗斋在朱熹的基础上进行了发展。他继承了朱熹所说的敬为内心敬畏、警觉之状态,又进一步将朱熹的思想融入了日本文化之中,结合日本神道思想,发展出了垂加神道学说。在他看来,朱子学说与日本神道虽然表现形式不同,但其内涵有诸多的相似之处,故将两者以敬字贯通,相互结合。垂加神道中的"敬"就是要求遵从天理,崇敬神灵,忠君爱国,这也就是极端忠君,绝对服从。[①]

(2) 差异之处

在穷理致知方面,朱熹不仅主张以敬为核心,而且强调穷理致知。在朱熹看来,以穷理的精神去探寻万事万物的道理,最终达到豁然贯通的状态,便是穷理致知,而居敬则是在穷理致知的过程中,始终贯穿的一种内心精神状态。只有内心对万事万物怀有敬畏之心,又能保持清明与警觉,去专心探寻事物的道理,才能达到穷理致知的目的。可以说,穷理致知与敬心二者,相互交融,彼此促进,才能完整构成朱熹的理学思想。山崎暗斋则是强调敬的重要性,而忽视穷理致知。他认为求得圣贤之学的根本在于修身,而修身的关键在于居敬,以敬心求取圣贤之道,在学习圣贤之学开始需要敬心,在学习之末也需要敬心,敬心贯穿于学习的始终。

两人的不同之处还体现在对敬的不同理解上。在朱子学中,敬是一个内心守持的功夫,心正则为敬,所谓"敬以直内,义以方外"。说明心之涵养为敬,身之为人处世为义,在没有事情的时候,便专心修养心性,遇到事情时,便用自身的修养来判断是非,处理事务。山崎暗斋则是将"敬"解释为笃行,侧重于道德修养的实践性。在山崎暗斋看来,只有在日常生活中实践"敬",在行为上体现出"敬"的特质,才能做到齐家、治国、平天下。

2. 思想启发

朱熹作为一代理学大家,是哲学、教育、政治、经济、文章、兵法等多个领域的集大成者,无论是其百科式的学术成就,还是值得借鉴的人格修养与独创的

[①] 参见郑丽娟:《朱熹与山崎暗斋二家主敬思想的比较研究》,华中科技大学 2007 年硕士论文,第 27 页。

朱子读书法,都对我们有着极大的借鉴意义。

(1) 百科式的学术成就

在朱熹看来,外在的天地万物、内在的起心动念都是要格之物,并以誓不罢休的探索精神穷尽天下万理,并将道理推演至极,一切知识也就尽在掌握,百科成就也是水到渠成之事。

在朱熹的成就中,理学成就就像树干,其他各个领域的成就就像树上开出的形态各异、五彩斑斓的花朵。在当代教育中,虽不至于教育每个孩子如朱熹那样广闻博学,但教育内容上的广泛性却是十分重要的,从基本的洒扫应对礼节,到天文地理、诗词歌赋,都可以从知情意不同方面全面培养孩子。不仅如此,更重要的是,朱熹百科全书式成就背后是其深厚的理学、哲学基础作为铺垫。同理,孩子多方面的能力就像一片片翠绿的嫩叶,想要孩子能够多方面发展,最基本的枝干则需要善加灌溉,才能枝繁叶茂。因此,最基础的人生观世界观是最需要传达给孩子的,也许是最可能被人忽视,却也是最难做到的。乐观积极的人生态度、对待世界本原的看法,看似简单,却需要一辈子的时间来探究。

因此,教育中要树立孩子的主心骨,培养孩子一生的支撑点,这看似基本却也是任重而道远。

(2) 值得借鉴的人格培养

朱熹以明人伦为其教育目的,意味着道德修养在其教育中扮演着至关重要的角色,所有的措施方法都为达到此目的而设。

在教学过程中,朱熹是以立志、博学、审问、慎思、明辨、时习、笃行这样近乎自我修养式的要求来教育学生,强调要以成圣成贤为志向,要坚定不移;不仅要学习书本上的知识,还要以行万里路等各种方式去接触生活,接触世界这部活生生的著作;要无论尊卑、贫穷或富有,时刻以一颗谦卑的心向人请教问题,以批判的眼光去研究学问;要以事实为依据,培养独立判断的能力;要将所学所知都运用到实践中,影响他人,改变社会。

朱熹教育思想的重点在于对学生德行与人格的培养上,他认为好的修养是天理的最好体现,也是教育能留给孩子伴随一生的财富。而在我们如今的教育中,人格的培养可谓少之又少,一点点道德教育要么被智力教育所挤占,要么其本身内容对孩子现实的行为并没有什么指导意义。教育中人格德行的培养之路曲折又漫长,有时候不妨回首过去,看看古人是如何教育孩子,让孩子既做到了孝顺父母,又可以坚守信用,既做到了爱护他人,又可以亲近师长。

(3) 独创的朱子读书法

一谈到读书方法,现今更多的是教孩子一些读书的技巧、顺序等,很少关注孩子是否愿意读书、读不读得进的内心状态。而朱熹的读书方法,独特之处便是从孩子读书时的状态上要求,与其说是读书的方法,还不如说是在读书时调整内心状态的方法。

朱子读书法有六法,分别为循序渐进、熟读精思、虚心涵泳、切己体察、着紧用力、居敬持志。此六法中居敬持志为核心,并且环环相扣,层层深入,十分精彩。不仅仅在读书方面,在教育中,我们不是给孩子派发各种任务的命令者,而是孩子内心各种状态的调整者,我们需要将更多的精力放在孩子的内心上,去培养孩子强大的内心。

参考文献

[1] 武夷山朱熹研究中心编:《朱熹》,福建人民出版社 2005 年版。

[2] 黎靖德编:《朱子语类》(卷五、卷一一),中华书局 1986 年版。

[3] 朱熹:《四书章句集注》,岳麓书院 2008 年版。

[4] 郑丽娟:《朱熹与山崎暗斋二家主敬思想的比较研究》,华中科技大学 2007 年硕士学位论文。

王守仁

王守仁　心学

——致良知

1483年,王阳明在北京的私塾读书。有一天,他一本正经地问老师:"何谓第一等事?"这话的意思其实就是问,人生的终极价值到底是什么?

他的老师吃了一惊,从来没有学生问过他这样的问题。他看了看王阳明,笑笑,又思考了一会儿,才做出他自认为最完美的回答:"当然是读书做大官啊。"这在当时的确是标准答案,正如今天大多数中国人发家致富的"第一等事"一样,明帝国的知识分子们当然是以读朱熹理学、通过八股考试、进入仕途为毕生理想。

王阳明显然对这个答案不满意,他看着老师说:"我认为不是这样。"

老师不自然地"哦"了一声:"怎么,你还有不同的看法?"

王阳明夸张地点头,说:"我以为第一等事应是读书做圣贤。"①

一、早年求索悟道经历

王守仁(1472—1529),字伯安,浙江余姚人,明朝大儒,因曾筑室会稽山阳明洞(今浙江绍兴东南20里处),自号阳明子、阳明山人,又曾创建阳明书院于越城,故世称阳明先生。② 著作有《王文成公全书》38卷,主要教育著作有《答顾东桥书》《稽山书院尊经阁记》《训蒙大意示教读刘伯颂等》《教约》等。③

---

① 度阴山:《知行合一王阳明》,北京联合出版公司2014年版,第20页。
② 陈建华:《河源市文化遗产普查汇编·和平县卷》,广东人民出版社2013年版,第58页。
③ 参见孙培青主编:《中国教育史》,华东师范大学出版社2000年版,第243页。

王守仁从小聪明过人,5岁就过耳成诵,11岁便可随口赋诗。在他12岁时候,就立志当圣贤,于是出现了文章开头与私塾先生对话的一幕。从立志当圣贤的那一刻起,王守仁的一生便围绕圣贤之道展开,其间兜兜转转,从专研理学先辈朱熹的格物思想开始,再到研究佛理道家的思想,最终回归儒学,龙场悟道开创心学。之后在实践与发展心学的道路上招收弟子,传道授业解惑,晚年临终之前只说一句"此心光明,亦复何言"[1],便了无遗憾地为他的一生画上了句号。至于是否已成圣成贤,皆由后人评说。

1. 钻研朱熹格物之学

1489年,王守仁舟至广信,问学于理学家娄谅。娄谅喜欢佛道二家思想,深谙理学三昧,善于静坐,并把静坐当成是步入理学殿堂的敲门砖。[2]娄谅将宋儒的格物之学教授给王守仁,并说"圣人必可学而至"[3],相当于告诉他,你要当圣贤就要学习宋儒的格物之学。王守仁深以为然,从此开始研究理学格物之说。

在遍览先辈格物学说的经典中,一句"众物必有表里精粗,一草一木,皆涵至理"[4]让王守仁有了亲身实践的冲动。家中多竹,他就找来自家的竹子来格,盯之,思之,想之,七天七夜,理未得,病先得,最后只能悲叹自己没有做圣贤的天分,于是便跟随大流开始研究辞章学问,来考取功名。

其实多年之后王守仁才明白,"天下之物本无可格者,其格物之功,只在身心上做"[5],并在给学生讲格物之道时,常常用他早年学习书法的例子来证明。刚开始学习书法的时候,王守仁说自己只是临帖模仿,写出来的字也只是形上相似而已,之后写字便不轻易落笔,而是凝思静虑,在心中描绘字的形象,久而久之就精通了书法。后来读明道先生[6]的书,书中写道:"吾作字甚敬,非是要字好,只此是学"[7],表明先生写字并不是为了要写好字,而仅是为了学习写字这个

---

[1] 王阳明:《王阳明全集》,上海古籍出版社2011年版,第751页。
[2] 参见度阴山:《知行合一王阳明》,北京联合出版公司2014年版,第26页。
[3] 王阳明:《王阳明全集》,上海古籍出版社2011年版,第1517页。
[4] 同上书,第1518页。
[5] 同上书,第112页。
[6] 程颢(1032—1085年),字伯淳,世称明道先生。北宋哲学家、教育家、诗人,北宋理学的奠基者。
[7] 王阳明:《王阳明全集》,上海古籍出版社2011年版,第1517页。

过程而已。由此王守仁明了,古人任何事都是在心上练习,当内心训练越来越精熟的时候,字写得好就是自然而然的事情了。

2. 探访佛门道家之路

格竹未成之后,王守仁自叹缺少圣贤之才,遂转向辞章、兵法之类,然辞章无法通至道,兵法无法去前线,又寻师友于天下而未得,终日郁郁寡欢,旧疾复发,又听说道士懂得养生,就想出离世间进入深山修行。两年后,王守仁拜访九华山。当时有一位得道者,叫蔡蓬头,蓬头是外号,因为修道的人把名利看得不值钱了,所以自己姓什么、叫什么都没有关系。[①]此人善谈仙道之事,王守仁专门去山中的道观拜访他。蔡蓬头只说时机未到,避而不见。过了不久,王守仁再次请求相见,蔡蓬头依旧回了一句,时机未到。第三次王守仁再次相约,蔡蓬头回答说,虽然你拜访的礼节诚心而周到,但你放不下仕途,是不可能走修道之路的。于是一笑而去。

一年后,王守仁回到北京,当时京都学习古文之风盛行,王守仁认为有限的生命不该浪费在这虚妄的诗文上面,于是回到阳明洞中修行导引术[②],慢慢地,有了预知的能力。一天,王守仁在洞中打坐,他的好友王思舆等四人来访,刚刚出五云门,王守仁就让仆人外出迎接,并告知仆人他们过来的路线。于是仆人在途中与王思舆等四人遇见,四人来时的路线和王守仁说的一样,大家都很震惊,认为王守仁已经得道。但是王守仁之后自己却说,这些只是在玩弄精神罢了,不是真正的道。

王守仁的打坐功夫很好,在洞中静坐久了,有了想要远离世间归隐的想法,但是唯一放不下的是自己的亲人,十分想念祖母岑氏和父亲龙山公。这样又过了些时日,王守仁参悟到,这种对亲人的情感与思念是从出生之时就产生了,如果抛弃这种想念,就是断灭了人性。于是第二年,王守仁决定抛弃出世的念头,重新入世。

---

① 参见南怀瑾:《我说参同契》(上),东方出版社 2009 年版,第 16 页。
② 导引术起源于上古,早在春秋战国时期就已非常流行,为当时神仙家与医家所重视。中国三大古典导引术系统包括五禽戏、八段锦、易筋经。

3. 龙场悟道开创心学

王守仁步入仕途之后，提倡经世济民之学，在朝廷任官，多为百姓谋福，但当时宦官当道，王守仁也不免被无端牵连。1506 年，王守仁因在京师向皇帝直言上谏，得罪宦臣刘瑾而被贬贵州龙场。

龙场位于贵州西北万山丛棘中，多虫蛇，瘴气弥漫，当地人多为土著居民，语言不通。王守仁到达当地时，连一个栖身的地方都没有，只能自己带着随从一起建造居所。当时的王守仁，反观自己的心境，认为自己对得失荣辱已经不计较了，唯对生死一念还没有超脱。之后王守仁便在龙场日夜沉默打坐，以求静心得一。一夜，王守仁忽然大悟格物致知的要义，不自觉地惊呼："圣人之道，吾性自足"①，即圣人所传之道，在每个人的本性中都具备，不需要向外求取。又从《六经》《四书》中求证自己的体悟，得到验证，王守仁于是坚信自己体悟到的便是真正的道。度阴山的《知行合一王阳明》一书中对当时王守仁的悟道内容有这样一段解释：

> 圣人之道，从我们自己的心中求取，完全满足。从前枝枝节节地去推求事物的原理，真是大误。实际上，"格"就是"正"的意思，正其不正，便归于正。心以外没有"物"。浅近而言，人能"为善去恶"就是"格物功夫"。"物格"而后"知致"，"知"是心的本体，心自然会"知"。见父知孝；见兄知悌；见孺子入井，自然知恻隐；这便是"良知"，不假外求。倘若"良知"勃发，就没有了私意障碍，就可以充足他的恻隐之心，恻隐之心充足到极点，就是"仁"了。在常人，不能够没有私意障碍，所以要用"致知格物"一段功夫去胜私复理，到心的"良知"没有障碍，能够充塞流行，便是"致知"。"致知"就"意诚"了，把心这样推上去，可以直到"治国""平天下"。②

这便是王守仁的"龙场悟道"，也是王守仁开创心学的开端。

贵州龙场的三年，王守仁体悟到圣贤之道，之后的生涯便是随处随时讲学，将心学的理论化为实践，知行合一。而王守仁的仕途之路从离开龙场，继任庐

---

① 王阳明：《王阳明全集》，上海古籍出版社 2011 年版，第 1522 页。
② 度阴山：《知行合一王阳明》，北京联合出版公司 2014 年版，第 11 页。

陵县知县开始,也是一路升迁,一直做到江西巡抚,智取山西土匪、平定叛乱,直至王守仁父亲的去世,让王守仁放下了官场上的一切,开始专心讲学。如果说龙场悟道之前,王守仁是对道的求索,之后便是对道的实践。

二、哲学思想

在王守仁之前,朱熹提倡"理"是天地万物的本源,而要探求这个"理",就需要格物致知,穷物理,即通过外在的事物穷尽世间的道理,去了解天地万物的根本规律。而王守仁所创的心学,亦是要探求万物的"理",但是他不用穷物理的方法,而是从心上求,因为他认为心即理,万事万物皆存在于此心之中,所以求理只需从心上下功夫即可,"圣人之道,吾性自足",这便是阳明心学的思想基础。

1. 思想的确立——心即理

王守仁在亲身实践朱熹"格物致知"的理论后,产生了不同的观点,批判朱熹理论中心与理的分离,因为在程朱理学那里,理是于心之外独立而客观存在的本体。

王守仁在形成自己心学的体系后,举了一个例子来反驳朱熹的学说:于事物中求那客观存在的理,就好像是要向自己的亲人寻求孝顺之理,那孝顺之理是在我们的心中,还是在我们亲人的身上呢?如果亲人不在我们身边了,那我们就没有孝顺之心了吗?由此可知,想要寻求孝顺之理,不是从我们的亲人身上寻找,而是孝顺之心本来就存在于我们的心中,当我们把心中的孝顺之心显露出来之时,无论亲人是否在我们身边,我们都会孝顺亲人的。那孝顺之心其实就在我们先天的良知之中。所以王守仁提出致知格物,就是将我们心中的良知,比如对亲人的孝顺之心,运用到做事中间,那所做的事就是符合天理的。

王守仁提出心即理的理论,这是他整个思想体系的立足点。

那在王守仁看来,"理"是什么,"心"又是什么呢?他说:"理也者,心之条理也。是理也,发之亲则为孝,发之于君则为忠,发之于朋友则为信。千变万化,至于不可穷竭,而莫非发于吾之一心。"①理是有条理的心,包含着孝、忠、信等,千变万化无法穷尽,但是都归于一心之中。而"心之本体,无所不该"②,则说明了心不是我们肉体层面上的心脏,而是本初之心,无所不能的万物的本源。

王守仁认为,"心即理也。天下又有心外之事、心外之理乎?"③天下的事无须从心外用功,只在人的内心状态,当内心达到一定的状态时,外在的事情自然而然就会做成。心与理的关系便是"心虽主乎一身,而实管乎天下之理。理虽散在万事,而实不外乎一人之心。"④心虽然只是在人的身上,但是却包含了天地万物的道理。如果在心外想寻求事物的道理,是不可能通向至道的,但另一方面,只是专注在心上用功,会因为缺少理上的探求而产生偏差。在整体路线上,向内心去寻求道理,寻求本性,才是奉行圣人之道。

"身之主宰便是心,心之所发便是意,意之本体便是知,知之所在便是物。"⑤主宰我们身体的就是我们的心,心的变化就产生了意识,意识的体现就是我们的知觉,知觉能感受到的便是外在的事物。这里王守仁为我们揭示了从最根本的心,如何一步步演化到人的意识、觉知和事物的。心即理,心为本,做任何事情,从本源上入手,即从心上入手,保持心如如不动,是最有效的,倘若追求外物,则是舍本逐末。王守仁体悟到了这一点,所有的做事都围绕着从心上下功夫来展开。作为著名的军事家,王守仁把他的这一哲学思想用在了战场上。

王守仁用兵灵活诡谲,不按套路来,但多收效甚大。于是就有弟子问王守仁用兵是不是有什么特别的技巧。王守仁说,用兵哪里有什么诀窍,只是用心做学问,训练自己的心不再受任何事的干扰,保持心如如不动而已,这就是诀窍。因为人与人之间的智力、能力相差不大,胜负的关键在于敌我双方哪一方在作战期间一直能够保持如如不动的心。在平定宁王之乱时,王守仁在军营中正与人讲学,忽一位前线探子来报官军前线失利,军营中的其他人都面露惊恐之色,王守仁则起身出去向探子了解具体情况,回来后接着之前的话继续讲学,神色自若。不久,探子又来报,敌军溃败。军营中的其他人皆面露喜色,王守仁

---

① 王阳明:《王阳明全集》,上海古籍出版社 2011 年版,第 911 页。
② 同上书,第 89 页。
③ 同上书,第 2 页。
④ 同上书,第 39 页。
⑤ 同上书,第 6 页。

则起身出去,再去向探子了解具体情况,回来后依旧接着刚才的内容继续讲,神色自若。

再举一例。一日在战场上,王守仁所带的军队受挫,而当时风向发生变化,转为南风。王守仁就让一位士兵准备火攻的用具,那位士兵呆站在那里一动不动,王守仁又和他说了三四遍,士兵好像没有听到一般。王守仁就说,像这类人即使平日里足智多谋,但是临场惊慌失措成这样,智谋哪里还用得上呢?

王守仁在战场上,无论战况是喜是忧,总是拥有沉着冷静的判断,这是由于他在心上做功夫的原因。一般人面对紧张激烈的战况,特别是面对自己不利的局面时,是很难保持镇定的,更别说做出正确的判断了。

心即理、心与理一体的哲学思想,让王守仁明白无论做任何事情,要符合天理,就要从本源上探求,即在心上下功夫,而外在事物的作用,则是用来不断训练自己的心,达到不动的境界而已。至于具体如何在心上下功夫,下文会具体论及。

2. 思想的展开——知行合一

从"心即理"的本体出发,心中自有圣人之道,但是明白了本源问题,行为上得不到体现也是枉然,因此王守仁提出了"知行合一"的方法论,认为"知者行之始,行者知之成。圣学只一个功夫,知行不可分作两事。"即知即行,知行合一,当明白后就要在行为上做到,将道理上的明白与行为上的做到绑定在一起,明白一点就做到一点,这样才能在成圣之道上不断向前。这便是王守仁继"心即理"之后,以"知行合一"作为他心学思想的具体展开。

关于知行本为一,非为二,有这样一段王守仁与弟子的对话。

一日,弟子徐爱与人辩论先生讲的知行合一,因为徐爱本人并没有真正领会知行合一的本意,最终没有说服对方。于是徐爱就带着满肚子的疑惑去找王守仁,请教知行到底是一还是二的问题。

王守仁说:"你举个例子来说说看。"

徐爱于是举例说:"当今世人都知道要孝顺父母,尊敬兄长,但是有人会不孝顺父母,也不尊敬兄长,由此可知,知和行是两件事。"

王守仁回答说:"这种情况是人的即知即行的本体已经被私欲遮蔽了,没有知道了不去做的,知道了没有去做,是因为没有真正知道。在《大学》里有句话说,'如好好色','如恶恶臭',就是指出了真知真行的含义,见到好看的颜色属于知,喜欢好看的颜色属于行,当看到那好看的颜色时已经喜欢上了,而不是见了之后再立另一个心去喜欢。不喜欢闻到不好闻的味道也是这个道理,如果有人因为鼻塞,而闻不到近在眼前的臭味,他也就不会有讨厌臭味的行为表现出来,那就说明他没有'知'那臭味。同样,如果我们称,某人知道孝顺父母、尊敬兄长,那么就说明他已经在行为上能够做出孝顺父母和尊敬兄长的行为来了。这便是知行的本体,没有被私欲遮蔽的本体。圣人教人,就是要达到如此,这才叫做知,不然,就是未知。要达到真知,是要下功夫的,只是在辩论知行是否合一,有什么用?"

王守仁相当于解说了知行的本质,即知便能即行,做不到行的知不是真正的知,而这里的行,从王守仁的其他解说,我们可以看出,其实是包括念头、态度、情感在内的。但是徐爱还是有些疑惑,搬出了古人的一套说辞来问王守仁:"先生,古人说知行是两个,要做功夫的话,知和行上要分别下功夫的。"

王守仁微微一笑,说:"你这是会错了古人的意思,古人曾说过知是行的开始,行是知的成果,当真正明白知行的本意时,只说一个知,就已经把行包含在里面了,只说一个行,自然是把知包含其中了。之所以古人会说知行是两个,是因为当时需要教化的人们存在这样两种情况,要么做事懵懵懂懂,不仔细思维体察,只是随意去做事,所以要单独强调知的重要性;要么只是空想揣摩,不去亲身实践,所以要单独强调行的重要性。古人这是在对待不同的病症下不同的药而已。但现在的人会错古人之意,认为知行是两件事,认为一定要知了才能去行。因此,现在要提倡知行合一,也是对症下药。知行本是一体,如果真正领会知行的本意,说知行是两个或是一个,都没什么问题;但如果没有领会知行的本意,即便说知行是一体的,也只是胡说而已。"

对于知行合一的本意,王守仁也进行过具体的阐释。

当今之人,认为知行是两件事,当心中一个不善的念头产生,但没有落实到行动上时,就不会去想要禁止这样不善的念头。而王守仁所提倡的知行合一,就是要人明白,当有一个念头产生时,便是行了。若这个念头是不善的,就要将这个念头除去,而且是必须要将这个不善的念头彻底从心中除去才算数。这就是王守仁提倡知行合一的本意。

只有将心中不善的念头不断克去,才是贯彻王守仁提出知行合一的本意。因此,知行合一说到底,就是在心里就将萌发的不好的念头除去,而不要等到不好的念头外化到行为上来才采取措施。而为善去恶,不断保留善的念头,克去恶的念头,也就是下文提到的"致良知"。

3. 思想的完成——致良知

如果说知行合一是王守仁成圣之道上的方法的话,那么"致良知"则是这条道路上的方向,"致良知"的提出也是王守仁心学体系完整的标志。

"心即理"的心,不是指人心中的所有妄念想法,而是指其中符合天理的部分,即良知。良知一词,最早是孟子提出来的良知良能:"人之所不学而能者,其良能也,所不虑而知者,其良知也。"王守仁晚年总结的四句教中,"知善知恶是良知",则说明良知是知道是非善恶的一种知觉,通俗讲,良知就是天地良心。

王守仁认为,人人皆有良知,包括盗贼也不例外。有一个小故事。王守仁在庐陵担任知县期间,审判基本不用刑罚,而是以开导人心为本。有一次,县衙抓到一个罪大恶极的盗贼,面对各种审讯都坚决抵抗。于是,王守仁亲自审问他,他摆出一副天不怕地不怕的架势,"要杀要剐,悉听尊便"。王守仁只是随意说了一句:"今天天气太热,我们不审了,你把外套脱了吧,我们随便聊聊。"盗贼豪爽地说:"脱就脱。"过了一会儿,王守仁又说:"天气实在太热了,你把里面的衣服也脱了吧。"盗贼也不认为光着膀子有什么大不了的,于是就把里衬的衣服也脱了。又过了不久,王守仁说:"膀子都光了,不如把内裤也脱了,岂不是更凉快?"强盗这时候慌了,连忙摆手:"不方便,不方便。"王守仁说:"这有什么不方便的,你死都不在乎,还在乎一条内裤吗?看来你不是一无是处,还是有廉耻之心,有良知的呀。"盗贼被王守仁感化了,于是就全盘交代出自己的罪行。

人人内心都有良知,人人皆可为圣,就像见到父亲自然知道要孝顺,见到兄弟自然知道要友爱,见到儿童自然知道要爱护。之所以没有成为圣人,王守仁认为是因为内心的良知被物欲遮蔽了,就好像乌云遮蔽了太阳,无法让阳光遍照大地,但是太阳一直都在散发光芒。修习圣人之道,就需要把握天理,而天理存在于人人皆具的良知之中,因此想要成为圣人,便需要使我们内心被遮蔽的良知显露出来，即致良知，成圣贤。当良知充满身心之时，内心会特别真诚，即致知则意诚。

王守仁提出，以显发内心的良知为目的去做事做学问，这是从根源上着手，在一天天的练习中，时间越久人就会越智慧清明。世间一般人从各种事情中去寻求学问，就像无根之树，栽在河边，暂时能存活，时间一长，终究枯槁。只要内心的良知是真切发自内心的，虽然要做很多事，但是心不会被事所累，即使感到累了，也容易觉察到，然后克之。拿读书来举例，良知觉察到死记硬背是不对的，就把它克去；觉察到追求速度而不求质量的想法，就把它克去；这样整天以圣贤之心为标准要求自己，内心就是符合天理的。不论读多少书，都是用来调服摄受此心而已，有什么累的呢？

4. 思想的总结——四句教

王守仁晚年一心讲学，时值广西局势不稳，匪徒猖狂，朝廷启用王守仁，平定广西。即将前往广西之前，他对四句教"无善无恶心之体，有善有恶意之动，知善知恶是良知，为善去恶是格物"进行了详细的解析。

王守仁的两位弟子钱德洪与王汝中论学，钱德洪问王汝中，先生的四句教是什么意思。汝中说："先生的这四句话恐怕不是最究竟意义上来说的，如果说心的本体是无善无恶的，那么意应该也是无善无恶的意，知应该也是无善无恶的知，物应该也是无善无恶的物。如果说意有善恶，那么心之本体就有善恶在。"

钱德洪反驳说："心的本体最初是无善无恶的，但是人心上有积习在，就有了善恶。格物、致知、诚心、正意、修身，都是为了恢复那本心而做的功夫，如果原本就没有善恶，那些功夫也就不需要了。"

于是两位弟子找来王守仁，请求指正。

王守仁回答说："其实你们两个人的见解，正好互相补充，不能偏向一边。我这里招收的学生，有两种，一种是利根之人，直接从本源上悟道，心的本体是犹如水晶般晶莹剔透的。利根之人一悟本体，自内而外，全部参透。只是心上不免有积习在，因此要教他在意念上不断为善去恶，一段时间后，功夫做足了，本体自会现前。倘若利根之人本体功夫一悟尽透，而不教他在良知上实用为善去恶的功夫,只是空中楼阁般思考本体的模样,不过是一个不切实际的虚壳而已。因此,汝中的见解在我这里是用来教授利根之人的,德洪的见解在我这里是用来教授稍次一等的学生的。你们两位的见解要互相补充,切不可偏执一边。"

"四句教"是王守仁一生哲学思想的总结,从心的本体出发,到致知格物结束,也是圣贤之道的开端与终点。王守仁的心学不仅仅为我们展现了深刻的哲学思考,而且揭示了一种明善去恶、趋于至善的生活目标,一种无论在何时何地,处于何种时代,都适用的行之有效的生活目标。

三、教育思想

王守仁的教育思想是其哲学思想在教育领域的进一步阐释与运用,在"心即理""知行合一"以及"致良知"的基础上,提出把人培养成圣贤的教育目的,运用因材施教、循序渐进、启发式、教学相长等教育方法,以立志、勤学、改过、责善为教育原则,选用儒家传统经典四书五经为教育内容。

1. 教育目的——成为圣贤

王守仁从小就以成为圣贤作为自己的志向,他一生所有的行为都是围绕着成为圣贤而展开。王守仁经常谆谆教导弟子们,"诸公在此,务要立个必为圣人之心,时时刻刻,须是一棒一条痕,一掴一掌血,方能听吾说话句句得力。若茫茫荡荡度日,譬如一块死肉,打也不知得痛痒,恐终不济事。回家只寻得旧时伎俩而已,岂不惜哉?"

王守仁认为,圣人成为圣人的原因在于"只是其心纯乎天理而无人欲之杂"。人的内心完全符合天理之时就是圣人,就像金子里面没有一点铜铅杂质的话,就是纯金。王守仁又指出,世人在成圣之路上产生偏差,因为世人不知道让心纯乎天理就可以成为圣人,却认为圣人是无所不知、无所不能的,要将圣人了解的知识都学习完才能成为圣人,不从天理上入手,只会在成圣的道路上越走越远。而对于圣人是无所不知、无所不能的认知,王守仁也提出了看法,认为圣人的无所不知,也只是知个真理;无所不能也只是能按照天理来做事。但是天下事物，如鸟兽名称、草木种类等繁多杂乱，虽然圣人本体明了，但依旧是无法尽知这些事物。

成为圣人之后究竟是什么状态呢？王守仁说："圣人之心如明镜，只是一个明，则随感而应，无说不照。"举例来说，周公作礼乐来礼仪天下，是圣人所为，但作礼乐不是由周公之前的尧舜禹来作；孔子删六经来教化世人，是圣人所为，但删六经不是由孔子之前的周公来做。一件有利世人的事情，圣人只有在时代需要的时候才会去做。就像镜子，不用担心各种物品出现在镜子面前，只需担心镜子本身是否干净明晰，映照万物。因此，学者必须要学习圣人，让内心如明镜般明了，便能随缘应物，无所不照。又说："夫圣人之心，以天地万物为一体，其视天下之人，无外向远近。凡有血气，皆其昆弟赤子之亲，莫不欲安全而教养之，以遂其万物一体之念。"由此看出圣人之心是与天下人同心，视万物为一体，教化世人也是其本心而为。

虽然圣人是纯乎天理之人，与常人不同，但是圣人与常人的共同点在于，心中皆具良知。"夫良知即是道，良知之在人心，不但圣贤，虽常人亦无不如此。""良知良能，愚夫愚妇与圣人同"，王守仁的"圣人之道，吾性自足"让以成为圣人为目的的教育思想有了实现的可能。

想要成为圣贤的第一步，就是立志，而且王守仁和弟子提到，如果你们信得过，就仅仅只要立志即可，"诸公须要信得及，只是立志。"而立志则是念念存天理，而且能够一直不忘记，心中自然会凝聚天地正理，道家讲的"结圣胎"也是这个意思。所以，立志就是一念善念扩充而至身心内外，但是说得容易，真正做到念念不忘天理，其实是很难的。

由此可知，以圣贤为教育目标并不是口头上的概念，而是要切切实实以圣贤为志向，落实到行为上去，才能有所了悟，才能契合王守仁所提倡的圣人之道。

2. 教育原则

正德四年（1509），王守仁在贵州龙场建立第一所书院，名为"龙冈书院"。对于书院中的学生，王守仁制定了四条学规："一曰立志，二曰勤学，三曰改过，四曰责善"①,这自然也就成为四条教育原则。

(1) 立志

做学问要从本原入手,而这个本原就是立志。

对于立志的必要性,王守仁一再强调,"志不立,天下无可成之事,虽百工技艺,未有不本于志者。"②对于当时学生吃喝玩乐,颓废懈怠,一事无成的情况,王守仁认为都是因为没有立志。而立志为善的好处,是父母会欢喜,弟兄会高兴,族人也会尊敬信任立志为善之人。

能够时时刻刻不忘记天理,时间长了心中的天理自然会凝聚起来。"故立志而圣,则圣矣;立志而贤,则贤矣。"③所以立志的关键在于心心念念自己的志向,持之以恒,自然成圣成贤,就像种下的树苗种子,日夜浇灌,自然会长成参天大树,倘若不给树种灌溉,或是三天打鱼两天晒网,树种便会夭折枯死。

同时,立志要从一而终,不可三天一小变,五天一大变。立志贵专一,如果把握不好,就会让诸多的杂念私欲所蒙蔽。"志于道德者,功名不足以累其心。"④一个人立志在德行证道之上,是不会被名利之心所困扰的,但如果表面为了证道德行而立志,实则是为了追逐名利私欲,那么就不是真正精一的立志。当立志专一而持久到一定程度之时,就会达到孔子所说的"从心所欲而不逾矩"。

最后,以王守仁的一句话对此段做个总结:"盖终身问学之功,只是立得志而已。"⑤

(2) 勤学

立志为君子圣贤,则需要在事上勤奋用功。王守仁对自己的弟子,不以思维的敏捷聪明而是以勤学谦逊为上等人选。具体来说,勤学之人,要做到谦虚自律,能够静默独处,笃行志向。勤奋好问,称赞他人的善行,而不断反省自己的过失,效仿他人的长处,而明白自己的短处,对人忠诚讲信用,言行一致,这样的人才是同辈之中的榜样,是勤学的楷模。

---

① 王阳明:《王阳明全集》,上海古籍出版社 2011 年版,第 211 页。
② 同上。
③ 同上。
④ 同上书,第 22 页。
⑤ 同上书,第 41 页。

同时，在勤学的道路上，有三点需要注意。第一是勤学的方法问题。每个学生的资质和性格都不一样，没有统一的标准方法，需要学生自己去摸索，在王守仁心学大框架下，去寻找适合自己的学习方法。资质好的可以直接从根本入手再加以扩充，资质差的可以循序渐进而学，具体情况具体而论。第二是勤学的内容问题。学习的内容需要记诵各种书本上的知识，但要明白，从王守仁的角度来说，学习知识，从心上用功更为重要，致知格物，不可为了学习知识而落入对表面行为的执着。第三是勤学的方向问题。勤奋学习知识，并不意味着要尽可能多涉猎所有的书籍。要明白圣贤成圣成贤的原因，并不在于懂得知识的多与少，而是"吾道一以贯之"，他们精通了天地之道，"一生二，二生三，三生万物"。所有的勤学都是为了"得一"，如果这个方向没有把握好，那学习越多的知识，只会是偏离越远。

（3）改过

人非圣贤，孰能无过。上古五帝之一的大舜，有一个同父异母的弟弟叫象。舜在最初知道自己的弟弟想要置自己于死地时，想要弟弟改正过来的心太急，指出了弟弟这样做的不当之处，但这便是舜的过失。因为一般作恶之人都想要掩饰自己的过错，如果被人指出来，反而会激发了他的恶性。之后，舜明白了不应该去责备他人，而要把自己做好，就不断用自己正确的行为引导自己的弟弟，最终弟弟有了改变，并被委以重任。改过的核心在于，不是用一套行为标准去要求他人，而是用来要求自己。

守仁认为，人"不贵于无过，而贵于能改过。"不用说五帝之一的舜会有过失，即使是草寇强盗，只要一心想要改正过错，也是可以成为君子的。

改过的参照标准，即每个人都具备的良知。守仁要求子弟们，每日反省自己的行为是否符合对朋友忠诚讲信用，对父母孝顺恭敬，做事之中不忘廉洁的操守和羞耻之心。如果没做到这些，就要痛心悔过，改过自新。

改过的方法，可以是自己内心反省，也可以向老师、朋友求教，相互规劝排解过失。倘若认为即使改正，别人也不会再相信自己，而以此为借口，不愿意改正过失，那只会让自己的心愈加受到遮蔽。

改过之后的结果有两个方面。从个人的角度看，改过是成圣成贤道路上的必要经历，无论是克去内心的恶念，还是纠正不善的行为，都会去除内心的障蔽，使人内心澄明，良知得以显发。从社会的角度看，人人愿意改过，乐于改过，那么人与人之间不会看到彼此的过失而发生纠纷，而是只看自己做得不对的地方，不断改正，社会自然井然有序，一片和谐。

(4) 责善

自己的过失需要改正，而对于他人的过失，责善是需要方法的。如果诋毁他人的过失，让他人感到无所适从，只会让他人更加愤恨，愈加激发他人为恶之心，从而达不到责善的效果。因此责善是要有选择的，只有对那些彼此忠诚友爱，对自己信任有加的朋友，才可以委婉说出对方的过失，他才会听从并改正，也不会生气发怒。

此外，朋友之间的责善，要有智慧，要找到对方过失的根源，不要只是拘泥于行为的表面，浅尝辄止的责善对朋友有百害而无一利。王守仁认为，要把朋友的过失当做自己的过失，而不是怀有轻慢之心，轻易放过使对方改正的机会。而且怀有轻慢之心，不仅无法帮到朋友，也让自己的良知被遮蔽了，得不偿失。

对于弟子们的相互责善，守仁教导，责善的对象需要取舍，责善的方式需要婉转。而对于他人对自己的责善，守仁认为"凡攻我之失者，皆我师也，安可以不乐受而心感之乎？"对于他人的责备，守仁都是乐于接受，谦虚受教。

3. 教育方法

以下笔者总结出守仁教育方法一二，足以窥见整个心学教育方法的全貌。

(1) 因材施教

因材施教由孔子提出，王守仁在教授弟子之时也是深谙其道。

守仁认为："圣人述六经，只是要正人心，只是要存天理、去人欲。于存天理、去人欲之事，则尝言之。或因人请问，各随分量而说。亦不肯多道，恐人专求之言语。"[1]意思是圣人讲授六经的目的是为了匡正人心，即希望天下之人能够心中去除私欲，将自心纯乎天理。只要是能够扶正人心的事情，圣人都会去说去做。但是不同人来问，圣人会根据不同人的情况来说明，不会多说，因为多说了反而会有人执着于语言的华丽上去，就不是真正的求道了。因此，圣人如此为之，守仁亦如此效仿。

---

[1] 王阳明：《王阳明全集》，上海古籍出版社2011年版，第8页。

法无定法,最高法亦是无为法。当要达到的目标十分明确时,使用何种方法都是要因时因地来考量的。守仁的教育方法也是这样,以不变的圣贤之道来教化众弟子,而针对不同弟子的不同根器,其方法亦是不断变化。唯一不变的就是教人向善,成圣成贤是不变的。

《传习录》中,有一段关于王守仁因材施教的例子。

有一天,王汝止从外面游玩回来,王守仁问他:"出游见闻到了什么?"汝止回答说:"看见满大街的人都是圣人。"先生继续说:"你看到满大街的人都是圣人,满大街的人看你也是圣人。"

又有一天,董萝石出游而归,看见王守仁,说:"先生,今天我看到了一件很奇怪的事情。"王守仁问:"什么奇怪的事?"萝石回答说:"我看到大街上的人都是圣人。"先生解释说:"这是再正常不过的事情罢了,有什么好奇怪的呢。"

对于两位弟子相同的话,王守仁给出了不同的回答,原因在于汝止生性傲慢,对于"人人皆可为圣"这样的观点并不是很认可,开玩笑和王守仁说看到满街的圣人,而王守仁的回答则是从另一面激他,希望弟子能够真正认识到自性是可以为圣的,人人皆可为圣。而董萝石真的对王守仁的"人人皆可为圣"有所了悟,王守仁则进一步鼓励他,只要继续下功夫,人人都为圣贤就是稀松平常的事了。

由此可知,王守仁根据弟子资质的不同,学习的不同阶段,会采用不同的教育方法,皆是为了促进弟子在圣贤之道上不断前进。

(2) 循序渐进

虽说对于不同的人需要采用不同的方法,但是对每一个人而言,王守仁倡导无论是"致良知"还是做学问,都需要循序渐进。极少数的"利根之人,一悟本体,即是功夫。人己内外,一齐俱透了"[1],但绝大多数皆为中下之人,需要一步步慢慢来。

"致良知"是王守仁的核心思想之一,他认为"致良知"也是需要遵循循序渐进的方法,"我辈致知,只是各随分限所及。"在让良知显发的过程中,今天的良知达到某个层面,那就把这个层面的良知落实到行为上;明天良知又上了一层,有了新的领悟,那就将上了一层的良知继续落实到行为上,这才是精进的用功

---

[1] 王阳明:《王阳明全集》,上海古籍出版社2011年版,第110页。

在一个点上。比如,教童子,只能教洒扫应对、尊敬长者,因为童子的良知目前只能到这一层面,让童子去做圣人做的事情,是做不到的。守仁又以树为喻,树木刚刚长出幼苗,只浇一些幼苗需要的水就够了。等幼苗再长大些,就多浇些水。一棵树从幼苗长到参天大树,浇水的量都是根据树木所需要的水量而增加的。如若还是小幼苗的时候,就用一桶水来浇灌,便把树淹死了。

做学问也要像"致良知"一样,步步推进。守仁认为"为学须有本原,须从本原用力,渐渐'盈科而进'"。① "盈科而进"就是我们通常说的循序渐进。

"盈科而进"取自《孟子》的"原泉混混,不舍昼夜,盈科而后进,放乎四海"。就是说源头之水,想要汇入大海,必须昼夜前行,遇到坑洼之处,需将其填平才能继续前进,最终才能汇入大海。王守仁借用孟子的"盈科而进",同时又加入了自己的哲学,共同构成了循序渐进的教育方法,即告诫弟子们,学习需要下切实的功夫,从本原入手,一点点进步,不可急于求成,揠苗助长。

守仁用婴儿做比喻,说婴儿在母胎中无任何知识,出胎后刚开始能啼哭,之后能嬉笑,慢慢能够认识父母兄弟,能够站立行走,最后天下之事就都能做了。一个人在成长过程中,精神越来越充沛,筋骨越来越强壮,智慧也是越来越显发,这些都不是在婴儿一出生时就能获得的,是需要一个变化过程。做学问也要有个开始,有个本原,从这个本原上入手,循序渐进。

同成为圣贤一样,做学问的本原就是立志。守仁又以种树来作比喻。立志就像是种树,树苗刚种下时,是没有枝干的,长出了枝干后才有树叶,有了树叶之后才会开花结果。

(3) 启发式

启发式教学从孔子的"不愤不启,不悱不发,举一隅不以三隅反,则不复也"中沿袭而来,强调在教学的同时要培养学生举一反三、触类旁通的能力。

王守仁强调:"学问也要点化,但不如自家解化者,自一了百当。不然,亦点化许多不得。"②这里守仁的点化,如禅宗里的棒喝,在关键点上让弟子观照自心。强调对学生"点化"的同时,更看重学生自己有所了悟明白,不然老师再多启发都没有什么用。孔子与王守仁启发式教学的区别在于,前者重在诱导学生

---

① 王阳明:《王阳明全集》,上海古籍出版社 2011 年版,第 13 页。
② 同上书,第 107 页。

由一般原理出发,举一反三,触类旁通,从而培养学生认识、理解和应用知识的能力,而后者则偏重于教导学生自己去思考,去努力,从而培养学生的独立探究和发现真理的能力以及创造性思维的能力。①

在《书石川卷甲戌》中王守仁说:"先儒之学,得有浅深,则其为言亦不能无同异。学者惟当反之于心,不必苟求其同,亦不必苟求其异,要在于是而已。令学者于先儒之说苟有未合,不姑致思;思之而终有不同,固亦未为甚害,但不当因此而进加非级,则其为罪大炙。"②这是在鼓励学生做学问不必以寻求先辈之学中的共同观点或是不同观点为目的,而是叩问自心,探寻学问本来的道理。不必迷信权威,而是要学会独立思考,以内心的"良知"去解决学问上的难题。

由此可知,王守仁的启发式教学更侧重于学生在独立思考、自主学习方面能力的培养,也是"致良知"的具体体现,即良知是符合天理的,在自心良知的观照下,在老师的稍许点化下,去研究学问、独立思考就是符合天理的。

(4) 教学相长

"教学相长"来自于《礼记·学记》中"学然后知不足,教然后知困。知不足,然后能自反也;知困,然后能自强也。故曰教学相长也"。教学相长的含义是教与学是相互促进,共同进步的,王守仁在其教育体系中,对教学相长赋予了新的意义。

守仁从"谏师之道"谈起。"人谓事师无犯无隐,而遂谓师无可谏,非也。谏师之道,直不至于犯,而婉不至于隐耳。使吾而是也,因得以明其是;吾而非也,因得以去其非:盖教学相长也。"③学生对于老师应该是在不冒犯老师的前提下,去纠正老师的过失而不使老师的过失被隐藏。无论学生指出的过失是否正确,对于老师来说都是帮助很大的。守仁把学生帮助老师改正过失,从学生促进老师进步的角度称之为"教学相长",并且认为所有能够指出自己过失的人都是自己的老师。

唐代韩愈在《师说》中提到:"是故弟子不必不如师,师不必贤于弟子,闻道有先后,术业有专攻,如是而已。"老师与学生彼此之间是平等的,学生可以指出

---

① 参见常凤霞:《王阳明与卢梭自然主义教育思想之比较》,河南大学 2009 年硕士学位论文,第 56 页。

② 王阳明:《王阳明全集》,上海古籍出版社 2011 年版,第 903 页。

③ 同上书,第 213 页。

老师的过错,促进老师的进步,同样,老师也可以根据学生的状态不断调整教学,从而不断促进学生的进步。

王守仁的学问和他的教人,经历过三次变化。第一次是,学生的心杂念纷飞、难以安定,于是王守仁就教学生静坐,反观自心,将心念内收以止息妄念。第二次是,学生学习了静坐后,就只想着打坐不做其他事情,甚至是厌弃世间之事,于是王守仁就教学生知行合一,让学生反省自己是否做到了即知即行。第三次是,学生陷入了对知行合一言语上的争辩,而始终无法了悟本心,于是王守仁就教学生致良知。这便是守仁根据学生的变化,调整教学,不断促进着学生的成长与进步。

因此,王守仁教育思想中教学相长的具体内容在于,学生可以纠正老师的过失而助其进步;老师可以调整学生的状态而助其成长。教学相长的思想,不仅没有降低老师的地位,反而为老师赢得了更多学生的信任与尊重。

4. 教育内容

(1) 知识

四书五经作为儒家传统教育内容,也是王守仁教育弟子的入门典籍。

四书又称为四子书,是指《论语》《孟子》《大学》《中庸》。南宋著名理学家朱熹取《礼记》中的《中庸》《大学》两篇文章单独成书,与纪录孔子言行的《论语》、纪录孟轲言行的《孟子》合为"四书"。六经是指中国儒家学派创始人孔子晚年整理的《诗》《书》《礼》《易》《乐》《春秋》,后人称之为"六经"。其中《乐经》已失传,所以通常称"五经"。这六部古籍并非孔子所做,而是之前早已存在,孔子仅仅是对它们做了一些整理工作。

王守仁教书讲学之时,虽以四书五经为内容,但不赞成弟子死记硬背,甚至于沉溺训诂之学。以心学为指导思想的王守仁,要求学生从四书五经中抛弃繁文缛节的文字游戏,透过文字回归本原,悟到心的本体。王守仁说孔子也是担心六经中复杂的文字乱了天下人的心,于是删减六经,简单明了阐述出六经中的道理,希望人们能够从文字背后明白天地之道。"盖四书、五经不过说这心体,这心体即所谓'道心',体明即是道明,更无二。"①

---

① 王阳明:《王阳明全集》,上海古籍出版社 2011 年版,第 14 页。

王守仁认为,"《六经》者非他,吾心之常道也"①。五经作为王守仁教授弟子的教育内容,不是独立存在的,而是"吾心"中道的体现,同时王守仁又具体阐释了六经是如何体现"吾心之常道"的。"以言其阴阳消息之行焉,则谓之《易》;以言其纪纲政事之施焉,则谓之《书》;以言其歌咏性情之发焉,则谓之《诗》;以言其条理节文之著焉,则谓之《礼》;以言其欣喜和平之生焉,则谓之《乐》;以言其诚伪邪正之辩焉,则谓之《春秋》。"②《易》可以教人天地阴阳变化的道理,《书》可以教人如何有效施行政事纲要,《诗》可以教人抒发歌唱内心的感情,《礼》可以教人有条理、懂规矩,《乐》可以教人产生快乐平静的心态,《春秋》可以教人明辨真诚与伪善、邪恶与正义。

由此可见,王守仁以四书五经为教授内容,主要是要求弟子能够致良知,明其道。就像孔子删六经,以求让道简明于天下,王守仁亦是不惜焚书,以免弟子落入繁文之笼。守仁龙场悟道之时,将自己体悟到的内容与《五经》中对照,非常契合,于是著《五经臆说》。据说《五经臆说》原有四十六卷,是阳明用心学理论研究《五经》的心得体会,并未传授学生,后来"致良知"思想形成后,力求简明扼要,于是自认为《五经臆说》有支离烦琐的毛病,更不愿传授学生。有学生请示王守仁,希望能够学习,王守仁笑着拒绝了弟子:"我已经把这本书烧掉了。"所以钱德洪《续编》中所收录的《五经臆说》十三条,只是其中的极小部分。

四书五经作为传播心学的最佳手段,但不是停留在文字内容上,守仁将四书五经背后所阐释的精神与自己的心学思想相融合,借着弟子对四书五经中的疑惑,传授着心即理、知行合一、致良知的哲学思想。

(2) 道德

王守仁认为,"明明德者,立其天地万物一体之体也,亲民者,达其天地万物一体之用也","至善是心之本体,只是明明德到至精至一处便是"。人在天地万物之间不是独立存在,而是与万物同体,人的道德培养过程,就是培养与万物同体的过程。由此可知,德育不仅仅是局限在道德行为的培养上,其终极的目标是要培养人与万物同体之感,达到至善至仁的境界。

自古圣者皆视万物为一体,对待天下之人没有远近亲疏之分。世间之人刚

---

① 王阳明:《王阳明全集》,上海古籍出版社 2011 年版,第 886 页。

② 同上。

开始与圣者是没有差别的,只是慢慢有了自私的概念,被物欲遮蔽了本初之心,以至于父子之间、兄弟之间犹如仇敌般相互争斗。圣者于是用万物一体的仁义来教化天下,让人们去除私欲与障蔽,从而恢复心的本来面目。

圣者教授的内容,从尧舜禹流传下来,皆是"父子有亲,君臣有义,夫妇有别,长幼有序,朋友有信",唐、虞、三代之世都是以此为教,学者也是以此为学。当时,人与人之间,家族与家族之间都是同心同德,对这样的教法没有任何异议,都认为照着做的就是圣人,以此为勉励的就是贤人,违背此教法的,就是没有出息之人。下至乡野农夫、工人、商人等底层之人都学习这样的教法,完善自己的德行。这些基本的教法,不需要复杂的思考,没有繁杂的记诵要求,没有泛滥的辞章研究,没有追逐功利的氛围,只是要求人们孝顺父母,尊敬兄长,对朋友讲信义,就可以恢复万物同体之心。人们在圣者的教化下,社会和谐,国泰民安。王守仁认为,这便是道德教育的历史雏形,也是道德教育的社会作用。

同样,学校要以培养一个人的德行为要事。而每个人擅长的方面不同,比如有的人擅长礼乐,有的人擅长政教,有的人擅长播种,因此在培养其德行的基础上,也训练他们各自的能力。这便是学校中德育的作用。但同时,王守仁又认为这些外在的爱好或擅长的培养要有节制。他用种树来比喻培养德行,"种树者必培其根,种德者必养其心"①。要树木长大,一定要在树木刚开始长时修剪掉一些繁茂的枝干,要德行端正,就要在刚开始培养德行时去除一些外在的爱好。比如,喜欢诗文,那么精神就会渐渐漏失在诗文上面,所有其他外在的爱好都是这样的。

进一步看智育与德育的关系,根据王守仁的观点,就是"道问学"与"尊德性"的关系。"道问学"的目的是"尊德性",即做学问的目的是培养德行。没有单独去培养德行而不去学习的;也没有单独去研究学问而不涉及德行的。由此可以看出,在王守仁看来,德育与智育是一而非二,智育的目的就是德育,智育是下的功夫,最后结果是德行上的完善。

对于尊德性,这里德的内容,王守仁也进行了具体阐释。"'明德'是此心之德,即是仁"②,意思就是这个德行就是仁义之心,"仁者以天地万物为一体",即

---

① 王阳明:《王阳明全集》,上海古籍出版社 2011 年版,第 30 页。
② 同上书,第 24 页。

天下有一物有所差池,就是我的仁义之心没有圆满,没有做好。

王守仁还认为德行的培养方法,是只可意会不可言传的,但一定要用语言说出来的话,就是要相信培养德行的唯一方法就是立志,即一念向善的志向。

四、教育活动

王守仁的教育活动贯穿其一生,无论是培养儿童纯真无邪品质的蒙学教育,还是如火如荼的书院讲学,都是阳明心学具体实践的真实写照。

1. 蒙学教育

王守仁以心学为基础,提出"蒙以养正"的蒙童教育思想,在符合儿童天性的基础上,培养儿童纯真无邪之心。

蒙学教育刚开始是教儿童以明人伦,但慢慢地,人们抛弃了先人的教育,开始教儿童记诵文章词句,导致启蒙教育并没有发挥实质性的作用。

王守仁提出,教授儿童,应当以孝、悌、忠、信、礼、义、廉、耻为主要的教育内容。而教育的方法是用诗歌来理顺思想,用学习礼节来训练威仪,用读书来开发知觉。这样做的原理在于,儿童大多喜欢嬉戏而不喜欢被拘束,就像草木萌芽的状态,让其身心畅快则会不断成长,若是摧毁阻挠则会逐渐枯萎。因此教育儿童,一定要让他身心鼓舞,心中喜悦,那么成长与进步就是自然而然的事情了。

因此,对于儿童来说,需要学习诗歌、礼节以及读书来鼓舞身心。如果像近代之人那样教授儿童,每天只是督促儿童学习句读课文,责备儿童的行为而不知道用礼仪来引导他,想要儿童变得聪明却不知道用善良来培养他,鞭打儿童,就像对待囚徒一样,那么儿童便会把学堂当做监狱而不肯上学,把老师当做敌人而不愿相见。这是想让儿童为善,却把他们向恶处驱赶。因此,王守仁提出,"蒙以养正",意为蒙稚的时候应当培养儿童纯正无邪的品质。

王守仁在"蒙以养正"的教育目标下,定下教约,规定了老师与儿童在教育过程中都要做到的条约。具体内容如下:

每日清晨,师生互相作揖之后,先生就要问孩子:在家爱敬亲人的心是否真切？温清定省①侍奉父母的行为能否实践？在大街上往来行为是否放逸？言行是欺妄怪论还是忠信笃实？每位童子必须一一对照自己的行为，有则改之，无则加勉。

朗诵诗歌时，要整理仪容，安定内心，使声音清楚而明朗，节奏不急不躁。朗诵诗歌时间长了，就会精力充沛，心平气和。

学习礼节时，要端正心态，深思礼仪细节，考量容貌举止，行为从容不迫而不至于缓慢，举止谨慎而不至于拘束。时间长了，礼节逐渐熟练，德行也就稳固下来了。

老师讲授功课内容不在多，在于精熟。根据孩童的能力，如果可以学习两百字的就只教他一百字的内容，让他学有余力，不会产生厌学的情绪，而自然有意愿学习。读诵时，让孩童专心致志，心口如一。时间长了，自会礼貌待人，智慧渐开。

因此，王守仁的启蒙教育，不是约束儿童顽皮好动的特性，而是要让儿童身心喜悦，用诗歌、礼仪等开导儿童的天性，从而保持儿童纯真无邪的本质。

2. 书院讲学

心学关注自身内心的了悟，而师生之间相互的交流与切磋，有助于对良知本体更进一步的认识，鉴于这样的考虑，守仁建立书院，为师生之间的辩论交流提供一个平台。贵阳、南赣、越中、广西思田，王守仁所到之处都为心学的传播与发展创立或是修整书院，讲会作为书院活动的重要形式，也得以兴盛起来。

其弟子钱德洪记录当时王守仁讲学的盛况："环先生而居者比屋。如天妃、光相诸刹，每当一室，常合食者数十人，夜无卧处，更相就席，歌声彻昏旦。南镇、禹穴、阳明洞诸山远近寺刹，徒足所到，无非同志游寓所在。先生每临讲座，前后左右环坐而听者，常不下数百人。送往迎来，月无虚日。"②

王守仁的书院讲学之路背后伴随的正是其心学思想的演变与发展。

在王守仁龙场悟道之初，就开始与人谈学论道。在当地人的帮助下，王守仁创立了生平第一所书院——龙冈书院，将自己在龙场所悟之道传授给子弟。

---

① 温清定省：冬天使被子温暖，夏日让室内清凉，晚间给父母安睡，早晨起来问候安好。
② 王阳明：《王阳明全集》，上海古籍出版社2011年版，第110页。

其讲学的内容写成了文章《龙场生问答》,文中采用师生问答的形式,阐述了王守仁的一些经历,以及君子如何从事政治,如何事君,如何孝顺父母,如何处理义利关系等问题。王守仁还制定了《教条示龙场诸生》来勉励弟子,其中为弟子阐明了立志、勤学、改过、责善四条学规。

王守仁在龙冈书院的讲学影响深远,引起了整个贵州的轰动。史载,当时贵州提学副使席书,想邀请王守仁去贵州书院讲学,去拜访王守仁时,就想考考王守仁,问他如何看待朱熹与陆九渊思想的异同。而王守仁并没有正面回答席书提出的问题,只是告诉他自己所悟到的东西。席书很怀疑王守仁学问水平,于是离去。第二天,席书又来拜访,王守仁从《五经》诸子印证自己所悟到的知行本体,这样几次以后,席书由刚开始的怀疑到豁然大悟,明白了"吾性本自明也"[1]。于是席书修葺书院,率领贵州众学生拜王守仁为师。王守仁又开始在贵阳书院讲学论道,并开始提出"知行合一"的思想主张,并在日后的讲学中将"知行合一"的思想不断完善。

走出龙场之后,王守仁的仕途步步高升,四处为官,但仍不忘讲学收徒,更招收官吏为徒,传播心学思想。而大规模的讲学是从滁州开始的。滁州山清水秀,风景优美,王守仁突破了讲学正襟危坐的传统,将青山绿水当做最好的书院,在山水游玩之间给弟子讲学,点化众人,使得阳明心学受到了越来越多人的追随与仰慕。

之后王守仁官场失意,回到家乡余姚,将更多时间投入到了书院讲学之中,由此开启了守仁在家乡讲学 6 年的辉煌岁月。随着门徒不断增多,当地的郡守南大吉也来向王守仁求学问道,态度十分恳切诚挚,并以阳明心学为指引开辟了稽山书院,王守仁讲学其中,以《大学》中万物同体的要义,要求弟子求其本性,致良知以至于至善。而且每次讲学,前后左右围绕着的弟子能达到三百多人,盛况空前。这座稽山书院也是王守仁讲学的书院中,影响最广、教学质量最高的一座书院,对阳明心学的传播意义深远。

伴随着书院讲学的发展,许多经典著作由此诞生,如《答顾东桥书》《稽山书院尊经阁记》《亲民堂记》等,同时培养出了一大批优秀的弟子,成为日后阳明学派发展的重要人物。

---

[1] 王阳明:《王阳明全集》,上海古籍出版社 2011 年版,第 1522 页。

五、借鉴价值

对于阳明心学,很多学者会把它归类到主观唯心主义,但是近些年很多研究阳明心学的学者发现,阳明心学是多方面的,复杂的,其中包含的丰富教育思想很值得我们借鉴。著名史学家郭沫若曾说:"王阳明对于教育方面也有他独到的主张,而他的主张与近代进步的教育学说每多一致。"①因此,本书希望通过一些对比,归纳出阳明心学对于当代教育的借鉴意义。

1. 与卢梭的思想对比

从时间上看,王守仁与卢梭相差了两个多世纪,但就自然教育思想方面而言,两者有着一定的比较意义。

王守仁的自然教育思想集中体现在儿童教育上,围绕"致良知"理论而展开,认为教育要顺应儿童的个性特点和成长规律,促进儿童自然成长。卢梭的自然教育则是在《爱弥儿》中得到了具体阐述,认为要"按照孩子的成长和身心的自然发展而进行教育"②。下面就两位思想的异同之处进行具体分析。

(1) 相同之处

从理论基础上看,两人都以各自的哲学思想作为其教育思想的基础。王守仁的哲学思想核心即"致良知",内心的良知与自然天理相符,以"致良知"为目的,则便是以符合自然天理规律为目的,由此衍生出了自然教育思想。而卢梭则是一个"自然神论"者,认为自然界的规律不是客观事物所固有的,所有事物的良好运转,都应该归因于上帝,而上帝作为最高的主宰,无处不在,但并不干预人世间的活动,在人世间,人是一切的主宰。由此,卢梭对教育目的、方法、途径等方面的论述,皆是以他的自然哲学为基础。

从教育的原则和内容上看,两人都坚持教育要顺应儿童的年龄特征,循序渐进,逐步发展;同时要针对不同儿童的不同个性,在观察、了解的基础上,从实际出发因材施教;最后,两人都认为要进行德、智、体、美等多方面的教育,促进

---

① 郭若沫:《郭若沫全集》(卷三),人民教育出版社1984年版,第164页。
② 〔法〕卢梭:《爱弥儿》(上卷),李平沤译,商务印书馆1978年版,第29页。

学生身心和谐发展。

从教师观上看，两人都认为教师作为教育中的重要角色，不仅要有丰富的知识，还要有高尚的人品，以身作则，注重教师人格对学生的感化，提倡教师要尊重儿童、关心儿童、研究儿童、引导儿童，这样才能顺应儿童天性的发展，促进师生关系的良好发展。

（2）差异之处

教育目的方面，王守仁提出培养圣人的目标，认为教育就是在教人做人，而教育的最高目的便是要通过"致良知"，把内在的精神力量转化为道德行为上的自觉自发，最终成圣成贤。卢梭的教育是为了培养"自然人"，培养成身体强壮、心智发达、不依赖他人与社会，能够从事劳动、独立生活、独立思考的人。

教育方式方面，王守仁发展了儒家传统内省、克己的方法，强调内心体悟的教育方法，即要不断深入内心，反省自己，把心中的私欲抓出来，进行分析思维，最终彻底克服铲除。而卢梭的教育方式则是直接让学生到大自然中学习，注重学生对自然事物的直接接触与体悟。

道德教育方面，王守仁认为道德修养应该是贯穿终身，在不断更新与发展过程中完善人格，是一个无限循环与进步的过程。卢梭虽然和王阳明一样都提倡道德教育，但是他的道德教育是放在特定的时期进行的，因为卢梭认为，儿童时期是无法了解任何抽象概念的，需要等到儿童进入青少年阶段，他的心灵中产生许多愿望、情感之时，才能对他进行引导，进行道德教育。

2. 思想启发

从"心即理"思想的确立，到"知行合一"思想的开演，再到"致良知"思想的完成，在这一路的心学发展过程中，我们可以总结出以下几点启发。

（1）教师培养

读万卷书，不如行万里路；行万里路，不如阅人无数；阅人无数，不如明师指路。古代明师对于求学者的重要性是不言而喻的，而当今教师的水平对于教育的成功与否亦是起着很大的作用。

韩愈在《师说》中提到，"记问之学，不足以为人师"，"师者，所以传道授业解惑也"。老师，古代称之为先生，不是教学生背诵文章词句的，而是要传授天地之道,解答学生们困惑的。所以,作为老师,要"传道",首先自己要"得道"。王守仁作为著名的教育家、哲学家,其阳明心学远播古今中外,追本溯源,得益于其龙场悟道所得,"圣人之道,吾性自足",这便是王守仁的"得道"。

"道可道,非常道。"如果真正的道可以用语言说明,就不是真正的道了。那道是什么?

道家称之为道,理学家称之为理,西方又称之为真理。

《明朝那些事儿》中有一段从佛家、武学家、读书人的角度来描写"什么是道"。①

> 自古以来,有这样一群僧人,他们遵守戒律,不吃肉,不喝酒,整日诵经念佛,而与其他和尚不同的是,他们往往几十年坐着不动,甚至有的鞭打折磨自己的身体,痛苦不堪却依然故我。
>
> 有这样一群习武者,经过多年磨炼,武艺已十分高强,但他们却更为努力地练习,坚持不辍。
>
> 有这样一群读书人,他们有的已经学富五车,甚至功成名就,却依然日夜苦读,不论寒暑。
>
> 他们并不是精神错乱、平白无故给自己找麻烦的白痴,如此苦心苦行,只是为了寻找一样东西。
>
> 传说这个世界上存在着一种神奇的东西,它无影无形,却又无处不在,轻若无物,却又重如泰山,如果能够获知这一样东西,就能够了解这个世界上的所有奥秘,看透所有伪装,通晓所有知识,天下万物皆可归于掌握!
>
> 这并不是传说,而是客观存在的事实。这样东西的名字叫做"道"。
>
> 所谓道,是天下所有规律的总和,是最根本的法则,只要能够了解道,就可以明了世间所有的一切。

上段内容中,作者以幽默的文笔道出了千百年来仁人志士对于"道"的追求。随着时代的变迁,随着近代西方文化的不断渗透,不仅教育领域如此,其他领域亦是如此,人们舍弃了对看不见摸不着的"道"的追求与探索,更多开始关注对知识的获取与传授,教师也作为一种职业,开始大批量生产培训出来,作为

---

① 参见当年明月:《明朝那些事儿》,浙江人民出版社2011年版,第795页。

知识的通道,将知识灌输给学生。

所以,当今教师培养的定位确实需要重新考量。虽不至于要求每一位教师都能够像王守仁一样龙场悟道,但是对教师专业素养的要求,不应该仅仅局限在专业知识背景上,教师不能是单纯的知识的传话筒。

(2) 知行合一

"知行合一"作为王守仁心学思想的具体展开,强调知与行的统一,即知即行,将所学的知识运用到实践中,在实践中深化对知识的理解。

对教师而言,知行合一意味着教师要学习丰富的教育理论,研读大量的教育经典,从中学习各种有效的教育经验,并将其内容应用到教育实践中去,而不是理论学习上是一套,实践教学上又是一套。这就要求教师在学习理论的过程中,是以教育实践为导向,时刻要考察理论的可行性以及在实际应用中可能出现的问题,以此为目标,不断深化理论研究,再在实践中不断运用,促进教学水平的提高。

对学生而言,知行合一意味着学生在学习科学知识时,要去思考背后的原理,去做实验研究,自己去求证,去推理科学背后的逻辑关系,要从现象中发现规律,从规律中验证现象,而非只局限于知道一个答案或是一个结果;在学习道德知识时,不仅仅要在头脑中认知道德概念,还要落实到日常的生活习惯中,让书本上的文字变成行为方式的指导。

(3) 教学论

教学目标上,从追求知识转向于追求人格培养。

20世纪初西方兴起的认知主义与行为主义,开始强调学生学习环境的重要性,发展到现在,课堂变成了以掌握知识为教学目标。学习知识虽然有一定的必要性,但是过多追求知识而忽略了学生内心的需求,只会让教育的步伐无法向前。

在王守仁看来,教育目的是要培养圣贤。整个教学的过程就是良知不断付诸实践的过程,也是一个人的品格不断养成的过程。所以说,教学的目标不是注重学生知识掌握量,而是使学生在致良知的过程中,养成至善至仁的人格素养,最终促使学生将所学到的知识内化,所学技能也会如期掌握。

教学方式上,从灌输知识转向启发式教学。近代以知识传授为教学目标,导致了我国课堂上大多采用灌输知识的教学方式,学生成为知识的被动接受者。但是这种不注重学生知识内化的教学方式在不断受到新时代课程改革的考验。在阳明心学中,以"心即理"为出发点,强调外在的天理和人的内心是相融合的,外在世界的普遍原理是可以完全内化在个体意识中的,然后以内心中符合天理的部分"良知"为目标,让人不断体认内心的良知,再将内心体悟到的良知外化于外在的事物之中,在不断的实践中,内心对良知的体悟会越来越深,也就越来越接近天理。

因此,实现知识的内在意义化是重要的。在实际的教育教学过程中,我们可以精心设计教学的活动、游戏、情景,引导学生积极主动地、自觉地参与教学过程,通过观察、体验、反思,经过学生个体内部的思辨、整合和领悟,进而获得一种书本知识之外新的认识和感受,并且把这些认识和感受通过"致良知"的过程运用到现实生活之中。这样,既发展了学生的探究和实际操作运用能力,更丰富了他们的生活积累、社会阅历以及文化积累,学生也最终实现自身从人文知识向人文精神提升的过渡。[①]由此,从灌输知识的教学方式到启发式教学,才可以实现完美转变。

(4) 学生主体性

体现学生的主体性,教学中要让学生自己体悟和领会内容,才能真正提升学生的能力。如果学生只是知其然而不知其所以然,时间长了,学生的思维僵化,没有任何自主意识可言。王守仁认为,"夫学贵得之心,求之于心而非也,虽其言之出于孔子,不敢以为是也,而况其未及孔子者乎?求之于心而是也,虽其言之出于庸常,不敢以为非也,而况其出于孔子者乎?"[②]学习要善于独立思考,自己内心体悟到的才是真正自己的知识。如果内心体悟到的与孔子不一样,也不能否定自己的体悟;如果内心体悟到的与平常之人相同,也是可以肯定的。

教育中要培养学生主人翁的意识,不要迷信权威、随波逐流,而是要学会独立思考,有自己的理性判断标准,以批判的眼光去吸收、借鉴所学习到的内容。

---

① 参见贺艳洁:《王阳明心学的现代教学意蕴》,西南大学 2012 年硕士学位论文,第 46 页。
② 王阳明:《王阳明全集》,上海古籍出版社 2011 年版,第 70 页。

结语

中国古代的哲学，不是哲学知识，而是要求能够了知后去做到的。朱熹曾说过，圣人无法说清楚道德是什么，你只要去实践它，自己就知道了；就像我们无法告诉一个人一颗糖有多甜，只要我们给他尝一下，他就知道了。中国哲学传播的不是一种知识，而是一种需要实践的智慧。所以说，中国古代没有科学，因为一切都包含在哲学之中。阳明心学亦是如此。

对王守仁的学说，真正的深意必须是记其言、奉其行，从心上体悟，在事上练心，才能明白心学的一山一角，不然只凭文字的描述，只是概念性的游戏而已，无法在内心契合阳明心学的真正内涵。当明白了其思想的精髓并知行合一，在实践中不断加深理解，将阳明心学运用到教育学上来，必定会达到事半功倍的效果。

阳明心学中有价值的部分是传统文化的精髓，应该使之变成一种内生的源泉动力，作为我们的营养，让我们像古代圣贤那样格物穷理、知行合一、经世致用。

参考文献

[1] 王守仁：《王阳明全集》，上海古籍出版社 2011 年版。
[2] 度阴山：《知行合一王阳明》，北京联合出版公司 2014 年版。
[3] 当年明月：《明朝那些事儿》，浙江人民出版社 2011 年版。
[4] 南怀瑾：《我说参同契》（上），东方出版社 2009 年版。
[5] 陈建华：《河源市文化遗产普查汇编·和平县卷》，广东人民出版社 2013 年版。
[6] 孙培青主编：《中国教育史》，华东师范大学出版社 2000 年版。
[7] 郭沫若：《郭沫若全集》（卷三），人民教育出版社 1984 年版。
[8] 李森：《现代教学论纲要》，人民教育出版社 2005 年版。
[9] 贺艳洁：《王阳明心学的现代教学意蕴》，西南大学 2012 年硕士学位论文。
[14] 常凤霞：《王阳明与卢梭自然主义教育思想之比较》，河南大学 2009 年硕士学位论文。
[15] 〔法〕卢梭：《爱弥儿》（上卷），李平沤译，商务印书馆 1978 年版。

王夫之

王夫之　六经责我开生面

——因人而进　施之有序

1691年深秋,船山拄着拐杖,在清冷的秋风里,伫立自家的门前,眼望不远处山上一块像船一样的光秃秃的石头,心潮起伏跌宕,久久不能平静。很久很久,才回到房间。然后,奋笔疾书,作了《船山记》一篇短小的文字。船山称:"山之岑,有石如船,顽石也。"山顶上有一块石头,形状像船一样,就是一块顽石。船山以顽石自比坚定,说:"老且死,而船山者,仍还其顽石。"船山选定石船山作为自己的墓地,以为"此吾之山也"。①

王夫之(1619—1692),字而农,号姜斋,又号夕堂,湖广衡州府衡阳县人。处于明末清初动荡不安、兵荒马乱的时代,他经历了国破家亡的苦难,依旧坚持有所为有所不为的情操。王夫之又自称王船山,原因是其老年隐居之地有一山,山顶有一巨石如船。王夫之晚年以船山顽石自喻,表明了他至老依旧如顽石般坚实笃定的决心,坚定自己的学术,坚定自己的民族大义,一生不悔。

毛泽东曾说,西方有一个黑格尔,东方有一个王船山。"五百年来学者,真通天人之故者,船山一人而已矣。"这是谭嗣同对王夫之的评价,他的变法思想得益于王夫之。王夫之虽经历了朝代更迭,却终生未曾剃发易服。这样一个孤高耿介的人,一个在中国知识分子中都算是稀有的人物,他的思想影响了之后曾国藩、曾国荃、康有为、谭嗣同等许多人。

他是真正百科全书式的学者,一生著作颇丰,著有《船山遗书》,涵盖哲学、

---

① 参见王立新:《天地大儒王船山》,岳麓书社2011年版,第237页。

文学、史学、美学、宗教等多个领域,现存共 72 种,258 卷,其中涉及教育的有《周易外传》《读四书大全说》《张子正蒙注》《思问录》等几十部。①

一、生平简介

王夫之出生于湖南衡阳书香门第。出生之时,父亲已经 50 岁,母亲已经 43 岁。父亲兄弟三人,父为王朝聘、二叔王廷聘、小叔王家聘,三人从小接受儒家教育。二叔尤为喜欢研究庄子,王夫之后来对庄子的思想感受很深,多少也是受到二叔的影响。

王朝聘一生躬身学术,不仅涉猎当时流传甚广的理学,而且研究天文、地理、农业、水利等方面书籍,如此广泛的知识面直接影响到了儿子王夫之。不仅如此,王朝聘一生对国家抱有强烈的民族情怀,身处明清朝代交替之际,临终前嘱咐王夫之,誓死也不向清朝投降。可见,王夫之晚年拒绝不见清朝官员也深受其父亲影响。

母亲谭氏善良贤惠、持家有道,对王夫之的影响也不小。她为人大方,扶贫济弱,经常把家中剩余的钱财物品分发给贫穷、有需要的家庭。她认为不应该把有用的东西闲置在一旁,而应该使用起来,发挥它该有的价值。所以,钱就应该拿出来给人使用,如果存着不用,也就没有什么价值了,只是一堆破铜烂铁而已。于是,王夫之对于钱财的观念深受母亲影响,经常把自己的钱拿来和弟兄们一起花,剩余的则接济穷人,或是捐助国家。王夫之一生没有为了追求钱财而活,而是以更多的时间去报效国家,去传承历史文化。

王夫之 4 岁入私塾接受启蒙教育,到 7 岁时已经读完了十三经②,10 岁起父亲为他讲授经义。14 岁考中秀才,进入衡阳州学,两年后读完了州学中所有藏书。16 岁开始学诗,受教于叔父王廷聘,17 岁时已经能做出对仗工整的"鸢回碧汉临明镜,龙向江天护宝珠"诗句。当时的王夫之一心希望能够通过科举应试之路来开拓仕途为国效力,从 14 岁考中秀才后,中间落第多次,直到 24 岁考

---

① 参见贺韧:《儒家传统道德教育思想探析》,湖南师范大学 2006 年博士学位论文,第 65 页。
② 十三经:经书在南宋后通常包括十三部儒家著作,称为十三经。分别是《诗经》《尚书》《礼记》《周易》《左传》《公羊传》《穀梁传》《周礼》《仪礼》《论语》《孝经》《尔雅》《孟子》。

中举人。王夫之欲继续往下走时,历史的潮流已经开始涌向了另一个方向,农民战争席卷各地,时代的更迭即将展开,应试阶段也在历史的激流中草草结束了。

之后十年中,王夫之经历了颠沛流离的流亡生活,身边的亲人一个个逝去,家庭破碎,国家危难,于是便义无反顾投入了抗清复明的起义军中,但天不遂人愿,起义活动接连遭受失利。当时官僚也是争权夺利,腐败不堪,对于抗清的起义不闻不问。就在这兵荒马乱、战火四起的环境中,王夫之渐渐明白,国家的衰亡已积重难返。"邦有道,则仕;邦无道,则可卷而怀之。"报国无门,王夫之选择退而隐居山林,执笔著书。这一年,王夫之35岁。

对于王夫之来说,选择隐居,并不意味着可以安心择一处美景就此定居下来,而是意味着开始另一种颠沛流离的流亡生活,只不过之前是一边流亡一边谋划着抗清起义,现在是一边流亡一边要去著书讲学。当时明朝覆灭了,清王朝大面积缉捕抗清复明的遗臣,王夫之也被迫不断辗转迁徙各地,时常会躲藏在悬崖绝壁的山洞中,以采食山间野菜度日。即使有时能住在茅草屋里,也是简陋至极,一到下雨天,外面下着大雨屋内下着小雨是常有的事。晚年,有清廷官员来拜访王夫之,见其生活贫困,想赠送些日常用品。王夫之虽在病中,但坚持自己是明朝遗臣,不愿见清廷官员,也不接受任何馈赠,并写了一副对联,以表自己的志节:清风有意难留我,明月无心自照人。

王夫之不仅仅坚持着自己的民族大义,而且在与朋友相交中也是真心诚意待人。一次,有友人来拜访居住在石船山下的王夫之,王夫之自然十分高兴,倾其所有,置办美味菜肴来招待朋友,把酒欢歌,好不痛快。不知不觉间,天色已晚,朋友告辞离去,王夫之本想多送一程,但无奈年事已高,再加上病痛缠身,只能恭送朋友至门口,郑重地说:"君自保重,我心送你三十里。"朋友也是依依惜别,离开王夫之的草堂有十几里,突然想到自己的雨伞落在王夫之家中,又匆忙折返回去。来到家门口,看见王夫之还毕恭毕敬站在门口,心里默念着朋友走三十里的时间。

在隐居的艰苦环境中,王夫之不但坚持自己的人格品行,而且还坚持一边讲学一边著书。顺治十二年,王夫之借住在郴州晋宁山寺中,作《周易外传》七卷。同年八月,另一本重要的哲学著作《老子衍》也完成了,王夫之自称该著作是因为前人对《老子》多有曲解,欲正其义而作。

第二年,王夫之完成了重要的政治著作《黄书》,该书一共七篇,包括《原极》《古仪》《宰制》《慎选》《任官》《大正》和《离合》。首篇《原极》为全书之纲,论圣王严华夷之辨是效法天则;其余六篇,分题论述,《古仪》说立国遵古;《宰制》讲军区设置;《慎选》言慎重选举;《任官》明任官勿疑;《大正》申廉正之风;《离合》阐治乱交替。七篇相合,成为一套完整的治国方略。之后十几年里,王夫之迎来了著书立说的高峰期,写下十余部著作,包括阐述其政治、哲学思想的《尚书引义》,批判宋明理学的《读四书大全书》和《四书训义》,读《诗经》时记录下来的杂感编成的《诗广传》等。

王夫之不但著书丰富,讲学也是无有间断。王夫之的儿子在回忆父亲的讲学生涯时,曾经讲过一个故事。有一段时间,王夫之与弟子讲解自己著述,常常彻夜长谈。有一日,天寒地冻,寒风凛冽,王夫之丝毫不受影响,依旧给弟子们讲课。忽有一盗贼至,看到王夫之在如此恶劣的情况下,依旧专心教学,十分诧异,也深受感动,从此以后更是不敢冒犯。

数十年间,王夫之一心学术,研究名家经典,著书立说,直至74岁逝世。在去世前最后一段时光,王夫之写下一首绝笔之诗,来总结自己的一生:

荒郊三径绝,亡国一孤臣。
霜雪留双鬓,飘零忆五湖。
差足酬清夜,人间一字无。

字里行间可见王夫之到晚年都对故国山河念念不忘,内心孤独清苦。王夫之从35岁开始选择隐居山林,将一腔报国情怀转成笔端文字流传于后世,到74岁离开人世,将近40年的时光,颠沛流离,饥寒交迫,始终潜心写作。到了晚年,王夫之更是体弱多病,不能下床,就将笔墨纸砚放在床边,坚持写作。

王夫之的著作近百本,涉及面极其广泛,经学、哲学、史学、文学、政治、经济、法律等都十分精通,天文、医学、兵法、星象也略有涉猎,对于当时传入中国的西学,也稍加吸收。可见,王夫之的理论体系完备而系统,对于当今的学术研究具有很大的价值。

二、哲学思想

王夫之的哲学思想是对之前中国哲学的批判性总结,是在精研易理,反刍儒经,镕铸老庄,吸纳佛道,出入程朱陆王的基础上,在更高的思想层面上复归张载,驰骋古今,自为经纬,别开生面。①

1. 本体论

王夫之的本体论,是以"气"为本体,即认为世界是从"气"开始的。

程朱理学认为,"理"是产生天地万物的本原,"气"是在"理"之后生出来的,而陆王心学则认为"心"外无物,心才是宇宙的根本。王夫之则认为,阴阳二气充满太虚,此外更无他物。太虚便是气,气是宇宙本体的普遍存在。

"太虚"一词在中国古典哲学中经常出现,泛指广阔无边的宇宙空间和宇宙万物的起点。这个基本的含义在庄子和管子的著作中有具体论述,之后张载将太虚的含义进一步阐释,认为太虚并不意味着什么都没有,而是气散开来的一种本初状态。气散为太虚,气聚为万物。王夫之正是继承了张载的思想,同时进一步对虚无与实有的含义进行了辩证的论述。王夫之认为,看得见、听得到的是有,看不见、听不到的是无,但是仅从人的感官出发来判断有无虚实并不全面。比如伦理道德,想要描述其形状,无法描述,是虚的,但是伦理道德可以约束人的行为,它的作用是实的。由此,王夫之认为,气虽散为太虚,虽人看不见,听不到,却也是实际存在的。

王夫之不仅继承了张载气散为太虚、气聚为万物的思想,而且突破了张载以及前人对于气的界定。在王夫之以前,包括张载在内,把气定义为物质形态的空气,是吹拂在春天田野上的空气,也是我们吸入口中的气息。他们把物质形态的气作为世界的本原。而王夫之将气从物质形态层面上升到了本质化的概括层面,认为气不是我们正常可以感受到的空气,而是看不见、听不到的,但是确确实实存在的,就像柴草燃尽,只是其能量以另一种形式转化散开了,并不意味着消失、不存在了。这就类似于现代能量守恒的观点,也许我们可以将王

---

① 参见萧萐父、许苏民:《王夫之评传》,南京大学出版社2002年版,第87页。

夫之认为的气对比成能量,可能更好理解些。

由上可知,王夫之的本体论是以"气散为太虚,气聚为万物"中的气为核心本体,同时认为气并不是一般我们呼吸的空气,而是我们看不见、听不到的客观实体,将世界的本原从具体的物质形态中提炼出来,做了更加共性、本质化的概括。

2. 认识论

认识论回答的是人类认识的本质、结构,认识与客观实在的关系。王夫之从"气"的本体论上就已经不同于程朱理学和陆王心学,在认识论上自然也有一定的差别。

王夫之的认识论不是以"天理",也不是以"心"为认识对象,而是以客观存在的物质世界为认识对象,以人为认识主体,突出了人的主体作用,于是人的认知和实践能力也就成了主要探讨的问题,简称知能问题。

从认识的主体——人的角度,探讨人的知能,王夫之认为,"知能同功而成德业"①,即人的认知能力与实践能力是在交互作用中才能成就一个人的德行事业。人对于物质世界不是先有认知能力后有实践能力,也不是先有实践能力后有认知能力,两者是在相互作用中面向物质世界的。但是,在王夫之看来,认知能力与实践能力并不是完全意义的平等,从某种角度上来说,实践能力比认知能力更重要。从认识的作用看,如果离开了实践,认识也便失去了发挥作用的机会;从认识的检验上看,如果离开了实践,认识的正确性也就无从检验。用王夫之的原话,即"废其能,则知非其知,而知亦废"②。

从认识的对象角度,探讨客观存在的物质世界,不同于传统的格物致知理论,王夫之探讨的是整个自然界、人类社会,强调对天下万事万物规律的认识。自然规律是不以人的意志为转移的,就像天下的兴亡与朝代的更迭背后也是有其变化的必然规律,"治有治之理,乱有乱之理。存有存之理,亡有亡之理。"③认识到万事万物都有其运行发展的规律,是正确的,但是如果认为发现的普遍规

---

① 王夫之:《船山全书》(第1册),岳麓书社1988年版,第989页。
② 同上书,第990页。
③ 同上书,第934页。

律可以概括世上所有规律的话,王夫之认为这是十分荒诞的,也就驳斥了程朱理学中关于"一物之中莫不有万物之理"的说法。王夫之认为,天下万物之理,根据不同事物,有不同的规律,比如,动物生存成长的规律与植物不同,自然界发展演变的规律也是不同于人类社会的进化规律的。

王夫之的认识论以人为认识的主体,提出人作为认知主体时认知能力与实践能力的相互作用,同时以天地万物的规律作为认识的对象,强调不同事物存在着不同的规律。他突破了传统的理学与心学的范畴,实现了认识主体与对象上的转变,对中国哲学的发展具有重大意义。

3. 发展观

发展观探讨的是,世界是处于静止状态还是处于不断运动变化状态。

王夫之的动静观认为,无论运动的还是静止的,其实都是在运动中,看到的静止也是相对的,是一种静止的运动,静中包含着动,而动中不包含静,即"静即含动,动不含静"。

王夫之进一步引申到世界的动态观上,认为万事万物是在不断的变化中的,世间万物没有永恒静态不变的,时时刻刻都处于日新月异的变化之中。比如,一条河里的水,现在的水和古时候的水已经不一样了;一盏灯烛,今天闪烁的光和昨天的也已经不一样了。变化也意味着,今天好的事情明天可能变坏,今天健康的身体明天可能会生病,反之,今天坏的事情明天可能变好,今天病怏怏的身体明天可能就恢复了。对于这样变化不断的规律,王夫之也采取了积极的态度,认为人不应该守旧,而应该与时俱进,适应不断变化的规律,并且提倡为报效国家而献出自己的力量,因为如果你在有能力的时候不出力多做出贡献,可能在不断变化中,下一刻就失去所有的能力了。

因此,王夫之自己也是在学术道路上,生命不息,奋斗不止,不畏艰险与困苦,因为他深深懂得万物不断变化的规律,在自己有能力写作的时候,珍惜每一天的时间用来写作讲学,为民族社会奉献自己的一分力量。

一切事物的发展与变化都是在时空中进行的,时间与空间与世界的发展变化有着密不可分的联系。王夫之认为,如果时间是有限的,那在时间开始之前就没有时间了吗?如果空间是有限的,那在空间的界限之外是会有一个巨大的空洞吗？因此，王夫之认为宇宙在时间上和在空间上都是无限的。也许这样的观点在今天看来，并没有什么新奇，但是在当时，人们都是抱着宇宙是由一个原始的起点而生出万物的观点，王夫之无始无终的宇宙观是一种另辟蹊径的解释。

王夫之的哲学发展观，不仅认为世间万物处于不断的动态变化中，而且坚持着宇宙在时间和空间上无限，不可谓不是哲学上的一大进步。

三、六经责我开生面

"六经责我开生面，七尺从天乞活埋"，这是王夫之在其隐居之所自题画像上的对联。"六经"，指《诗经》《书经》《礼经》《易经》《春秋》《乐经》六部儒家经典。"责"，是责成、促使之意。上联说传统的儒家经典促使我去开创新的局面。下联进一步抒怀，慷慨激昂地喊出为实现志向，愿将生命置之度外的豪言。可见王夫之致力于儒家经典研究，为儒家哲学开辟新局面，为传统文化传承新思想的豪情与胆识，以及大义凛然的民族气节。

王夫之以其自身的学识与阅历对六经进行了新的解读，《诗经》《书经》《礼经》《易经》《春秋》《乐经》，王夫之的解说分别对应为《诗广传》《尚书引义》《礼记章句》《周易外传》《春秋稗疏》，其中《乐经》因已失传，王夫之并未专门为其著书，只是在其他著作中有对礼乐的评述。

1.《诗广传》

《诗经》本身是我国最早的一本诗歌总集，收录诗歌三百多首，根据音乐的不同，可以分为风、雅、颂三类。风是指各地区的民歌民谣，雅是贵族享宴或诸侯朝会时的乐歌，颂是宗庙祭祀的乐歌和史诗，内容多为歌颂祖先的功业。

王夫之在读《诗经》之时，从哲学、历史、伦理等角度出发，写下了一些杂感性文字，便成了《诗广传》。全书共选《诗经》194篇进行阐述，因个别篇章多论，故全书共有237篇，约占《诗经》的三分之二，可谓是研究《诗经》的专著。前两卷论《二南》和《十三国风》（98篇），第三卷论《小雅》（61篇），第四卷论《大雅》（48

篇),第五卷论《周颂》、《鲁颂》和《商颂》(30篇)。①

王夫之的《诗广传》特点有二。第一是以探究义理为主,解释字义为辅。在王夫之之前对《诗经》的解读,多注重说文解字,很少涉及文字内涵的解读,行文风格比较规范老套。而王夫之的《诗广传》多是对诗经义理的探究,或阐发哲学思考,或引用历史故事,或打破章节束缚,整体上把握。第二是饱含情感。王夫之一生颠沛流离、国破家亡,其特殊的人生经历在书中也能得到充分体现,时常会借诗经中的内容,抒发着亡国之痛,作为亡国遗臣的悲痛之情表现得淋漓尽致,同时又同情着民间百姓悲苦的生活。

王夫之不仅在《诗经》中看到哲理与抒发情感,也看到了《诗经》独特的语言魅力,这成为王夫之《诗经》研究的重要组成部分。《诗广传》既分析了"昔我往矣,杨柳依依;今我来思,雨雪霏霏"等情景交融的语言手法,将个人的情感融于周围景色之中,相映成趣;又评价《诗经》语言多含蓄内敛,不会将情感说尽说透,给人留有充分的想象空间,意犹未尽,增加了诗歌的审美意境。

《诗广传》开拓了研究《诗经》的新视角,对诗歌的分析不是就诗论诗,而是从内涵义理入手,分析其中的哲理和内涵,旁征博引、融古通今,又借诗抒发内心的深切情感,感人至深,同时别具一格地分析《诗经》的语言艺术,将《诗经》的文化与历史积淀表现得淋漓尽致。

2.《尚书引义》

《书经》也称《尚书》,是中国上古时期历史文献的汇编,部分会追溯古代历史事迹,多阐述仁君治民之道和贤臣事君之道,分虞书、夏书、商书、周书四类。

王夫之对《尚书》的评论式文字形成了《尚书引义》。从篇幅上看,《尚书引义》分六卷,前两卷论《虞夏书》,中间一卷论《商书》,后三卷论《周书》,总共八万多字。

从内容上看,与下面的《周易外传》类似,不是对《尚书》原文每一句话的注解,而是从每篇文章中挑出一两句话来,阐述王夫之自己政治或是哲学方面的观点。

---

① 参见李红霞:《六经责我开生面——王夫之〈诗广传〉探微》,广西大学 2010 年硕士学位论文,第 10 页。

《尚书引义》的主要内容多涉及哲学以及政治评论。

在哲学方面,王夫之论天人关系,反对传统的宿命论,认为天是无意志的,只是自然界客观规律的体现,但是人不同,人有主观意志,可以说人是通过自身的努力而达到圆满状态的;论主体与客体的关系,反对心学中心外无物的观点,认为能所有别,主观不能离开客观;论知行关系,反对宋明理学的知行观,提出知易行难、行先知后的观点;论格物致知的内涵,不同于前人对格物致知的理解,王夫之赋予新的含义,提出:"博取之象数,远证之古今,以求尽乎理,所谓格物也。虚以生其明,思以穷其隐,所谓致知也"[1],即格物是广泛研究各种自然现象,深入求证历史的原来面貌,以求切实把握其中的道理,而致知是内心虚怀明了,通过深入思维揭示事物背后的本质。

相对于《周易外传》中对时局政事的具体论述,《尚书引义》则更加偏向于泛论治国道理,或论不重视宰相的流弊,或论严重刑法的两面性等。

《尚书引义》将哲学与政治冶于一炉,内容上多评论,不仅对政治时局有论述,同时阐述了重要的哲学范畴:天人的关系、主体客体的关系、知行关系等,而非简单以文注经;行文上,篇与篇之间独立成文,洒脱肆意;同时对程朱理学甚至是老庄的思想都进行了批判,为当时的学术理论展开了一个新局面。

3.《礼记章句》

《礼经》相传由周公制定,后经孔子修订,记载各种礼仪制度,包括宗庙、宫廷、治军、婚嫁等,十分详尽。

王夫之关于《礼经》曾说过,"六经之教,化民成俗之大,而归之于《礼》。"[2]从中可以看出,王夫之认为礼教可以达到化民成俗的目的。一般而言礼乐不分家,如果说礼教是从人的行为入手达到化民成俗的目的,那么乐教便是从人心入手达到化民成俗的目的,而王夫之对于乐教的思想会在谈《乐经》时论及。

《礼记章句》写于王夫之晚年,并且这本书和《周易外传》《尚书引义》等不同,并不是选取其中的章句进行评论解说,而是顺着原书的脉络,疏通文章词句,间接发表自己的看法。书中每一篇都会解释《礼记》中对应章节的题目以及

---

[1] 王夫之:《船山全书》(第1册),岳麓书社1988年版,第312页。
[2] 同上书,第1171页。

大意,在每一篇最后有文末总结,十分完整。

王夫之在《礼记章句》中注重对华夏文明与外族夷狄、君子与小人等关系的阐述。书中体现了对华夏文明的独到见解,他思考如何延续并发扬中华文明,重塑民族精神等一系列问题。

《礼记章句》一改其风格,顺着原文逐字逐句疏文解字,同时又注重对华夏文明传承性的论述,丰富而又详尽。

4.《周易外传》

《易经》又称《周易》,最早形成于商周交替时期,是以八卦象征自然界的天、地、水、火、雷、山、风、泽八种现象,再根据八卦的不同排列,从而推测出自然和社会的变化趋势,预测人世间的吉凶祸福。

《周易外传》作为王夫之阐释《周易》诸多著作中的一部,以其哲学思想最为丰富、深切而为人所熟知。如果说王夫之的唯物主义因素大多来自张载的话,那么其辩证思维部分则是来自《周易》。王夫之一生对《周易》的研究随着其学术思想境界的提高而不断深入,历时也是十分漫长。他27岁开始注解《周易》,先后作了《周易稗疏》和《周易考异》两本书;36岁开始撰写《周易外传》这部哲理丰富、见解独特的巨著;57岁时,又编写了《周易大象解》;66岁垂暮之年的王夫之,还为弟子们写下了《周易内传》,按着传统的说经方法,正式注解《周易》。

《周易外传》分七卷,每一卷都并不引用《周易》原文,而是借着《周易》主题进行阐述。卷一至卷四分论《易经》六十四卦,卷五卷六论《系辞传》,卷七论《说卦传》《序卦传》《杂卦传》。[①]《周易外传》阐释了其哲学方面一些根本见解,是建立了王夫之哲学体系之作,涉及宇宙观、人生观等诸多命题。

作为奠定哲学基础的《周易外传》,王夫之引申了《系辞》中的"形而上者谓之道,形而下者谓之器",提出"天下惟器"的理论,认为道是因器之存在而存在,倘若器不存在那么道也会毁灭。他反对传统认为的道先于天地而存在的观点,主张道是事物发展的必然规律,不可能脱离天地而存在,同时主张事物之间是可以相互转换的,不是相互割裂而独立的。

同时,这本书还涉及对当时政治局势的评论,或斥责宦官当道,或劝勉各方

---

① 参见章启辉:《旷世大儒——王夫之》,河北人民出版社2001年版,第38页。

仁人义士起义，或表明自己隐居于林的心迹，或预言清王朝的岌岌可危。

王夫之的《周易外传》不仅阐述了其思辨的哲学思想，也透出了一份浓浓的忧国忧民意识，使得对《周易》的评说平添了特别的情怀。

5.《春秋稗疏》

《春秋》是由孔子修订的鲁国编年史，记载从鲁隐公元年（前722年）到鲁哀公十四年（前481年）的历史，是中国现存最早的一部编年体史书，书中的语言十分简练，几乎每个句子都暗含褒贬之意，笔法特别。

王夫之根据《春秋》写出了《春秋稗疏》，书中涉及书法、典制、天文历法、地理等方面，并且以考证地理为主，占了全书内容的一半多。

《春秋稗疏》特点也十分鲜明。第一，以纠正和补充杜预注解的《春秋》为主；第二，引用的文章经典十分丰富，从《论语》到《孟子》，从《战国策》到《山海经》再到《颜氏家训》等几十部经典，引经据典，使得王夫之的论述更加具有说服力；第三，书中往往自创新说，言前人未曾言，对后世影响很大。

不足三万字的《春秋稗疏》，因王夫之娴熟的历史地理学识以及研究上的精微与深入，自成特点。《四库提要》中评论《春秋稗疏》为"在近代说经之家，尚颇有根柢"①。

6.《乐经》

《乐经》传说是上古时期对于祭祀、朝会等活动所用乐曲的记录，但此书已经不存于世。王夫之因此也就无法专门针对《乐经》来进行评述，所以这里就简单从王夫之各部著作中挑选出关于音乐方面的论述，来阐述其音乐美学思想。

首先，王夫之认为，音乐的作用在于"诗言志，歌咏言"，在诗乐之中，以诗明其志，以乐言其意，音乐可以直达人的内心，疏导其情感。其次，王夫之认为，音乐的本质是人心对外物感受的体现，以变化旋律的形式将内心对外在世界的感受记录下来。人如果只知道声响而不知道音色，那与动物无异，如果只知道音色而没有乐感，也只是一般的庶民，如果能有很好的乐感，则为君子。最后，王夫之阐释了音乐的最高境界，便是像周礼中的音乐那样，将道德蕴含于音乐中，

---

① 永瑢、纪昀等编：《钦定四库全书总目·春秋稗疏二卷》，中华书局1997年版，第8页。

由人们传而习之,达到化民成俗的目的。

由上可知,王夫之对乐教赋予了深厚的内涵。

总之,王夫之的"六经责我开生面"不仅仅是对《诗经》《书经》《礼经》《易经》《春秋》《乐经》六部儒家经典的评论与阐释,还创造了全新的哲学、政治、历史和美学理论,而其间洋溢的,更是一种豪迈与魄力。

四、教育思想

王夫之坎坷而艰辛的一生,并没有阻止他"六经责我开生面,七尺从天乞活埋"的伟大抱负,反而促使他开启了在学术领域、特别是教育方面的新局面。从论述教育作用,到深入探讨教与学的关系、教学的本质、原则与方法,再到提出独树一帜的道德教育思想以及教师观,并为蒙童教育列出了一些注意与要求,王夫之的教育思想以其特有的光彩而被历史铭记。

1. 教育作用

教育的作用可分为对于社会的作用和对于个人的作用,王夫之因其特殊的成长背景,总是站在国家兴亡、社会治理的角度来看待教育的作用,对于个人的作用也有提及。

从教育的社会作用看,王夫之认为,治理国家不外乎两种方式,政治和教育,但是两者有先后与本末的差别。在先后上,政治是先于教育的,因为只有政治上安定了才可能有教育的发展;在本末上,教育是根本,是国家繁荣发展的根本性因素。以明王朝灭亡为例,当时官学名存实亡,日渐衰微,无法培养出有识之士,当国家遭遇危机时,已经没有可靠的人才挽救国难了。

对于明朝教育的没落,王夫之总结了三个原因。一是当时理学教育盛行,在理学几百年的熏陶下,学者们空谈心性,如空中楼阁般容易倾覆,以至于天子不知百姓疾苦,大臣们不知五谷之物,整个朝野上下与世间实际生活严重脱离,积重难返;二是固定的科举考试模式致使学者多为富贵利禄而求学,只知道揣摩八股文以求名利,而置国家安危于不顾;三是一些学士只知道闭门记诵文章词句,因为他们不满心性之学的空乏,而转向文章词句的研究,但依旧不关心时事政治,无法发挥知识的力量去改变社会。由此,针对这样的情况,王夫之站在教育的社会作用角度,提出主张。首先,教育权应该和政权、兵权一样收归中央管辖。其次,兴学校,讲正学。正学即是经世致用之学,王夫之主张学校教学的内容应当理论与实用相结合,强调让学者们学习礼仪、兵法、农业、法律、政治等实用的知识。最后,在学校教育内容上文武结合,既要教文科内容,也要教武力作战内容。

再从教育的个人作用看,王夫之首先从人性论出发,认为人后天养成的习性有好有坏,养成好的习性则为善,养成不好的习性则为恶。由此,他强调后天的教育学习对个人习性养成的作用。其一,影响人的先天潜在个性,使潜在的力量得到进一步的发展;其二,通过教育,个人习得知识和观念,从而养成良好的道德习惯;其三,通过教育可以纠正以前教育中的失误之处,改恶为善。

同时,在对个人的教育过程中,王夫之也十分强调学生积极的学习态度,认为教育的作用要发挥出来,在于人的自我悟性,自悟才能自得。"学,觉也",因此,王夫之在一边肯定教育对个人的巨大作用时,一边也在强调个人的自觉自悟,这样才算是真正的教育。

2. 教学思想

王夫之的教学思想,对教学问题进行了深入的论述,在教与学的关系、教学的本质以及原则与方法等基本问题上,都有着独到的见解。

(1) 教学的本质与过程

王夫之认为,教学的本质在于理清教师的教与学生的学的关系,教学其实就是在教师的指导下学生进行学习的过程。但是教的过程与学的过程虽然是同时进行的,却不是同一个过程,两者有着本质的区别。

王夫之认为,教师教的任务是要开阔学生的眼界,并且不断让学生接触更广阔的领域,而学生学的任务就是要对教师教的内容仔细思考,从而内化为自己的东西。进一步,学生的学习即对未了解的知识能够领悟明白,对未掌握的技能能够模仿练习;而教师的教授还要为学生指明探索未知领域的方法。

对于教学的具体过程,王夫之提出学、问、思、辨、行这五大过程。"学之弗能,则急须辨;问之弗知,则急须思;思之弗得,则又须学;辨之弗明,则仍须问。

行之弗笃,则当以学、问、思、辨养其力。而方学、问、思、辨之时,遇着当行便一力急于行去,而不可曰吾学、问、思、辨之不至而俟之异日。若于五者第一不可缓,则莫若行。"①

在王夫之看来,在教学过程中,需要对不会的地方进行辨别讨论,如果辨别不出来,则需要向同学或是老师请教询问,询问后依旧不明白,则需要细细思考,思考不出来的话,则需要继续学习新知识。如果学习后行为上依旧不够笃定的话,则需要继续一轮的学、问、思、辨来把知识领会透彻;如果遇到紧急的事情需要当下行动时,不能以学、问、思、辨的功夫还没做到位为借口,而不去行动。

对于学、问、思、辨、行具体的含义,王夫之也逐一进行了阐述。学与问,是学习新事物的初步阶段,通过眼耳口来感知具体事物,获得对事物的感性认识。思与辨则是开始了理性认知,思是用判断、推理等逻辑思维方法,来探求事物的本质规律,辨是用分析、比较等思维方法,来把握事物特性与状态。最后阶段的行,则是要在实践中检验所学知识的价值、意义,这样的学习才是有效的。

由此,在王夫之看来,教学的本质是教与学的交互作用,教学过程是从感性认识到理性认识再到实践检验的过程,可以说,王夫之把中国古代的教学理论又向前推进了一大步。

(2) 教学的原则与方法

在教师与学生互动的教学过程中,王夫之提出教学上也需要遵循因人而进、施之有序、启发教学、学思并重和注重实用的五大教学原则。

因人而进。王夫之指出,"君子之教因人而进之,有不齐之训焉"(《四书训义》卷十)。学生之间存在着差异,在性格上有刚有柔,有敏捷有迟钝,在志向上,有大有小,在知识储备上,有多有少,在品德上,有优有劣。因此,需要根据学生的不同层次进行不同方式的引导。

因人而进的关键在于,教师需要用心去了解学生学问的深浅,理解学生行为背后的含义,知晓其长处而善加利用,把握学生不足的地方而对症下药。而了解学生的第一步则是在接触学生时,就考察学生的品质,询问学生的志向,观

---

① 张传燧:《解读中国古代教育思想》,广东教育出版社2009年版,第130页。

察学生的行为,这样一步步来深入了解学生的内心世界。

在因人而进的原则指导下,王夫之认为虽然学生资质各方面有差异,但是没有不可以教育的学生,只要教师根据学生的不同特点,授以不同的方法,就能够充分发挥每一学生的才能,达到人尽其才的目的。

施之有序。如果说因人而进指要遵循因材施教原则的话,施之有序便是指循序渐进原则。

王夫之认为,事情有大小精粗之分,学理也有大小精粗之分,这样可以将事情分为粗小之事,精大之事,粗小之理,精大之理。应当对这四种事理都进行学习,只不过要遵循循序渐进的原则,从粗小之事开始学习,慢慢明白粗小之理,再学习精大之事,而后便明白了精大之理。如果一开始就想要一步到位,教学生以精大之理,那么教的人劳心劳力,学生也是费时费力,事倍功半,没有任何成效。

同时,在教的过程中也要遵循循序渐进的原则,体现在三个方面。即在教学时间上要连续不断,在教学的安排上要先易后难,在教学内容上要按照事物的发展规律与次序。

启发教学。王夫之认为,学生掌握知识需是一个主动学习的过程,如果学生自己没有领悟,只靠教师讲授,是学不到什么的。"若教则不愤而启,不悱而发,喋喋然徒劳而无益也。"(《周易内传》卷四)可以看出,王夫之的启发教学与孔子的"不愤不启,不悱不发"有着相同的含义。

同时,对于启发教学,王夫之提出三个关键要点。第一,启发要抓住时机,只有当学生对问题进行深入的思考,但仍无法解决时,教师才可以进行启发,当学生对问题思考有所得,但仍不是很清楚时,教师才可以开导。第二,启发要围绕问题开展,教师向学生就学习内容提出问题,使得学生对于内容由没有疑问转为产生疑问,进而积极思考来解决疑问,最终又回归到没有疑问的状态,从而对学习的内容产生了稳定的认知。第三,启发要从学生的兴趣出发,学生有兴趣则有心学习,教师因势作引导即可,如果学生没有什么兴趣而强制教授,则没有什么益处。

学思并重。王夫之认为在教学过程中,学与思两者不可偏废,学并不会妨碍思的进行,相反,学得越广博思得也越深远,正确的思考必有利于学习,思考上遇到了困惑则会更加勤勉学习。

但学与思在不同的情况下,是有主次差别的。王夫之指出:"大抵格物之功,心官与耳目均用,学问为主,而思辨辅之;所思所辨者,皆其所学问之事。致知之功,则惟在心官思辨为主,而学问辅之;所学问者乃以决其思辨之疑。致知在格物,以耳目资心之用,而使有所循也,非耳目有全操心之权,而心可废也。"(《读四书大全书》卷一)意思是,在学习格物之学时,既要用眼睛看、耳朵听,又要在心上做功夫,这种情况下,则是以学为主,思为辅助,所思的内容也都是学到的内容;而当为了致知的目的时,只是在心中体悟,则以思辨为主,学为辅,所学的内容也是为了解决思辨过程中的疑问。

同时,王夫之也提出,在思的过程中,思维的深度和广度要结合,在学的时候,不仅要达到感性的认识,而且还要上升为理性的认识,这样思与学相互结合,才能使教学效果得到不断的提高。

注重实用。当时的教学只注重教师课堂上的教授讨论,却不注重实际运用,由此,王夫之提出最后一个教学原则,教与学必当务实,注重实用,即"教必著行""学当有务"。

教师应当根据时代的需求而教授可以付诸行动的知识。"行不足以尽教之理,而教必著于行"(《礼记章句》卷二十四),即使在现实做事中不能用尽所教授到的道理,但是教授的目标必须是与实际运用接轨,能落实到实践中去。知识的尽头便是要落于实践,知识的功用也是为了更好地实践。因此,教与用应当结合,教授的内容必当与行为实践相结合,即"教必著行"。

学生的学应当是读古人之书,做当世之事,通晓古人书中的精华,为当今社会所用。"力行而后知之真",只有将所学到的知识应用到实践中去,才能检验知识的真伪,力行也是获得真才实学的重要途径。而且,如果没有亲身实践知识,有些知识的内涵是无法体会出来的。

王夫之在教学上"教必著行""学当有务"的注重实用的思想,与当时程朱的"读书穷理"以及陆王的"发明本心"有着很大的区别,在教学与实践中建立了一条可见的桥梁。

3. 道德教育思想

自孔孟老庄以来,对于道德教育的讨论一直经久不衰,王夫之在总结传统道德教育理论的基础上,构建了特有的道德教育理论。

(1) 理论前提

道德教育的理论前提便是对人性的探讨,基本的性善论与性恶论,已经成为对人性探讨的主旋律。王夫之的不同之处在于,对人性的源头是善还是恶并没有做过多的探究,而是从人性的发展特征上提出"性日生论"。

王夫之指出,"性者,生理也,日生则日成也"。王夫之认为,人性是伴随着人的成长而逐渐发展形成的,因此对于像仁义礼智君子之行为、声色味之欲,无论是上智之人还是下愚之人,都是有可能沾染的。对于人性中没有的可以日渐生成,对于人性中已经生成的但是不好的,可以革除。这便是王夫之人性论的基本思想。

由于人性不是善或恶,而是在人不断的后天成长中养成,所以,后天环境以及人向善的力量对人性的影响起着重要的作用,王夫之继而提出"继善成性"和"习与性成"的论断。"继善成性"是借鉴《易经·系辞传》中"一阴一阳之谓道;继之者,善也;成之者,性也",引申出人们能够把历史传承下来的阴阳圣人之道不断继承扩充,最终达到继善成性的目的。"习与性成"中的习是指人生存的外部环境、风俗习惯等,对人性的养成影响非常大。因为人有为善的可能,但是一个人从小生存的环境以及见闻会很大程度上影响其是否能够养成良好的习性,所以王夫之十分强调良好的后天环境。

如果说"继善成性"是侧重于人主观上继承先人之道来养成人性,那么"习与性成"则是侧重在客观的环境方面来培养好的习性。这样,主观和客观两个方面的共同作用才能促成人性日生日成,并朝着良好的方向发展。

(2) 主要内容

王夫之对于孔孟的道德教育观进行了批判和吸收,提出了"志""行""守"作为道德教育的内容。

"夫士有志、有行、有守,修此三者而士道立焉。"(《宋论 卷十四》)王夫之认为,能否立志是人区别于动物的标志,志向可以主导人心,防止恶习等不好的嗜好侵染人心。当提及立什么志时,王夫之提倡孔子"志于道"的说法。道是万事万物的必然规律,以志为道者,安民定国,传承绝学经典,见闻广博,心静气闲,将天下之人放在心中,静观万物生灭,所见所思所想,都与道同。行则是指行于义。义与道相辅相成,义即在万物相生之道下奉行的准则。王夫之认为,义是做人的根本准则,生命因遵循天地自然准则而显得弥足珍贵。同时,王夫之提出,将道德行为准则落实到现实行动中,与"仁"相近,即对君王效忠,对父母孝顺,对兄弟友爱。从某种意义上来说,仁义本一体,皆为立人之道、圣人之学。将仁义贯彻到底,富贵荣辱皆不会让人失去坚守,这就是"守","守"人的贞节操守、志向抱负。能守住内心志向之人,一切唯道是从,沉潜内心,坚毅而又对人宽容,宠辱不惊。

"志""行""守"三者,完整地构成了道德教育的主要内容。立志是道德教育的起点,志于道,便是最好的志向与开始;行为是道德教育的过程,行于义,便是最规范的准则与道路;坚守是道德教育长时间实施的结果,守住节操贞节,便是最崇高的价值与目标实现。

(3) 目的和方法

道德教育的理论基础与内容确立好后,接下来就要讨论道德教育的目的与方法了。

《大学》中提到"大学之道,在明明德,在亲民,在止于至善",又提到修身齐家治国平天下的教育修养目标。王夫之认为,要实现这样的目标,道德教育就要发挥人的主体性,只有充分发挥了人的主动性,才有可能进一步实现明明德、亲民、最后臻于至善的目标。

对于道德教育的方法,王夫之首先对宋明理学所宣扬的"虚静""守敬""诚明"提出了自己的想法。他把"虚静"解释为对事物不抱有任何先入为主的成见,虚怀若谷、心境澄静;把"敬"理解为视己为卑下,视万物为高上,从而对待任何事物都十分认真严谨的态度;把"诚"看作是对事物本然状态的客观态度,是什么就是什么,不加以分别看待;把"明"解释为内心一种明明了了的觉察认识等。

同时,王夫之认为道德修养方法不是偏向内心的自省,而是一种不落内外、中道而行的修养过程,从而他提出"虚中受外"和"以中裁外"两种方法。王夫之说天下修养道德无外乎两件事,要么从心上下功夫,要么从外物上下功夫,前者容易固守成见,后者容易没有主见,因此正确的态度应该是"以中裁外",内外不偏。王夫之这里的"中"指人的主观意识,"外"指外在的客观事物。"以中裁外"即要求人要有主动的自我意识,来判断外界的事物,否则容易陷入事物中而不自知。"虚中受外"则是指,内心如虚空一般没有任何的杂念与成见,这样对待外在事物会不偏不倚,恰到好处。

总之,王夫之的道德教育理论以人性日生日成为理论前提,从而提出志于道、行于义和坚守节操的教育内容,同时以发挥人的主体性为目的,以中道而行、不落内外为道德教育方法,形成了一套完整的道德教育体系。

4. 蒙童教育

《周易·蒙卦》中说:"蒙以养正,圣之功也。"如果人在儿童时期就接受良好教育,则更容易养成好的行为习惯,相反,倘若幼年时没有好好教育,染上了恶习,到成年后再改则会费时费力。由此,蒙童教育不断受到教育家们的重视,至宋代已趋完备,许多蒙学教材也日渐丰富,而王夫之对蒙童教育的贡献在于,对历史发展久远的蒙童教育提出改进的主张。

王夫之认为,在进行蒙童教育时,有三个要点需要注意。

其一,注重儿童的个性特征。王夫之认为,蒙童的总体特征主要表现在身体的虚弱和道德智力蒙昧无知的状态,从个体上看,在先天和后天,智力和非智力方面又有些差别存在。因此,应该在把握好儿童共有的弱与昧的基础上,再针对个体的差别和个性因材施教。

其二,以立志为本。王夫之非常重视教师对于儿童立志的教育,因为一旦从小立志于正道,则日后做人做事的道理很容易学会,而且远大的志向可以帮助孩子克服不好的习惯,培养孩子的自制能力;如果没有什么志向的话,就会随心所欲,没有约束,这样好的习惯得不到巩固,不好的习惯则会日渐增长。

其三,以教事为主。在传统的蒙童教育中,将儿童当作小大人看待,教学方法上,以成人的眼光来看待儿童,忽视了儿童本身的个性特征。到了宋明时期,蒙童教育更是偏向了学理和道德上的教育,很少在基本的洒扫应对事务上对儿童进行指导。王夫之虽然也重视以立志为中心的道德教育,但也提出教育儿童要以教事为主。而且教的顺序上也有讲究,要先事后理,先教小事小理,待儿童渐渐长大,抽象思维能力得到发展后,再教大事大理。这充分体现出王夫之注重教育要符合儿童身心发展的规律。

同时,王夫之作为一个大诗人,很注重对儿童的诗文教育,并且认为要想写出好诗,需要遵循三个原则。第一是言必有意,意必由衷,就是说写诗必须是真情实感,发自内心,不然无论用上多么华丽的辞藻,都只是浮于表面罢了。第二是情景统一,情感的抒发不是毫无根据的表露,触景生情,借景抒情,才算是好作品。第三是要创造与继承相结合,王夫之在诗文写作中十分强调独创性,反对拾人牙慧的行为,但并不反对学习借鉴古人的文风,丰富自己的写作经验。

5. 教师观

一个具备优秀素质的教师,会用其恒心与毅力来投入到教育事业之中,而且必定是博文广识,有着自己独到的见解与认知,以其言行一致的榜样力量感染着学生。王夫之对教师的必备素质和教师选聘提出了一些具有参考与借鉴意义的观点。

(1) 教师素质

首先,从事教师这个职业,必须"恒其教事",即要有恒心与毅力。王夫之本人也是"恒其教事"的模范,在选择讲学著书的那一日起,四十年如一日,无论生活多么清苦,身体病痛缠绕,一直没有放弃讲学育人。同时,王夫之指出,在漫长的教师生涯中,需要做的,就只有三件事,让学生悉数知晓各种知识,并让学生深信不疑,最终将学习到的知识在实际中践行,即"悉知之""决信之""力行之"。

其次,作为教师,要做到"明人者先自明"。教师作为传道授业解惑之师,只有自己首先明道,才能传道,站在山顶上的人才能为山下的人指明道路,否则只能是误人子弟,引人入歧途。如果教学生时只是复述书本上的文字,对学生来说,那与自己直接看书没什么差别。王夫之认为,一位贤明的老师必然会热心于广闻天下学说,以穷理而致良知,对于各种学说的高低精粗都了然于心,然后再去教人,并且能够根据所教学生的能力深浅而授以不同的方法与内容,但目的都是为了能够让学生像自己一样明道于心。学生如果能够相信这位老师,谨遵其教诲，慢慢地学习上的困惑疑问都会得到去除消解，并且能够在行为上体现自己的知识涵养。

最后，作为教师，王夫之认为，要正言正行。"师弟子者以道相交而为人伦。故言必正言，行必正行，教必正教，相扶以正。"(《四书训义》卷二十三)为人师表，行为世范，教师的言行对学生有着很深的影响，学生自然而然会对教师产生景仰之情，在不自觉中会模仿教师的行为举止、言语习惯等，当教师时刻以正言正行要求自己时，教出来的学生虽说学识上可能有所差别，但是为人处世上定以教师为榜样，时刻检点反省自己。

由此，一个愿意终身从事教育事业，并且在学术上已经"自明"，在言行举止上亦是规范得当的教师，便是王夫之认可的教师。

(2) 教师选聘

想要通过教育扶正人心，教化社会，王夫之认为，在教师的选择上必须慎之又慎。

王夫之指出，有两类人不能选为教师，第一类是比较聪明，在学术上偶有所得，便自立为一家之言，并且不顾及其他需要学习的内容，以新奇的方式吸引学生，使得学生喜欢自己的学说，但也使学生沉迷于这一种学说里而无法进步；第二类是文章记诵了很多，对各类学说都很熟悉，自以为已经融古通今，但其实对文章经典背后的深意并不知晓，从而指导出的学生也无法学到什么。这两类人均是哗众取宠、华而不实之人，对于学术没有自己的研究，只能迷惑学生，而无法引导学生进行有意义的思考，更别说担任学生的老师了。因此，在王夫之看来，只有那些博采众长、通晓古今、道德高尚的人才有资格担任教师这一职业。

五、借鉴价值

王夫之上百卷的文字，可谓是解百家经典，诉亡国之痛，创新式学派。他无论在哲学领域、教育领域还是其他领域都成就显著，现就其广博的学识涵养、崇高的人格力量以及丰富的教育理念三个方面来谈对我们当今教育的借鉴与启发。

1. 广博的学识涵养

王夫之的父亲王朝聘学术造诣深厚且广泛,不仅研究当时流行的理学,而且对天文、地理、农业、水利等方面都十分有心得,王夫之自小在这样的家庭熏陶下,自然兴趣广泛。

王夫之不仅在我们熟知的史学、哲学、宗教、文学、教育学领域游刃有余,而且精于天文历法、兵法、星相等。在王夫之隐居于常宁洋泉之时,有一天从洋泉赶场回家,路上忽然狂风大作,乌云密布,路旁的男女老少纷纷开始抢着收晒在地上的稻谷。王夫之见了,笑着和忙做一团的人们说:"乡亲们,不用收稻谷,不会下雨的。"其中一位农人以为王夫之在说笑,疑惑地问王夫之:"先生,大雨已经在离这三里外的洋泉下着了,马上就要下到这里来了。"王夫之解释道:"这场雨只会下在洋泉,不会过河来的。不信我们可以打个赌,大家先不要忙了,等一会儿又要将稻谷搬出来,何苦呢。"众人将信将疑,停下手中的活,忐忑地等着天气的变化。不一会儿,不仅六角寺上空的天气转晴了,连洋泉的雨也停了。众人无不惊叹于王夫之的天气测算能力。

上面主要体现的还是王夫之在天文历法方面的才能,其实王夫之最精通的还是在经学、史学以及文学方面的研究。在经学上,王夫之经历漫长的时间对六经的注疏,吸收当时宋学与汉学的长处,注重考据与义理方面的研究,并以文字学与音韵学为基础进行经学研究;在史学上,王夫之虽然著作不多,但其"日新"的历史观却十分创新,认为历史发展是有规律性的,并具有必然趋势,我们读史不仅要明白历史兴衰的变化,而且还要知其所以然,并加以总结;在文学上,王夫之写了大量的诗赋、散文等文学作品,文字流畅而富有逻辑性,独具创见。

以上只是简单概括王夫之博大精深的学识涵养,而从教育的角度来看,可以引申到当代教育内容上来,在广博知识的基础上,学生才有机会接触到一个更开阔的世界,才有更多选择的机会,才会为自己日后深入研究的领域做好铺垫,日后的路才会走得更远,而不会迷茫。

2. 崇高的人格力量

王夫之的人格魅力主要总结为四点。

其一，王夫之的爱国情怀十分浓烈。经历了明清朝代的更替，国破家亡，颠沛流离的生活依旧没有淹没王夫之热烈爱国的情怀，即使是在被清军搜捕之际，王夫之为表其对明朝的忠心，坚持不剃发易服，在最穷困潦倒、生存都困难的隐居时期，依旧不忘借着诗词文章抒发内心亡国的悲痛。

其二，慷慨豁达的人生态度。如果说对国家誓死忠诚的品格是继承于父亲，那么母亲则是赋予了王夫之善良慷慨的品格。王夫之从来对钱财没有过多的贪求，往往将多余的钱财分给需要的人，国家危难时刻也会捐给国家，受到了周围人的尊敬。

其三，王夫之对待朋友可谓是发自肺腑的真心诚意。上文提到的王夫之因年老体弱，无法出门送朋友一程，而只能说"我心送你三十里"的故事，其情感真挚令人感动。

其四，王夫之躬身践行言行一致的原则。王夫之在自己的居所题下"六经责我开生面，七尺从天乞活埋"的豪言，而他之后也是兢兢业业照着这样去做的。从选择隐居开始，生活便没有安定过，好不容易到了晚年稍微安定些，身体上又时常患病，无法下床，手指也经常麻木。正是在这样清苦的环境中，王夫之依然坚持写作著书，为了学生经常彻夜讲学。

3. 丰富的教育理念

教学方面，从王夫之提出教师指导下学生进行学习的教学本质，以及学、问、思、辩、行的教学过程看，我们的教学是一个系统的过程。不是单向的灌输式教学，而是在教师的指导教学下，使学生的知识不断深入内心，仔细思维，直至产生疑惑，然后尝试着自己去解答，再去询问同学或老师，再加以辨别认同，最后付诸实践，在实践中检验知识的真伪。这样的教学过程，是一个尊重学生，发挥学生主动性的教学过程，是我们当今机械而单方向灌输式的教学值得借鉴的。

再者，王夫之提出的教学原则，因人而进、施之有序、启发教学、学思并重和注重实用,这些虽然与前人提出的多少有些重复,但就是这些重复的、被教育家们一再提出的教学原则,是需要我们重视和学习的。每一个时代,都需要对这些久经锤炼的教学基本原则作出自己的解释和回应。

道德教育方面,王夫之与许多前人一样,强调立志的重要性,并且立志一定要志于道,道为大道,天道,就是要立志毕生追随客观的真理。以至上的天道为追求,躬身实践一生,开花结果,自然丰硕。我们应该看到,立志深入孩子的内心,那道德教育也算是成功了一半。

蒙童教育方面,王夫之提出了三条原则。可以看出,王夫之并不建议对儿童大量道理灌输,而是从教事入手,一方面可以让儿童在做事中自己领悟其中的道理,比纯理论讲解更加直接有效,另一方面可以从小培养儿童良好的教养与习惯,对未来的成长大有裨益。因此,我们在对儿童教育时,不应该以理论说教,而是要让他在一定的范围内,在做事中,领悟成长中所需要的道理知识,去探索未知的世界,去成就自己的一片天地。

参考文献

[1] 王立新:《天地大儒王船山》,岳麓书社 2011 年版。
[2] 萧萐父、许苏民:《王夫之评传》,南京大学出版社 2002 年版。
[3] 李红霞:《六经责我开生面——王夫之〈诗广传〉探微》,广西大学 2010 年硕士学位论文。
[4] 王夫之:《船山全书》,岳麓书社 1988 年版。
[5] 贺韧:《儒家传统道德教育思想探析》,湖南师范大学博士学位论文,2006 年。
[6] 章启辉:《旷世大儒——王夫之》,河北人民出版社 2001 年版。
[7] 永瑢、纪昀等编:《钦定四库全书总目·春秋稗疏二卷》,中华书局 1997 年版。
[8] 肖川、何雪艳:《世界近代中期文化教育史》,中国国际广播出版社 1996 年版。
[9] 张传燧:《解读中国古代教育思想》,广东教育出版社 2009 年版。

梁启超

梁启超　维新变法

——新民

> 故今日之责任,不在他人,而全在我少年。少年智则国智,少年富则国富;少年强则国强,少年独立则国独立;少年自由则国自由,少年进步则国进步;少年胜于欧洲则国胜于欧洲,少年雄于地球则国雄于地球。红日初升,其道大光。河出伏流,一泻汪洋。潜龙腾渊,鳞爪飞扬。乳虎啸谷,百兽震惶。鹰隼试翼,风尘吸张。奇花初胎,矞矞皇皇。干将发硎,有作其芒。天戴其苍,地履其黄。纵有千古,横有八荒。前途似海,来日方长。美哉我少年中国,与天不老!壮哉我中国少年,与国无疆!
>
> ——《少年中国说》节选

说起梁启超(1873—1929),可能我们联想到的便是百日变法的戊戌维新、慷慨激昂的《少年中国说》,其实历史中的梁启超更加丰满。他在文化中,积极倡导新文化运动,在学术研究上涉猎广泛,在哲学、文学、史学、经学、法学、伦理学、宗教学等领域,均有建树,其中以史学研究成绩最显著。在教育子女上,其九位子女均成为杰出的人才,在诗词研究、建筑学、考古学、经济学等领域均有涉及。晚年更是专心于学术讲学,著有《中国近三百年学术史》《新民说》《饮冰室主人自说》《中国文化史》《饮冰室主人全集》《李鸿章传》《曾国藩传》《王安石传》《饮冰室合集》等。

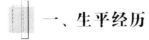

一、生平经历

梁启超1873年生于广东省新会县熊子乡的茶坑村,虽名为村,实为一岛,岛中有山，依山麓为村落。梁启超家族在祖父那一辈开始立志求学，并以宋明理学教导后辈。梁启超4岁开始读"四书"、《诗经》等，6岁读完"五经"，9岁能作千言文章，10岁赴广州应童子试，吟诗惊四座，得神童美誉。梁启超从开始识字到10岁都未曾进过学堂，皆由母亲、父亲和祖父教授，学习儒家经典，包括从最初的《史记》和《纲鉴易知录》到之后的《汉书》等诸多经典。

  梁启超在自述中提到家教，说谎这一行为是会受到很严厉的处分的。梁启超6岁时，不知因为何事说了谎，母亲发觉后，就在晚上将梁启超唤到卧室，让其跪下，严加盘问。母亲平日里温良贤德，终日含笑，但晚上发怒时的母亲让梁启超惊慌不已，偏偏又矢口否认自己的过失，最后被母亲力鞭打数十下，并不断教导梁启超，如果再说谎，便会变成盗贼，沦为乞丐。因为说谎的过失在于自欺又欺人，明知故犯，欺骗他人，在性质上与盗贼就没什么差别了，而且欺人者终会被他人知道，到时没有人会再信任你，那和乞丐也就没有区别了。当时母亲的一番教导一直被梁启超奉为名言，常记于心。

  1890年，18岁的梁启超拜康有为为师。第二年，梁启超在康有为设立的万木草堂学习，当时学堂开设七门课程：读书、养心、治身、执事、接人、时事、夷务（与夷人交往的事务）。康有为比较重视孔子的儒家教育，同时涉猎佛教思想，教授内容可以说相当广泛，古今中外，旁征博引，对之后梁启超的思想发展有着很大的影响。

  1895年，中日《马关条约》签订，梁启超与康有为等多人一起上书光绪帝，提出拒签合约、迁都抗战、变法图强三项主张，史称"公车上书"，并创办《万国公报》和强学会。1898年，百日维新失败，梁启超逃亡日本，之后辗转美洲、澳洲、新加坡等地，海外数年对梁启超的思想产生了很大的影响，1912年回国后开始主张民主共和之路，借鉴西方。1917年，梁启超辞去职务，退出政坛。而1914—1918年正是世界大战时期，不仅世界格局发生了翻天覆地的变化，资本主义的缺陷也逐渐暴露，梁启超开始重新审视西学与西方文明，并游历各国。他发现西方虽然物质发达，经济水平很高，但是人们的精神生活匮乏，人与人之间的感情淡薄，于是将目光转向了中国的传统文化，之后的讲学著书，皆以先秦诸子、史学和佛学为核心，由此梁启超的教育思想也得到了深入的发展。

二、思想基础

梁启超所处的时代正是中西文化不断碰撞的时代,人们一方面留恋传统、从传统文化中不断汲取先人的智慧,一方面又向往和接受西方涌入的文化观念。梁启超从幼时接受儒家传统教育,到师从康有为,认识上偏向新儒家,特别对王阳明钦慕有加,又融入了佛教思想,这些是中国传统的文化积淀。同时,他也开始接触西方学问,在海外数年,辗转各国,直接阅读西方名著,从福泽谕吉、卢梭、康德等许多东西方学者身上吸收了大量的西方近代学说。

1. 儒学与佛学相融

梁启超受老师康有为的影响,相对于程朱理学,梁启超更偏向于陆王心学。对于朱熹和王阳明的学问,梁启超有自己的见解。

梁启超认为,朱熹的方式是为达天下至道而穷天下之理,或者说是穷理久之,则豁然贯通。但是人生百年,光阴几何,通过这种穷理的方式,到最后一无所得者比比皆是。更何况,天下万物之理无穷无尽,哪怕是以牛顿的智慧为舟,驶向学问的海洋,所获得的也只能是海岸边的小石小沙。所以,想要以一个人的精力去探索全部知识,是不可能的。有句话叫:"为学日益,为道日损"。梁启超认为这句话将智育和德育划分了界限,智育是为学日益,是要学习世上万物的知识,常识也好,专门知识也好,都是在不断学习中了解更多的道理;德育是为道日损,德育需要完善人格,需要去除人性中很多不好的习惯,不断减少再减少,最后才能提炼出精炼而纯净的人格来。而朱熹的失误之处在于,用智育的方法来达到德育的目的。

对于朱熹,梁启超也不敢过多贬低,因为朱熹的学说,梁启超认为很多还是对人有很大帮助的,但是对王阳明的认同与仰慕之情,则溢于言表,"窃以为惟王学为今日学界独一无二之良药"①,并认为王阳明提出来的"致良知"是古今以来超凡入圣的不二法门。同时,梁启超认为,四书五经,千言万语,最接近至道的便是《大学》里的诚意说:"所谓诚其意者,毋自欺也"。其实,每个人内心是知

---

① 转引自董方奎、陈夫义主编:《梁启超论教育》,三环出版社 2007 年版,第 100 页。

善知恶、知是知非的,只要自己不欺骗自己的内心,就是做到了诚其意,也就是王阳明说的,以良知做当下的反省,即致良知。

同时,梁启超确信儒家和佛家是有共通之处的,并称自己的人生观也是从佛经和儒经中领悟得来的。他提到两点:

一是宇宙是在不断变化中的,需要人类不断付出努力,使其回归圆满。正因为是不断变化,所以达到圆满的状态不是我们一个人短短几十年的生命能够做到的。明白了这个道理,就不会因为做事没有做成而忧虑。世界的光明不会因为一个人小小的退步或是失败而灭去,只要人类一直在努力中,就是在进步,有了这样的心态,就不会在意一时得失。年轻人多烦恼,则是期望过多,以为经过一次变化与改革,社会就会圆满,但是发现现实是努力了好久,社会依旧满目疮痍,就不免失望至极。梁启超认为,其实做事不要往结果处想,甚至不要对结果有奢望,只管不断做好该做的事情就好。孔子说,"发愤忘食,乐以忘忧,不知老之将至","智者乐水,仁者乐山,智者动,仁者静,智者乐,仁者寿"。因此,梁启超认为,"天天快活,无一点烦闷气象,这是一件最重要的事"①。

二是人不是单独存在的,说世界上一部分是我,另一部分不是我,是不对的。所以孔子说"毋我",佛家也主张"无我",这并不是说将固有的我抛弃,而是本来就没有一个我。之后梁启超从科学的角度,从精神的角度,从社会的角度来阐释这个观点。梁启超认为,世界上本无我的存在,如果将这句话真的放在了心里,那成败得失便不会计较。佛说,"有一众生不成佛,我不成佛","我不入地狱,谁入地狱",孔子说,"诚者非但诚己而已也"。倘若将我们内心的私心去除,内心不再计较,那就能做到"仁者不忧"的境界,要忧也是"先天下之忧而忧",为父母、朋友、国家、世界而忧虑,但这样的忧虑是没有烦恼的。

梁启超将儒佛相融的思想变成了自己的人生观,变成了自己的信仰。他说自己常常快乐而没有忧愁,年老却精神不衰,皆得益于此人生观,得益于此信仰。

2. 西方近代学说的吸引

1890年,梁启超18岁,入京参加科举考试后,归途经上海,看到《瀛环志略》

---

① 转引自董方奎、陈夫义主编:《梁启超论教育》,三环出版社2007年版,第271页。

等书,开始知道世界上有五大洲和其他列国。1898年,戊戌变法失败后,梁启超流亡海外。海外数十年的生涯让他有机会接触到更多的欧美政治、经济、文化领域的学术流派,如果说在维新变法时期,梁启超还是从国家制度的政治层面来改革社会的话,之后便更多转向从道德、文化方面探讨中国落后的深层原因。

梁启超的海外生活大部分是在日本度过的。日本当时处于明治维新之后的繁盛时期,一方面向国民介绍其他先进国家的情况,拓宽民众的眼界;一方面倡导民权,宣传平等自由之说,培养国人的独立精神和社会责任感。日本人民也认识到国民的道德水平与国家的富强有密切联系。当时以福泽谕吉为代表的启蒙思想家都强调民众道德水平的重要性。梁启超也切身感受到了新思想对于社会改造的重要影响。

在西方思想中对梁启超很有启发的当属卢梭和康德。卢梭的《社会契约论》为梁启超开启了天赋人权和国家学说的大门。国家是在人民的自由意志之下,为保护自己的权利而缔结条约组成的一个整体,在国家中要强调人民的权利是神圣不可侵犯的,国家是权利的执行者,必须要按照人民的意志行使权力。卢梭的主权在民学说为梁启超的新民思想奠定了深厚的政治基础。而德国著名古典哲学家康德则为梁启超的思想奠定了形而上的哲学基础。"康德哲学把自由和必然二者既相互区分,又相互并列,以道德意志自由相贯通的理论就合乎逻辑地成了梁启超所最满意的答案。"[①]

三、新民思想

梁启超寻求能彻底变革社会、救国图强的方法,渐渐明白要想国家富强独立、长治久安,首先不是从经济发展上改,也不是从造船建炮的技术上改,而是要从国民的思想道德上入手,这是最有效也是最长久的方法。为此,梁启超积极进行新道德的宣传与传播,把国民道德改造作为改革图强的核心战场,而对于国民道德改造,梁启超赋予了一个名字——"新民"。

---

① 吕滨:《伦理与新国家:梁启超伦理思想研究》,江西教育出版社2000年版,第48页。

1. 新民的内涵

新民之新有两层意思。无论是对一个人,还是对一个社会,梁启超认为,一是巩固我们国家民族所本有的,二是弥补我们国家民族所缺失的。

但凡一个国家能够立于世间,一定有其独特性。"上自道德法律,下至风俗习惯、文学美术,皆有一种独立之精神,祖父传之,子孙继之,然后群乃结,国乃成。"[①]这种国民精神是这个民族的根,是这个国家长存的源泉,应当加以保存。但是保存并不意味着任其自由生长,就像树木,如果每年都无法抽出新芽,那么很快就会枯萎;或像井水,如果不能时常涌出新的泉水,那么离干涸也就不远了。而不断抽出的嫩芽与不断涌出的泉水,并不是来自外在,而是从原来旧有的树木中长出,从旧有的井水中涌出的,因此,需要不断改变与进步,才可以保存并更新国民之精神,这便是第一层新的含义。

但仅仅是巩固我们本有的国民精神是不够的,因为当时国与国之间的界限已经被打通,各国交集频繁,优胜劣败。在交通闭塞的昔日,圣哲所训示的内容可以教国人如何做君子,做族人,做天下人,但却没有教会国人如何在大国林立之间做好一个世界公民。因此,我们需要吸取各国各民族的强大与自立之道,来弥补我们不如他人的地方。同时,梁启超又提出,在当时,政治、学术、技艺,大家都认为需要借鉴他国,但是国人不知道我们老祖宗一直提倡的民德、民智、民力其实才是这些政治、学术、技艺的本源。因此,新字的第二层含义,弥补我们所缺失的内容,是需要慎重考量、有所抉择的。从这里可以看出,梁启超所提倡的新民,立场不偏不倚,不是一味追求西学而蔑视我们数千年沉淀下来的道德、学术、风俗习惯等,也不是墨守成规,认为仅靠我们祖宗留下来的数千年道德、学术、风俗就能够立于世界之林。平等地融贯中西是当时梁启超的风格。

2. 新民的基本特征

当时的中国正处于内忧外患之时,就像一个人身体羸弱,风寒暑湿等皆会入侵;倘若血气旺盛、身体强健,即使是冒风雪顶严寒,都不太可能生病。所以,梁启超认为当时中国自身的忧患更令人担心,并以拳拳爱国之心提出了知公

---

① 梁启超:《新民说》,云南人民出版社2013年版,第54页。

德、思进取、明自由的新民特征,迫切想要解救中国国民于水火之中。

(1) 知公德

梁启超认为,民众不把国家之事当做自己的事,是出于对道德的误解,不知道其实道德的根本精神在于利众,在于利益群体的发展,这便是梁启超提倡的公德。而当前中国政治没有大的进步,国运不济的根本原因,梁启超也是归因在民众不知有公德。所以,新民的第一个特征便是知公德。

人人独善其身,人人相善其群,梁启超认为,前者是私德,后者是公德,两者对于一个人来说都是不可或缺的。因为没有私德之人,都是一群愚笨虚伪之人,不能组成一个国家;没有公德的话,都是一群洁身自好、各扫门前雪的人,也不能组成一个国家。但从中国的历史发展看,是偏向私德的培养的,《论语》中的"温良恭俭让",《大学》里的"知止、慎独、戒欺、求慊",《中庸》里的"好学、力行、知耻"都是关于如何培养私德的。仅仅是私德的培养,梁启超认为并不能培养出完善的人格。"全体者,合公私而兼善之者也。"①

当时中国日渐衰弱,梁启超认为是由于独善其身的人士太多,享受着作为国民的权利却没有尽到国民的义务与责任。父母对于子女有生养哺育的恩德,作为子女则有报答父母恩德的义务。人人尽到报恩的义务,那么这个家族会兴旺昌盛。同样,国家对于国民也是一样的,如果没有国家,那么个人的财产性命都得不到保障,能力没有地方施展,天地之间也就没有了安身立命的地方。因此,作为国家的民众都有报效国家的义务与责任。如果明白了此道理,依旧独善其身只顾自给自足的话,梁启超认为,那就与不报父母恩一样,属于犯了大逆不道之罪。

因此,梁启超提倡公德的目的在于利群,有利于群众的行为便称为善,不利于群众的行为称为恶。知公德,行公德,便是新民。

推行公德的手段之一是办学会。理由在于"道莫善于群,莫不善于独。"维新派知道单靠一个人独自的力量微弱而又不知变通,而靠群体的力量则多智谋而强大。强大一是力量上的强大,二是智慧上的强大。老虎、大象等力大而凶猛,是力量上的强大,但是却轻易被人制服的原因在于人类是在智慧上的强大与变通,而梁启超认为,智慧上的强大体现在人是否合群。如果人不能合群,即

---

① 梁启超:《新民说》,云南人民出版社2013年版,第63页。

使再聪明,也不能组成一个强大的国家,所以维新派通过创办学会的方式大力整合群众的力量,一改中国当时社会风气散漫的现象。于是,公德作为一种新道德开始进入人们视野,公德的目的就是利群,提倡公德就是为了合群,公德成为联系群众的纽带与基础。

(2)思进取

梁启超认为,天下没有处在不进不退的中间的事情,倘若不进步那就是在倒退,而当时的中国在世界各国之中,便是处于倒退之列。优于中国的欧洲,其强大的原因可能有多种,但梁启超认为其中尤为重要的当属欧洲民族具有进取冒险之精神。

那什么是进取冒险之精神?梁启超借用孟子的话,称之为"浩然之气"。而养成这股进取之精神必须是根器深厚之人,并且要具备四个条件。

一是怀抱希望。亚历山大亲征波斯时,临行前将许多珍贵物件赠予群臣以示吉兆,没有留下一件宝物给自己,大臣们就问亚历山大:"王,您给自己留下了什么呢?"亚历山大回答说:"我留下了一件宝贝,叫希望。"梁启超认为人生有两个世界,一为现实,二为理想。完善现实需要实际的行动,而到达理想需要希望的力量。文明人与野蛮人的区别在于,野蛮人只求饥饱,饿了去觅食,饱了就嬉戏,只知道有今天完全不考虑明天;而文明人有希望,有理想,在现实的不断努力中达到预定的未来。因此,一个人对明天的希望越大,进取之心就越强大。

二是心中热忱。《史记·李将军列传》中记载,李将军外出打猎之时,看到草中隐没的石头,以为是猎物,用箭射之,箭头已经没入石头,只剩下箭羽露在外面。李将军走近了想拿猎物时,才发现自己射中的是石头,内心震惊万分。再次拉箭想射石头,发现再也不能像之前那样射入石头了。梁启超读到这段后,感慨人的潜能是无限的,差别只在于做事的动机是否热忱。天下英雄豪杰、忠臣义士以至于宗教家、探险家、美术家等,之所以能有大的作为,皆是因为有着对自己所从事事业的万分热忱之心。朱寿昌辞去官职,一路跋涉风雪,只为寻找流落民间的母亲,是因为爱其亲人;16、17世纪新教徒与教皇抗衡两百多年,死伤无数,未尝后悔,是因为爱上帝和爱真理。其实一般人都是害怕死亡而想要活下来,当有比生命更重要的东西时,才会誓死捍卫甚至不惜牺牲性命。《战国策》中记载,有一个小偷在集市上公然偷窃金子,官府将其抓捕,审问之,那个人说:"我当时眼里只有金子,而没有看到周围的人。"故有"见金不见人"之说。因此,天下英雄豪杰、仁人志士以至于宗教家、探险家、美术家等,为自己的事业献身之时,眼中也是只有理想、信念、正义等金子般的精神,而没有"我"的概念了。梁启超认为,这是热忱之心的极致状态,也是拥有进取之心的必备条件之一。

三是见地要高。梁启超认为,大多数人有恐惧心理,多是因为在道理上没有明白。孩童怕鬼,晚上不敢出门;河流湍急,碎石错落,不习水性之人不敢过;大雪积聚,山谷沟堑,不明地势者不敢行;审时度势之时,自己心中已经气馁,则进取之心也就萎靡了。而哥伦布发现新大陆,是坚信地图上的道理,知道一路航行,必将达到彼岸;当后有猛虎追击,穿林越谷必将神速向前;当住房烈火蔓延,必会快速逃离;如果是婴儿,对老虎的凶猛和火势的危机没有概念,便会依然在原地嬉戏玩乐。因此,梁启超认为,见地上的高低决定了进取之心的强烈程度。

四是胆力过人。拿破仑说,他的字典中是没有"难"这个字的。英国名将讷尔逊也说,他还没有见过令人害怕畏惧的事物,更没有感受过害怕的感觉。实际上拿破仑所经历的困难之境多不胜数,讷尔逊所遇到的可怖之事也不少,但是拿破仑和讷尔逊就好像所经历都是很平常的一样,这样的气势足以胜于一般人了。梁启超认为,这与佛教中三界唯心的说法很像,当自心认为自己做不到、自己有所畏惧的时候,就会真的做不到而畏惧了;当自心认为自己可以做到,并且无所畏惧的时候,就真的可以做到而没有畏惧了。梁启超称:"此其理真非钝根众生之所能悟也。"①同时,胆力的养成也需要有强壮的体魄,要经常训练身体,"精神愈用则愈出,阳气愈提则愈盛"。②因此,要培养过人的胆力,则需要以拿破仑、讷尔逊、曾国藩等英雄豪杰为榜样。

(3) 明自由

当时的中国,自由已然成为青年人的口头禅,而作为新民,如果要一直享受文明自由之福,则要明白什么是真正的自由。梁启超给出了如下的论述。

个体的自由,应该以不侵犯他人的自由为界限。那有人就会质疑,既然不

---

① 梁启超:《新民说》,云南人民出版社 2013 年版,第 82 页。
② 同上。

能侵犯他人的自由,就已经不自由了。因此,梁启超认为,所谓自由,其实说的是团体的自由,而非个人的自由。野蛮时期,个人很自由,因此没有团体自由可言;文明时期,团体自由,则个人的自由就会有所减少。团体与个人的自由达到一定的平衡才好。倘若一味倡导个人的自由,那么欠债的人不会还债,说谎的人不会认错。真正的自由绝不是一个人肆意放纵自己,必是自律而会服从。纵观天下世界,梁启超认为,最善于服从的非英国人莫属,举止之间以绅士精神自律,行为之间以法律为规范,而最享受自由幸福的也是英国人。"计利当计天下利,求名当求万世名。"古代圣哲皆非为一己私利谋求个人的自由,都是将天下人之自由、国之自由放在心上。因此,要自由就要从学会服从开始。

如上面所说,如果想要寻求真正的自由,个人的自由就不考虑了吗?其实不是的。实现团体的自由也是需要保障个人的自由的,而自由又是相对于奴隶而言,想要有个人的自由,梁启超认为,需要实现身体的自由和心的自由。其中身体的自由还好说,就如美国解放黑奴,随着时代的变迁,身体被人羁绊的现象已经很少了。成为心的奴隶,却不是有外力施加,就像作茧自缚般,日日煎熬。如果想要寻求真自由者,必须从破除心中的奴隶开始。而心中的奴隶,梁启超归了三类。

一不要成为古人的奴隶。古代圣贤皆有功德于世,我等后辈尊之敬之是理所应当的。古代能出圣贤,当代人也是可以出圣贤的,倘若不这样想,那么一代圣贤之后便不会再出圣贤了。梁启超认为,一代圣哲智者,皆随时运而生,所做所说亦为了解决当时形势下的问题,利益当时的民众,但是却无法解决千百万年以后的问题、利益现在的民众。所以,对于古人的言行论事,应当抱有思辨的态度。我们有眼睛有耳朵,古人提倡的格物思想,我们便要亲自去格物体会一番;我们有思想有问题,天下的道理自当亲自去探寻一番。高高山顶立,深深海底行。不应该成为古人的奴隶,被其固化了思想,应以古人为师请教之,以古人为友探讨之,以古人为敌质疑之。

二不要成为世俗的奴隶。汉乐府民谣中唱道:"城中好高髻,四方高一尺;城中好广袖,四方全幅帛",描述的就是跟风效仿的社会风气。梁启超举例说,明朝后期,全国都谈论心学,整个学界都是野狐;乾嘉期间,全国提倡考证,整个学界都是蠹鱼。时光更替,岁月变迁,近数年来,丁戊年之间,国民开始仰慕西学,趋之若鹜,而后己庚年之间,又对西学避之唯恐不及。对同一学问,数年之间,态度转变如此之大,这是社会随波逐流的后果,俯仰之间,已失自由。

三不要成为情欲的奴隶。古人有云,心为行役,说的就是心神不自由,被生活、功名利禄等所驱使。梁启超常常见过有开拓古今才气的少年,随着时间的流逝,其才情志向在一点点丧失,被消磨殆尽。分析其原因,皆是因为有着过人才气之人,也是有着过人之欲望,却无过人之道德心来约束自律,那么,便会成为欲望的奴隶,在时间的流沙中再过人的才情也会消磨殆尽。梁启超研究西方近数百年间,能做出惊天动地事业之人,皆是有宗教思想之人。迷信宗教而成为宗教的奴隶,并不是值得称道的,但是借宗教的信仰而克制自身的欲望,使得自心不被身体所困,才能实现身心自由。孔子说"克己复礼为仁",克己复礼则为自强,自强者则自由也。

对于自由之义,西方亦是著书万言,所以梁启超也说,他仅仅是从个人自由、团体自由的角度来阐述只言片语,以贡献学术界。

总的来说,梁启超的新民还有很多特点,如平衡权利与义务、明确国家公民意识、培养尚武精神等。

3. 新民的实现途径

为了培养上述知公德、思进取、明自由等特点的新民,需要通过办学校、办报馆、译西书、办女学等方式来实现新民民德民智的培养。

(1) 开学堂,促教育

梁启超指出了当时开设学堂出现的一些问题,即学堂名义上是中西兼顾,其实只有对西方的学习而无对中国自己的学习,而且对西方的学习也只是局限在对西文的学习上,没有涉及真正的西方学问。所以梁启超提出要求,学堂一定要中西并重,融会贯通,无所偏废,西文只是西学中的一门功课,而不是全部。

国外学堂中所读之书分为两类,一是博雅教育的,二是专业教育的。博雅方面的,则所有学生都必须学习;专业方面的,每个人选择一门即可。梁启超并为博雅教育限定了范围,包括经学、理学、诸子学、算学、格致学、政治学、地理学、文学、体操学,同时要求所有学生三年之内将上面所有课程都学完。而专业教育包括高等算学、高等格致学、高等政治学、高等地理学、农学、矿学、工程学、商学、兵学、医学等,学生只需从中选择一门或两门即可。还要求凡是20岁以下的学生必须从英语、法语、德语、日语、俄语中选择一门外语进行学习。

此外,梁启超还认为教师是教育的核心,想要学校里的学术进步,必须先立师道。古时学校,皆由国家朝廷所设,教师也由朝廷任命,并将师德言明天下,则师道立也。所以,如今择师必择明师才可,通晓六经大意、知晓历朝兴非、通达文字源流、须知列国概况、学习格物之学、掌握国外语言,梁启超认为一位老师要做到以上六条,方能教授他人。

(2) 办报馆,识时务

"知今而不知古则为俗士,知古而不知今则为腐儒。"[①]既要知晓古时的名家经典也要通晓今日的时事热点,即博古通今。梁启超认为,想要博古者则要读书,想要通今者则要通过阅览报纸,两者相辅相成,缺一不可,才能造就博古通今之才。

西方国家设立的报馆多至数百家,每天出版的报纸能有数万张,时局、政要、商务、新奇技艺、世界故事要闻无所不包。当地的民众,上至君王贵族,下至平民百姓,足不出户就能阅尽天下事。而当时的中国,设有报馆的只有上海、汉口、广州、香港等十个地方,出版的报纸内容也是没有学术含量,狭隘而浅陋。于是,梁启超认为应该在京师以及各省繁荣之地均开设报馆,从西方报纸中筛选出质量好的报纸翻译出来,译好后分发到各地大小衙门,低价出售。这样识时务者日多,能为国效力的才干之人也就越多。

(3) 译西书,开民智

兵法曰:知己知彼,百战不殆。如果与西方人交往而不知道对方的具体背景,那在交往之初,我们就处于劣势了。因此,想要了解对方,则需要翻译他们的文字。但之前制造局、同文馆所译之书偏向于文学艺术,而政事方面的涉及较少,至于学校、农政、商务、铁路、邮政方面,也鲜有译介。之后数年间,西方又产生了新的知识学问,于是梁启超请求在京师设立译书处,广泛搜集西方的著作,关于政治时局、关于学校、士农工商等,分类翻译成本,并且随时印刷成册,低价出售,则可以增长民众的见闻与才智。

当时除了梁启超外,还有许多仁人志士致力于西方书籍的翻译工作,且成

---

① 转引自董方奎、陈夫义主编:《梁启超论教育》,三环出版社2007年版,第24页。

果颇丰,例如,有《天演论》《民约论》《道德进化论》《穆勒名学》《法意》《原富》等。当时的一本《西学书目表》记载了从鸦片战争到1896年之间翻译出版的西学著作就有353种,全部译自欧美国家。①

(4) 办女学,国强盛

古人皆说,女子无才便是德。而梁启超认为,"此实祸天下之道也"②,应当让女子也读书学习,一来能够开拓视野心境,二来能够帮助生计养家,一举两得之事,何乐而不为。而且孩子幼时,多受母亲影响,如果作为母亲能够知文解字、通达教法,在孩子进入学堂之前,教授一些浅显的学问道理以及立志立身之道,对孩子日后的成长是十分有益的。

在当时,处于全盛时期的美国以及渐渐兴盛的日本,皆提倡男女平等之说,梁启超举例日本女学所学内容包括修身、教育、国语、汉文、历史、地理、数学、理科、习字、图画、音乐、体操等,与男子所学只在兵法政治上有所差异。因此,国人无论男女,其实都可以通过学习获得一技之长而养活自己。美国的女学是最强的,其国也是最强的;英法德日本的女学次强,其国也次强;土耳其、波斯等国,女学衰弱,其国也衰微,由此,梁启超总结出,女学盛则国强的结论。

四、教育思想

梁启超是近代中国重要的启蒙教育家,下文从教育目的、教育内容、家庭教育以及女子教育四个方面来简单阐述。

1. 教育目的

梁启超认为,学习和教育最终目的是为了经世致用,而经世致用的基础或者说前提就是要修身养性,也就是说内在的心性训练被看做是在世间取得成就的必备条件。而修身养性的方式有三种:立志,养心,治身。第一,所有的人都具备成为圣人的潜质,因此,一个人对自己的定位起到了关键的作用,就像农人

---

① 参见徐佳:《从"臣民"到"公民"的启蒙——以〈新民说〉为核心的梁启超新民思想研究》,山东大学2008年硕士学位论文,第35页。
② 转引自董方奎、陈夫义主编:《梁启超论教育》,三环出版社2007年版,第39页。

知道种下什么种子就会结出什么果实一样,幼时立下的志向就像种下的种子,如果之后能勤加浇灌,便能达成目标,完成志向。第二,也是基于儒家的基本哲学理论,认为精神需要不断的修养与训练,才能成为道德上一个稳定的内在依靠;否则人容易被各种外在的诱惑所吸引,而忘记了最初的目标。梁启超提出两种养心的方法,一是静坐,二是人生阅历。但对于年轻的学生而言没有多少丰富的人生阅历可言,所以梁启超比较鼓励学生采用静坐的方式,敛心神养其心。第三,是对外在的行为有严格的约束与规范,要点是每天对自己的行为举止不断反省。

进入学校的目的是为了求取学问,求取学问的目的则是要学习如何做人,和上面提到的修身养性说法一致。梁启超认为,在学校里所学的数学、物理、化学、心理、历史、地理、哲学、文学等不过是教人做人的一种手段,但不能仅仅靠这些达到做人的目的,哪怕是把门门功课学得精通,能否学好做人还是个问题。更何况现今的情况是将手段当作目的,更是与梁启超的教育初衷相差甚远。

人类心理有知情意三个部分,这三个部分达到圆满的状态时,我们就称之为智仁勇,就是孔子说的,"知者不惑,仁者不忧,勇者不惧。"所以教育要分知育、情育、意育三个部分,而现在提到的智育、德育、体育,梁启超认为不精确,德育相对于情育来说太笼统,体育相对于意育来说太狭隘。知育是要教人不惑,情育是要教人不忧,意育是要教人不惧。教学生以此为最终的状态,我们自己教自己也要以此为最终状态。

梁启超接下来又分析了如何达到不惑、不忧、不惧的具体方法。

达到不惑的状态,需要培养判断力。判断力的养成第一需要基本的常识,不能看到打雷说是雷公在生气,看到月食说是月亮被天狗吃了,这些基本的常识学校里都会讲,但是有这些基本的常识还不够。于是第二需要专门的知识,专门的职业有专门的知识。专业知识不是我们自己去探索总结,而是前人已经积累了好多原则经验,我们只要掌握这些知识就可以了。比如说,想做农人,那如何改良土壤,如何播种,如何浇灌,都会有前人的经验传授,我们懂得了这些,在做相关事的时候就会不惑了。但是仅仅靠基本常识和专业知识是远远不够的,还要有遇事能当下做出正确判断的能力,这是第三。事情都是多变而复杂的,仅仅学会一件懂一件,那遇到其他没有学过的事情便会慌了阵脚。而当下应变的能力需要训练自己拥有"细密而且踏实"以及清明的头脑。但至于如何训练,梁启超并没有给出具体的方法。因此,学习基本的常识,专业知识以及培养当下应变的能力,才能拥有做出正确判断的能力,才能达到智者不惑的状态。

仁者不忧。为什么呢?这就要从"仁"字入手。仁的具体境界很难用语言来表述,梁启超勉强用"普遍人格之实现"来说明仁的状态,意思是达到人格的完成就叫做"仁"。而一般所忧之事,一为成败,二为得失。在仁者心中容万物,纳百川,我们所做的事情,只不过是在广袤宇宙中的一点点变动,站在宇宙的角度,没有所谓的成功与失败可言,只要是不断做事就没有失败,只有不做事才叫失败。再者,一般为得失而忧虑的人,多是自他的分别心过重,仁者心中有自己,更有他人,内心装的是天下人,自己失去了便是天下人得到了,自己得到了也不担心失去,自然不会忧虑,颇有"天地与我并生,而万物与我为一"之感。这便是最高的情感教育,最终目的是要教人成为仁者,做到仁者不忧。

勇者不惧是属于意志方面的训练,一个人如果意志薄弱,即使有丰富的知识,优美的情操,都没有什么用处。要培养坚强的意志,第一,梁启超认为,就是要心地光明。做任何事,行为都要光明磊落。第二,就是不要被低劣的欲望所牵制。一旦被各种物质上的欲望所吞噬,做了欲望的奴隶,那百炼成钢的意志也会变得薄弱。一个人的意志,由强变弱极其容易,由弱变强极其困难,所以需要时时刻刻磨炼自己的意志。当意志磨炼到位的时候,做起事情来便毫不犹豫。这便是意志教育的目的,要教人做到勇者不惧。

反观当时的学校教育,第二层的情感教育,第三层的意志教育,可以说都没有涉及,第一层的智力教育,也只是涉及了常识和专业知识两个方面,最重要的当下应变的判断力,却是一点也没有教给学生。梁启超认为,这样的教育不仅没有教人做人,而且学生学习的知识越多越坏事。因此,梁启超呼吁学生们要有自觉,自觉自动去寻访良师,培养自己重要的判断力、完善的人格和坚强的意志。

2. 教育内容

梁启超认为教育的内容也按照这样的框架展开,分别从智育、德育、美育以及体育四个方面来说明。

（1）智育

上文提到达到智者不惑的圆满状态，不仅需要学习基本常识和专业知识，还要养成当下做出正确判断的应变能力。因此，智育培养分为三个部分，即普通教育、专业教育以及大学教育。

普通教育。由浅入深、循序渐进的读书法是梁启超一贯的主张，对于教育也是承袭这样的思路，由普通教育打好基础，再渐渐深入学习专业方面的知识。普通教育的目的是要传授生活和社会中所需要的必备知识和能力。

对于普通教育下设的科目，梁启超列出了伦理学、国语、外国语、历史、地理、数学、博物、物理及化学、法制和经济等科目，此外读经作为传统的课程，梁启超也列入了普通教育的必教科目之中。梁启超自然是知道阅读经典有一定的困难，但还是认为名家经典不可不读，理由有五。第一，经典训示是我们千百年来祖宗的精神传承，是我们思想的源泉，废而不读，是与我们民族的根生生地断开了。第二，我们民族自古以来，都是口头语言与书面文字相分离的，虽然口头语言随着一代代的传递都在不断变化，但是书面的文字在历史的演变中却是相差不多，所以与古代圣贤的沟通全赖于文字经典。第三，我国的古言寓意深厚，意境丰富，只有通过阅读古文经典，明白古人文字所表达的内涵，才能在当今的时代更好传播悠久的文化。第四，孩童幼年之时记性极好，长大之后悟性渐长。因此，要利用这样的特点，在幼时让其读经背诵，虽不明其意，但长大后因儿时的记忆而有所悟，对其人生的抉择与成长会有很大的帮助。第五，现在的儿童也是会朗诵学堂所编写的教科书，与其费时费力去朗诵教科书上编写的内容，还不如直接读诵圣贤经典。

梁启超对于普通教育阶段的每门课程都给出其独到的见解与学习的建议，使得课程的教学有了明晰的目标和方向。

专业教育。如果基础教育教授一般常识的话，那么专业教育教授的就是专业知识。梁启超对常识和专门知识也进行了区分。比如历史，网罗搜集失毁资料，推测历史事件发生的前因后果，通古今之变，成一家之言，这是专门知识；知道中外历朝历代兴废中的重大事件，知晓其中名人的大致故事，这是常识。比如数学，能够完善牛顿定律，这是专门知识；熟悉加减乘除，并能够基本应用，这是常识。

专业教育目的是培养社会技术人员,所以专门学校所教授的虽多为原理,但目的是能将原理性知识在工作生活中运用起来,即学以致用。专业教育教授的内容应以社会实用为方向,社会需要什么,国家需要什么,就培养什么样的技术人才。

大学教育。大学教育的目的除了包含普通教育的目的,即养成健全之人格外,还要研究深奥的学理,探寻一切现象背后的规律,为世界文明作出贡献。大学教育也可以称之为科学教育。

大学教育与上面提到的以社会需求为导向的专业教育不同,大学教育探寻的是现象背后的规律与真理,研究的对象有自然的现象、人类的现象、社会的现象,从学术研究的角度衍生自然科学、人类科学和社会科学。

大学教育要培养的精神,即科学精神,简而言之就是教人探寻真理的方法。梁启超指出,具体说来分为三个部分。

第一,求真。一般人对于自己所认识的事物有着根深蒂固的想法,很容易信以为真,倘若用科学求真的态度来仔细研究,会发现很多被自己奉为圭臬的信念是经不起推敲的。比如,一句话:"老虎是恶兽",如果仔细考量,就要首先研究一下当兽类具备哪些特征时,我们才会称之为恶,再看老虎是否具备这样的特征。如果说老虎杀人算是恶,那为什么人杀老虎不算恶;如果说杀同类算是恶,但只听见过人杀人的,却没有听说老虎杀老虎的,那老虎就算不上恶兽了。再比如说,"性善论"和"性不善论",这两句话哪个对哪个错,首先就要弄明白到底什么叫"性",什么叫"善"了。由上可知,对一件事物的真实性质并不是很好下结论的,必须要很审慎地研究才可以判断。

第二,系统的研究方法。知识不是一件件求,知道知识之间的相互关系,建立起完整的知识脉络与系统才可以说知识是有用的。系统的知识在这里具体是指知识之间的因果关系。"太阳从东方升起,从西方落下","把水煮沸后会变成水蒸气"等说的都是事物之间必然的因果联系,以上种种都是基于大量的事实基础的。因此,科学想要探寻更多的因果律,则需要以大量有证据的事实为基础,逐步看出其背后的关系。

第三,以教人为目的。人类文明得以传承的原因在于知识的传递,当把知识传承给一代又一代人的时候,文明就产生了。所以运用科学精神所探寻到的真知识必须以传递的方式教授出去才具有意义。而且,科学教育传递的不仅仅是最后的结论性知识,更是要把一步步推证的思路告诉他人,这样对方就更容易从推导的过程中找出可能的错误,也更容易将知识推广向社会。

(2) 德育

情感教育最终是要达到普遍人格之实现,即人格的完成。梁启超这里的德育分成了三个部分,分别为政治教育培养爱国情怀、人格教育培养知情意的圆满、职业教育培养敬业乐业的职业态度。

政治教育。政治教育的紧迫性在于要使国人明确国家的概念,倘若没有了国家,个人的存在也便失去了意义。由此,需要培养国人的爱国之情。梁启超曾游学海外,发现外国学校里会让学生读诵爱国的诗歌,讲有关爱国的故事,对于年龄稍大的孩子则讲爱国的道理。在家庭里父亲督促孩子,兄长勉励弟弟;衣服上佩戴爱国勋章;所喝的酒以爱国命名,所玩的玩具以爱国为纪念;平日里吃饭都会祈祷国运昌顺。

在当时中国,梁启超询问官宦人家的子弟是否知晓国家的概念,没有人知道,只知道如何金榜题名;问经商之人是否知晓国家的概念,没有人知道,只知道如何赚取最大的利润;问官吏是否为国而做事时,没有人这样做,只知道如何逢迎长官,如何补给津贴。举国上下,终日奔波忙忙碌碌,为的也不过是自己、家庭、名与利罢了,就像古人言,"天下熙熙皆为利来,天下攘攘皆为利往。"

由此梁启超提出,国家是需要民众组成的,国家政治便是民众百姓自治其事,爱国便是民众自爱其身。因此,想要国家立,先要立民权,民权不立,国家也立不起来。想要言民权,言自由,言平等,首先要学会自治,有了自治的基础,国家才会强盛。

自治能力分为个人的自治和群体的自治。个人的自治,简单来说就是自律或是自我管理的能力,古来成大事者皆有超强的自律精神。梁启超举例当时西方人的作息时间,每天八点钟开始上班,中午十二点休息,下午一点又开始做事,至傍晚四五点下班,全国上下都是这样的节奏。对于群体的自治,虽是人数变多,但是其精神都是一样的,便是依靠法律来进行管理。学校、公司、各省不过是一个国家的缩影,小的地方能够做到自治,那么大的地方也是没有问题的。

最后，梁启超提出无论是团体的自治还是个人的自治，无非是要养成一种习惯，但是这还不够，如若养成的是盲目而无意识的习惯则后患无穷，因此要拥有判断力。多发现问题，多研究，研究得越多，判断力就会越强。倘若一个研究自然科学的人，让他去判断政治问题，看似风马牛不相及，但是若这个人真的研究透了，那么自然会对政治问题作出精准的判断。所以，判断力的培养，是既要在生活中遇事学习判断，也要在课堂上研究思维方式，两者结合，相互补充。

人格教育。想要养成伟大的人格，梁启超主张需要在历史上找一个伟人作为自己的榜样。拿破仑生前模仿凯撒大帝，甚至连发型都模范他；苏东坡学习白居易，也是模范得无微不至。凡是讲人格教育，最重要的就是以身作则，才有感染力，其中，梁启超认为，孔学就是专门来培养学生人格的，其中孔子的人格更是在平凡中彰显伟大，尤其值得我们借鉴和学习。

近代心理学家把人性分为知情意三个方面，而孔子在这三个方面调和得十分圆满。

孔子在知的方面，表现为虚心好学、终身学习。何为虚心好学？即少讲闲话多做事，并常常恭敬地向先辈请教，即"君子食无求饱，居无求安，敏于事而慎于言，就有道而正焉，可谓好学也已矣"。孔子平时留心生活，遇到可以增长学问的机会从来不放过，郯子来访，便向郯子询问官制；在齐国遇见师襄，便向师襄学琴；进入太庙，便事事询问。何为终身学习？即像孔子这般以学问为性命，到老不肯抛弃学问。孔子晚年读《周易》，反反复复将《周易》翻了好几遍；又不辞辛劳修订《春秋》，直至去世前两年才修订完。孔子说："其为人也，发愤忘食，乐以忘忧，不知老之将至云尔。"这便是理智臻于圆满的状态，将学问融入生命，生命不止，学问不尽。

孔子在情的方面，表现为情感丰富、热爱艺术。梁启超认为，一般理智之人，遇事多冷静，生活单调且无趣，但孔子却不然，孔子情感细腻，富于同情心。孔子在吃饭时有穿丧服的人坐在旁边，孔子也会悲伤得吃不下饭；弟子颜渊去世之时，孔子也是悲痛万分；孔子对民众亦一往情深，经常为百姓生活的艰辛而哀伤不已，日日夜夜奔波辛劳，只为了能救助众人远离痛苦。同时，孔子对于美的喜爱也是极其热烈。孔子经常带领学生游玩各地风景名胜，领略自然之美，品尝人生趣味；自己在齐国闻韶乐，兴趣盎然，三月而不知肉味。"子温而厉，威而不猛，恭而安"，体现了孔子情感丰富而细腻的状态。

孔子在意的方面，表现为坚定强毅、自强不息。孔子反对贵族政策，以大勇之心实行"堕三都"；言论中提到志气、勇敢等精神之处很多，如"三军可夺帅也，匹夫不可夺志也"；晚年在讲学著述之时，提出"学而不厌，诲人不倦"，一生学习不厌倦，教书育人不厌倦，可见其坚持与毅力。

古今中外，梁启超认为在知情意三个方面很少有人像孔子这般做到如此平衡又圆满，可以作为我们人格学习的方向。

职业教育。对于职业教育，梁启超强调要做到敬业与乐业，因为择业对于年轻人来说并不难，只要勤劳积极，就会找到合适的职业，倘若因为懒惰而没有职业，梁启超称这样的人为社会上的蛀米虫，是偷窃他人劳动成果的窃贼。

梁启超的职业教育与其说是对职业选择培训上的指导，还不如说是对职业态度的忠告。梁启超提出择业态度第一要敬业。"敬"字自古以来，皆为圣贤教人做人的不二法门，而对敬字的解说亦是众说纷纭。其中，唯有朱熹解释得比较到位："主一无适便是敬"。简单说来，便是做一件事便忠于一件事，心无旁骛、全神贯注做这件事，就是敬。做任何一件事，从事任何一个职业，只是不同人才能特点上的差异，职业本身没有高低之分。做总统的认认真真做好总统，开车的认认真真开好车，这便是敬业。当以敬业的心态将自己的职业做到圆满，便是天下第一等人。就如庄子所说："用志不纷，乃凝于神。"

择业态度第二条要乐业。经常会有人感慨，这个工作好辛苦呀。这时梁启超就会反问："做工苦，难道不做工就不苦吗？"大热天里，演讲的人喊破喉咙来做报告，听讲的人扯着耳朵听，旁人看来，就会觉得这群人好辛苦，但实际上讲的人分享自己的经验给众人很开心，听的人收获颇多也不觉辛苦；倘若又有一批人用同样的时间去喝酒赌钱，看似逍遥，但仍然会为赌钱的输赢得失而费神烦恼。可见，苦乐全在自己的心态，而不在外在的事情上。对于职业，梁启超诚恳说道："凡职业都是有趣味的，只要你肯继续做下去，趣味自然会发生。"[1]

---

[1] 转引自董方奎、陈夫义主编：《梁启超论教育》，三环出版社 2007 年版，第 332 页。

(3) 体育与美育

提倡军事教育,培养尚武之精神。要培养尚武之精神,梁启超认为要养成三力。一是心力。西方有句话:"女子弱也,而为母则强。"意思是弱女子为人母时,当孩子遇到了危险,便会一改之前软弱婀娜的姿态,一定会不畏艰难困境,挺身而出,因为在母亲的眼中只有孩子,早已顾及不了自己的安危了。由此看来,如果一个人的内心心力涣散,那么再勇敢的人遇到危险也是会胆怯的;如果一个人的内心心力足够专凝,那么就像母亲救子一样,由弱变强。二是胆力,人世间一切危难险境,无非人心所造,当内心自认为又难又险,那就先气馁先害怕了,这样外境自然就使他感到艰险而畏惧了。三是体力,人的体魄与精神有着密切的关系,有健康强壮的体魄,才能有坚忍不拔的精神。古代能够肩负重任开拓世界的伟人,都有着过人的体质,能够忍受常人难以忍受的艰苦。

对于美育,梁启超推崇美术学习,因为美术能产生科学。一般人都会认为,美术是与情感联系,科学是与理性挂钩。梁启超解释说,美术之所以能产生科学,是因为美术的关键在于观察自然,要会观察,才能将最真实的自然之美表现出来。莫泊桑的老师教他写文章,就先让莫泊桑去观察十个车夫,写出不同的十篇文章来,每篇文章限 100 字。这是需要在同中求异,在一般人不注意的地方找出各个人细微的特征来。这种深刻入微的观察法不就透着一股浓厚的科学色彩吗?而对于科学精神,一般人的印象便是在一间摆满各种设备仪器的实验室里进行各种研究,殊不知,科学的根本精神,梁启超认为,是要培养锐利的观察力,可以透过各种纷繁的现象看到本质上的真实。而要培养这种观察力,学习美术是一个很好的途径。梁启超认为:"美术可以算是科学的金钥匙。"[①]

3. 家庭教育

梁启超在子女的教育上也是成绩显著,他的 4 个女儿 5 个儿子,个个都成为国家的栋梁。由此,梁启超家庭教育的特点对世人具有很大的借鉴意义。

[①] 同上书,第 146 页。

(1) 和谐家庭

梁启超虽然平日里工作、演讲等十分繁忙,但依旧会留出时间来与家人儿女们亲近,他的每一个孩子都有昵称,他常常喊大女儿梁思顺为"宝贝""乖乖",即使梁思顺已经成为几个孩子的母亲了,在父亲梁启超的眼中依旧是自己的"宝贝"与"乖乖",对其他儿女的昵称还有"庄庄""达达""小白鼻"等。

在孩子幼年时,梁启超就经常抱抱亲亲自己的宝贝们,稍大些,便会领孩子们去游乐园游玩,去海边钓鱼,去日本赏樱;在孩子们生病时,会亲自看望照顾或是电话询问;当孩子进步时,则奖励自己手工做的奖品,有时写一幅字,有时画一幅画;当孩子们渐渐长大,与他们分离后,梁启超经常会在夜深人静之时给孩子们写信,从家事、健康到旅游、时事、哲思等,无所不谈。据不完全统计,在十几年间,梁启超写给儿女的信多达300多封,信中没有条条框框的说教与规定,有的只是一个老父亲对儿女的殷切思念之情,信的内容开放自由,语言温和,有理有据,还会加上一些故事游记,十分有趣。在梁启超的家里,每逢有人过生日,大家都会在百忙之中抽空回家,聚在一起庆祝生日,相互送上一份小礼物,享受天伦之乐。梁家还有一个传统,当父亲梁启超在家时,儿女们就会陪父亲一起吃饭,吃完饭就团团围着父亲,父亲一边饮酒一边娓娓讲述爱国故事或是自己正在研究的学问,儿女们听得尽兴,有时有问题提出来父亲也耐心解答,相处十分融洽。

梁启超的家庭以爱为核心,以沟通为媒介,营造了和谐而温暖的家庭氛围,也为子女们日后杰出的事业成就打下了坚实的基础。

(2) 读经启蒙

对于中国的传统文化,梁启超提倡有选择地读经。他认为经训包含着国民秉性之精华,是文化思想的源泉,倘若废而不读,传统的文化道德和民族精神则会慢慢丧失;而且孩子童年之时记忆好,要多背一些经典,背诵的经书随着年龄的增长会逐渐理解其内涵。因此,梁启超非常重视儿女对经书的读诵。

梁启超的大女儿梁思顺在7岁之时,随父亲在日本,上的也是日本学校,没有中文学校,梁启超就在家里教女儿学国文,背四书。思顺读书也十分刻苦,之后自己写诗出版,可见文学功底十分深厚。梁启超的儿子梁思成有一年被汽车撞伤住院,梁启超就让思成在住院期间仔细读诵《论语》《孟子》,并将其中的精华词句仔细体会,并建议通览《左传》《战国策》等书。后来梁思成对其妻子曾说,非常感谢父亲在国学研究方面的督促和培养,这对后来研究建筑史打下了基础。

儿女们在梁启超读经的启蒙教育下,再接受西方的思想熏陶,各自吸取精华,融贯中西,在学术研究上视野更加开阔,更加全面。

(3) 人格培养

在学习上,梁启超提醒孩子们,上学读书是为了求学问,不是为了求文凭,而且学问不仅仅是从书本上求取,而是要融入生活之中的。

在生活上,梁启超坚持一贯的寒士家风。梁启超从小出生在贫苦人家,在吃苦中长大,之后经济条件转好,但依旧不允许孩子们乱花钱,因为梁启超认为,"生活太舒服,容易消磨志气"①,希望子女们以孟子的"苦其心志,劳其筋骨,饿其体肤,空乏其身,行拂乱其所为"来磨炼自己。子女们去美国加拿大留学,梁启超只给其足够的路费,其余基本上是子女们自己勤工俭学维持。但当梁启超听说孩子们因为省吃俭用而营养跟不上时,便会马上寄过去一笔钱让孩子们补充营养,同时教导孩子们不乱花钱是对的,但是不要太节俭,成了寒酸。

在精神上,培养独立不依的性格。梁启超要求孩子们不要依赖他人,要自己拿主意。梁启超曾热情推荐女儿思庄学习当时国内稀缺又有前途的生物学,但后来思庄自己考虑后,感觉对文学更感兴趣,梁启超也尊重女儿的选择同意她转学文学了。

梁启超既是儿女们的慈父,又是导师兼朋友,对儿女们的教育在分寸上拿捏很到位,爱而不溺,严而不苟,节俭而不寒酸,既积极引导孩子们又尊重其个人兴趣,堪为家庭教育的典范。

梁启超子女一览表②

长女:梁思顺 (1893—1966)	诗词研究专家,曾任北京市东城区政协委员和中央文史馆馆长
长子:梁思成 (1901—1972)	建筑学家,中国科学院院士,曾任第一、二届全国人大代表,第三届全国人大常委,第二届全国政协常委,第三届全国政协委员

---

① 转引自董方奎、陈夫义主编:《梁启超论教育》,三环出版社 2007 年版,第 380 页。
② 参见张红霞:《梁启超家庭教育思想研究》,华中师范大学 2006 年硕士学位论文,第 78 页。

(续表)

次子：梁思永 (1904—1954)	考古学家，中国科学院院士，曾任中国科学院考古研究所副所长
三子：梁思忠 (1907—1932)	国民革命军第19路军炮兵上校
次女：梁思庄 (1908—1986)	著名图书馆学家，曾任中国图书馆学会副理事长
四子：梁思达 (1912—2001)	著名经济学家
三女：梁思懿 (1914—1988)	著名社会活动家，曾任北京中国红十字会国际联络部副部长、顾问，长期从事对外友好联络工作，第六届全国政协主席
四女：梁思宁 (1916—2006)	新四军战士，共产党员
五子：梁思礼 (1924—2016)	火箭系统控制专家、中国科学院院士

4. 女子教育

梁启超认为，男女的天赋差异在本质上没有太大的差别。因此，在学校里，女子应该有机会自由选择学习和男子一样的科目。同时又要注意到，从前女子依附男子而生活，一旦开始接受教育，就要考虑女子自己独立生活的问题，所以，提出女子教育要考虑到女子特有的长处，加以训练和教育，才能在未来男女职场的激烈竞争中占有一席之地。

有学者认为，女子在创造力方面不如男子，男子在整理力方面不如女子。教育的目的则是使人各尽所长，各尽本分，相互配合，以最高的效率为社会服务。故女子未来所从事的职业应该从她们整理的特长来考虑。

根据梁启超观察，大概有四种专业职业前途较好，且与女子的特长相适宜，分别为史学、会计学、图书管理学以及新闻学。

第一，史学。根据统计，史学班上的男女生成绩，女生会比男生好一点，调查原因，大多男生反映，史学中要整理的史实案件多陈旧，麻烦且无趣，基本上是没有多少耐心去做的。史学作为一门很重要的学科，但就当时的教育界来看，非常缺乏专业学者，梁启超希望以后女子入学受教育后，能够担负起这份重担和责任。

第二，会计学。世界经济全球化趋势日益凸显，梁启超观察到，最近几年欧洲各公司各银行的职员大多为女子,而且,女子在这领域内的表现也是优于男子。其中会计这一职业,男女特长差异尤为明显。如果将来中国也采用国外这种新式的经营方式,梁启超认为,也应该将这一职业让给女子来做。

第三,图书管理学。从事学问的研究自然离不开图书馆,长此以往,图书馆数量也要不断增长,那么管理问题就会产生了。管理图书馆作为一门专业的技能,梁启超热切期盼女子能够从事这门职业,因为女子的精细和诚恳是管理图书馆必备的条件。女子管理图书馆能够维护一种肃然的秩序,能够让阅读者在无形之中感受到宁静的氛围;而且在图书馆工作,一方面可以服务社会,一方面可以读到生平未读的书,能够培养女子独立不依的品格与涵养。

第四,新闻学。报馆的事业就长远看,是十分有前景的。就报馆中的编辑工作而论,女子的优势不少。梁启超认为,女子观察事物会比男子精细,关于社会事件的评论比较工作,就事论事,不带自己的感情色彩,而且女子作为采访者,社会上会比较尊敬照顾,能搜集到的资料也会比较丰富。所以,如果编辑行业能够多多培养一些女编辑,一定对社会很有益处。

梁启超一直强调妇女不接受教育是中国积弱已久的很重要原因,故极力提出女子教育,并提出"女学盛国必强"的口号,是中国近代教育历史上提倡女子教育的先辈人物。

 五、借鉴价值

梁启超思想的很大一个特点便是变化。从最初师从康有为,学习中国传统文化并兼顾西方文化的改良思想,到开始全面学习西方文明,提出民主共和的政治主张,到晚年回归东方文化传统,以儒学和佛学为核心开始著书立说。在这多变的思想下,其实不变的是梁启超对国家民族的赤诚爱国之心,想要民族独立强大的迫切之心,但随着阅历的加深,时代局势的变化,梁启超的思想在波荡中不断改变,不断完善,看似多变,其实是在不断进步。

1. 对新民思想的评价

历史上对于梁启超新民思想的评价经历了一个变化的过程,而变化的焦点主要集中在评价新民思想对于中国革命的作用。在 20 世纪 80 年代,有学者认为新民思想不够系统,一定程度上阻碍了近代革命,虽然是反封建性质的,但具有极强的守旧性,不能随着时代的变化而进步。随着研究的进一步深入,越来越多的学者开始肯定新民思想在当时中国思想启蒙的作用。

首先,从新民思想背后体现的爱国主义情怀上看,梁启超一生孜孜不倦的行为只有一个目标,便是国民觉醒、民族独立。当民族危机不断加深,梁启超的救国之路也在不断经历着失败、再尝试、再改进。非常难能可贵的是,梁启超在这个过程中,一直没有放弃。"梁启超是除了思想、情操、才学之外,连同躯壳都想奉献出来的一个人。"① 新民思想中倡导的许多价值观,已经渐渐被时代认同,成为指导人们行为的准则规范。

其次,从梁启超新民思想的内容上看,大力宣扬了西方的进化论观点和民主思想,在当时看来,拓宽了国民的眼界,为中国的传统教育注入了新空气。而提倡女子教育,课程上加入地理、生物、化学等科学教育,则为中国近代教育的发展奠定了基础。

最后,从梁启超新民思想的写作风格上看,极具感染力与号召力。胡适先生曾说:"梁先生的文章明白晓畅之中,带着浓挚的热情,使读的人不得不跟着他走,不能不跟着他想。……我们在那个时代读这样的文字,没有一个人不受他的震撼感动的。……在这十几篇文字里抱着满腔的血诚,撼着无限的信心,用他那支笔锋常带感情的健笔,指挥那无数的历史例证,组织成那使人鼓舞,使人掉泪,使人感激奋发的文章。其中,如论毅力等篇,我在 25 年后重读还感觉到它的魔力。何况我在十几岁最容易受感动的时期呢?"②

梁启超提倡知公德、思进取、明自由,又用一系列活动说明了实践的途径方法,如开学堂、办报馆、译西书、办女学。但是,梁启超实现新民思想的途径却不具有持久性。众所周知,历来以守旧出名的湖南成为维新运动的重镇,在维新运动兴起之时,可以说是人人思奋发自强,家家论维新变法,首开各省之变法风气,对维新变法的推动也起到了举足轻重的作用。但从全国看,虽也创办各种

---

① 东方:《近期梁启超传记综述》,载《文史哲》1998 年第六期,第 123—125 页。
② 转引自徐佳:《从"臣民"到"公民"的启蒙——以〈新民说〉为核心的梁启超新民思想研究》,山东大学 2008 年硕士学位论文,第 38 页。

学堂,但是没有像梁启超这样的大家来为学堂讲学,有法无人,成为了当时维新变法很大的一个局限。

2. 思想启发

下面将从重视传统文化、仁智勇的教育目标与内容以及家庭教育三个方面来阐述梁启超对于我们当今的借鉴与启发。

(1) 重视传统文化

梁启超的思想由传统的儒家文化和佛家文化出发,渗入了西方文化的思想,晚年又回归传统的东方文化,研究先秦诸子以及佛学。

就像梁启超在提出读经启蒙时谈到的,经训包含着我们千百年来文化的精神传承,是我们思想的源泉。虽然我们传统的文化有其守旧迂腐的一面,但是也有其精华的部分,从儒家、道家到佛家,都有其一以贯通的核心要义,也都是相通的,我们可以称之为"道"。由道而衍生出的种种描述以及得道的方法路径,不同的文化传承便会有不同的阐释,儒学有孔子的仁义,道家有老子的无为而无不为,佛家有佛陀的觉悟之道,随着历史的绵延,不同的哲学家、历史学家、诗人、政治家都追随着先辈不同的足迹走上不同的道路,求证着共同的道义。这便是我们传统文化的精华,也是我们需要不断传承下去,不能忘却的文化。

(2) 仁智勇的教育目标与内容

梁启超的教育目标以教人做人为主,不同于当今教育以分数成绩论成败,而且梁启超还具体说明了教育培养人需要最终培养成什么样的状态才是最圆满的,即不忧不惑不惧。这是一种多样化的教育评价体系,即定量的数字目标与定性的人格目标相结合。因为在仁智勇的教育内容中,智育这一块分为三个部分,基本常识、专业知识和当下应变的判断能力,其中前两块还是需要定量的分数和成绩来进行检验的。而对于智育的第三部分,以及德育和体育、美育方面,不仅需要加入定量的分数手段,更应该注重对于人格情感以及内心塑造的培养,才能达到梁启超所说的教育最佳的圆满状态。

(3) 家庭教育

梁启超的家庭教育有的放矢,拿捏得当,爱而不溺,严而不苛,节俭而不寒酸,既积极引导孩子们又尊重其个人兴趣。

如今的家庭教育大部分不是过于溺爱,就是教育方式方法不得当。其实,家庭教育首先最重要的一条就是以身作则,身教大于言教,父母榜样的力量对于孩子的影响是最大的。梁启超在学术上,所涉领域从史学到哲学到佛学等,学贯中西,精通传统文化经典,又满腹西方名著思想;在从政上,殚精竭虑、孜孜不倦,将自己的一生奉献在救国护国事业上;在人品上,他追求"无我"的境界,诚实、正直,为他人考虑;在风格上,他勤俭持家,作风朴素,平易近人。"这样一位表里如一、内外兼修的父亲,其言行自然就构成了严格、细致的家庭督导,父亲爱国,子女也爱国;父亲好学,子女也好学;父亲乐业,子女也乐业。"[①]他独立而开放,尊重儿女们的兴趣与发展选择;他爱国而热忱,鼓励儿女立志要报效祖国;他积极而乐观,引导子女发现生活的乐趣与生命的意义。言传身教作为父母对儿女最有效的教育方式,对子女的影响可以说是终身的。

其次便是和睦融洽的家庭氛围,以及父母与子女之间的沟通交流。梁启超与孩子们之间的沟通会通过各种方式,书信、字画、品茶、娱乐等等,父亲会千方百计解决孩子们的疑难问题,推心置腹袒露心声。国外有研究表明,家庭融洽的氛围以及家庭成员之间相互关爱的行为,有利于形成孩子活泼又专注的性格。同时,父母之间和谐的关系,以及父母对这个家庭所付出的一切努力,都会在子女心中形成一股无形的力量,对子女的成长有很大的帮助。

参考文献

[1] 董方奎、陈夫义主编:《梁启超论教育》,三环出版社 2007 年版。
[2] 吕滨:《新民伦理与新国家:梁启超伦理思想研究》,江西教育出版社 2000 年版。
[3] 梁启超:《新民说》,云南人民出版社 2013 年版。
[4] 徐佳:《从"臣民"到"公民"的启蒙——以〈新民说〉为核心的梁启超新民思想研究》,山东大学 2008 年硕士学位论文。
[5] 张红霞:《梁启超家庭教育思想研究》,华中师范大学 2006 年硕士学位论文。
[6] 东方:《近期梁启超传记综述》,载《文史哲》1998 年第 6 期。

---

① 张红霞:《梁启超家庭教育思想研究》,华中师范大学 2006 年硕士学位论文,第 70 页。

蔡元培

蔡元培 思想自由 兼容并包
——五育并举

1917年1月4日,一辆四轮马车进入北京大学校门,徐徐穿过校园内的马路。

这时,早有两排工友恭恭敬敬地站在两侧,向蔡元培这位刚刚被任命为北大校长的传奇人物鞠躬致敬。

只见新校长缓缓地走下马车,摘下自己的礼帽,向这些校园里的杂工们鞠躬回礼。

在场的人都惊呆了,这是北京大学从未有过的事情。北京大学是一所等级森严的官办大学,校长享受内阁大臣的待遇,从来是不会把这些工友放在眼里的。今天的这位新校长是怎么了?

像蔡元培这样地位显赫的人向身份卑微的工友敬礼,在当时的北京大学乃至中国都是罕见的。

北大的新生正是从这些细节开始认识校长,蔡元培树起了一面如何做人的旗帜。

蔡元培(1868—1940),字鹤卿,号孑民,近代著名教育家、民主革命家。曾多次赴德国和法国留学,提倡民权、美育和自由思想。蔡元培在1916—1927年任北大校长,实行教授治校,提出了"思想自由、兼容并包"的办学方针,开创北大自由学术之风。

美国著名教育家杜威曾评价蔡元培:牛津、剑桥、巴黎、柏林、哈佛、哥伦比亚等大学校长中,在某些学科上有卓越贡献的不乏其人,但是,以一个校长身份而能领导那所大学,对一个民族,对一个时代,起到转折作用的,除蔡元培外,恐怕找不出第二人。被称为"清末怪杰"的辜鸿铭精通9种外语,拥有13个博士学位,曾把《论语》《中庸》等中国传统经典翻译成英文,出版海外。1917年,他被蔡元培聘请到北大教授英国古典文学。辜鸿铭在与蔡元培接触后说:"中国只有两个好人,一个是蔡元培先生,一个是我。"

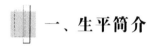 一、生平简介

蔡元培生于浙江省山阴县,商人世家,其祖父名嘉谟,字佳木,是某典当经理,为人公正。其父名光普,字耀山,是某钱庄经理,为人厚道。其母周氏,贤惠而持家有道。

1872年,蔡元培五岁开始进入私塾学习,读一些《三字经》《百家姓》《千字文》等朗朗上口的经典,之后又读四书五经等。

1. 少年教育时期

蔡元培11岁时,父亲去世。父亲生前待朋友十分大方,只要有人借钱,便会爽快答应,借后又不忍心向朋友去索要,因此,父亲去世后家中几乎无积蓄。但是生前向父亲借钱的人,虽然没有收据或是借条,都会主动送还,说是良心上过不去。据说,有一年父亲任钱庄经理,因获利颇丰,就给职员发了许多奖金,被钱庄的老板知道后,很不满父亲的行为而责令赔偿。父亲为人宽厚善良,对年少的蔡元培有很大的影响。

20岁时,母亲去世。母亲为人慈爱而慎言,与亲友见面之前会提前揣度对方怎么说,自己怎么应对,事后再反省自己说话的方式或内容上有没有不当的地方,并经常将自己与他人对话过程告诉孩子们,培养孩子们慎言的习惯。并且母亲经常在给孩子们理发或是吃饭的时候,指出孩子的过失,并说明理由,希望孩子能改过。如果遇到屡教不改的情况,就会在清晨孩子还没起床的时候,掀开被子用小细竹鞭打孩子的屁股,一边打一边细数孩子的过失,直到孩子愿意改过为止。母亲对蔡元培的影响还不止于此。在蔡元培学做八股文时期,一

日,他构思八股文直到深夜,母亲觉得夜太深,人太倦,思路也打不开,就让蔡元培索性去睡觉,然后黎明之时就把蔡元培喊起来,昨晚一直没有思路的文章早上一挥而就。由此养成了蔡元培熬夜不如早起的生活习惯。母亲对儿女们慈爱而又严格的教育方法给蔡元培留下了深刻的印象。蔡元培人格中的宽厚多来自父亲,不妄言、自律、自强多来自母亲。

蔡元培在这个阶段除了受父母影响较大外,还在读书上受教颇丰。蔡元培在自述中提到青年读书时,有三本书对自己影响最大,分别为朱骏声《说文通训定声》、章学诚《文史通义》、俞正燮《癸巳存稿》。对于朱骏声的《说文通训定声》,蔡元培认为"不但可以纠正唐代李阳冰、宋朝王安石等只知会意不知谐声的错误,而且于许慎氏所采的阴阳家言如对于天干、地支与数目的解说,悉加以合理的更正;而字的排列,以所从的声相连;字的分部以古韵为准;检阅最为方便。"①对于章学诚的《文史通义》,称赞其:"对于搭空架子、抄旧话头的不清真的文弊,指摘很详。对于史法,主张先有极繁博的长编,而后可以有圆神的正史。又主张史籍中人地名等均应有详细的检目,以备参考。"②俞正燮的《癸巳存稿》,蔡元培认为书中对于天文、地理、医学、方言等都有详细的考证,语言幽默有趣,提倡不随意更改前人思想为基础的读史法。

父亲的为人宽厚,母亲的慈爱而自律,以及读传统经典著作的收获,都为年少时的蔡元培日后无论在做人做事上还是学术研究上奠定了深厚的基础。

2. 海外留学时期

自1894年中日甲午战争之后,蔡元培开始关注西学并产生了浓厚的兴趣。蔡元培分析当时维新变法失败的原因,认为是没有培养足够的变革人才,而只是企图以少数人变革政权,是必然会导致失败的。由此,蔡元培从中吸取经验,辞去了当时在京城中的官职,开始投身于教育。先后执教于绍兴学堂、南洋公学等,之后又加入光复会、同盟会等一系列革命机构,但是在革命活动中一再受到阻挠,于是萌发了用求学来救国的念头。1907年,蔡元培41岁,留学德国,开始了半工半读的留学生活。至于为什么选择德国,蔡元培解释说,因为当时中

---

① 崔志海编:《蔡元培自述》,河南人民出版社2004年版,第18页。
② 同上书,第18—19页。

国的教育制度多仿照日本,而日本教育界中流行的是德国的赫尔巴特教学法,幼儿园的创始人福禄培尔也是德国人,而且强迫教育也是从德国开始实行起来的。就当时的教育看,欧洲其他国家以及美国都没有能比得上德国的,蔡元培也就自然选择了游学德国。

在德国第二年,蔡元培有幸进入莱比锡大学哲学系学习、听讲三年,涉及哲学、文学、文明史、人类学、心理学、美学等课程。"曾进实验心理学研究所,于教员指导之下,试验各官能感觉之迟速、视后遗象、发音颤动状比较表等。进世界文明史研究所,研究比较文明史。"① 学术上,蔡元培编写了《中学修身教科书》五册,《中国伦理学史》一册,翻译包尔生《伦理学原理》一册;生活上,蔡元培开始坚持素食,一来是因为听好友说过肉食之患,二来是读到俄国托尔斯泰书中描写动物被猎杀的惨烈之状,遂不忍心再吃肉食,素食一直坚持了12年。

辛亥革命后,蔡元培回国,于1912年任中华民国第一任教育总长。之后进行了一系列教育改革,如创立中央教育行政机构和颁布新教育法令,为中国现代教育的进步做出了很大的贡献。之后,蔡元培又先后游学德国和法国,特别是在法国期间,除了学习法语、编写书籍外,还联系当时法国巴黎大学的教授等社会名流一起创立了华法教育会。蔡元培被推举为代表中国的会长,该会以"发展中法两国之交通,尤重以法国科学与精神之教育,图中国道德、智识、经济之发展"为宗旨,② 主要活动是成立华工学校,组织和推动国内青年赴法留学,促进东西方文化的交流。留学归来后,蔡元培准备担任北大校长。

3. 出任北大校长时期

北京大学原名京师大学堂,民国时期改名为北京大学。当时的北大,腐败之风盛行,校长就在蔡元培就任之前换了好几位。蔡元培还在法国时就接到教育部发电,催促回国,担任北大校长。而当时也有不少人劝蔡元培,北大太腐败,如果答应担任校长,却没有把北大整顿好,反而坏了自己的名声。蔡元培认为,既然已经知道北大是如此腐败了,更有责任去整顿一番,就算失败,也算尽心做过了。于是,蔡元培进京,出任北大校长。

---

① 崔志海编:《蔡元培自述》,河南人民出版社2004年版,第59页。
② 参见高平叔:《蔡元培年谱长编》,人民教育出版社1996年版,第608页。

蔡元培在北大期间,经历了两次重要的运动,一次是新文化运动,一次是五四运动。

新文化运动时期,蔡元培刚到任北大。1915年陈独秀在上海创办《新青年》杂志,1917年蔡元培聘请陈独秀到北大教授文科,之后又聘请了好几位新文化运动的领袖人物,像鲁迅、李大钊等人。这不仅使得新文化运动的主战场从《新青年》杂志转向北大讲台,而且使得北大不仅成为当时国内最高的学府,也成为了新文化运动的中心,培养了一大批爱国救国的有志青年。由此,历史上的北大与新文化运动两个平行轨迹实现了交汇。

蔡元培在北大经历的第二次运动是五四运动。对于学生运动,蔡元培本人并不十分支持。在蔡元培看来,过度参与政治对学术并没有多大的好处,而且作为学生还是以学术研究为主要任务,但蔡元培作为北大校长,仍然义无反顾为学生所有的行为承担责任,包括五四运动。

有人回忆,在学生被捕之后,学生们聚集在三院礼堂里,大家都面面相觑,不知所措。突然听见脚步声从外面传来,众人都抬头张望,原来是蔡元培校长。一些学生害怕受到蔡元培校长的责骂,一些学生则激动不已,一些学生甚至因无措而放声大哭。只见蔡元培从容走上讲台,温和地对大家说:"你们今天所做的事情我全知道了。我寄以相当的同情。"还没有说完,全场呼声雷动。蔡元培接着说:"我是一校之长,我自当尽营救学生之责。关于善后处理事宜也由我办理,只希望你们听我一句话就好了。"这句话就是"从明天起照常上课"。

蔡元培反复向学生强调:五四运动,同学唤醒民众救国觉悟,热情可嘉;然而,青年救国不可仅凭一时热情,主要应靠学识才力,要"读书不忘救国、救国不忘读书"才行,学生还是应"以研究学问为第一责任"。

除了经历这两次历史性的运动外,蔡元培还在北大实行了一系列的改革,从教授治校到沟通文理,从创立研究所,到开放女禁等,为北大创造了一种思想自由、兼容并包的大学新气象。具体的改革措施和内容会在下文涉及。然而好景不长,1923年蔡元培因不满当时教育总长的做法,愤然辞去北大校长职务。之后南京国民政府成立,北大被并入北平大学,蔡元培北大校长的职务被取消。

蔡元培在自述中说:"我是一个比较还可以研究学问的人,我的兴趣也完全在这一方面。自从任了半官式的国立大学校长以后,不知道一天要见多少不愿意见的人,说多少不愿意说的话,看多少不愿意看的信。想每天腾出一两点钟读读书,竟做不到,实在苦痛极了。而这个职务,又适在北京,是最高立法机关、行政机关所在的地方。只见他们一天一天地堕落:议员的投票,看津贴有无;阁员的位置,禀军阀意旨;法律是舞文的工具;选举是金钱的决赛;不计是非,只计利害;不要人格,只要权利。这种恶浊的空气,一天一天地浓厚起来,我实在不能再受了。我们的责任在指导青年,在这种恶浊气里面,要替这几千青年保险,叫他们不致受外界的传染,我自忖实在没有这种能力。所以早早想脱离关系,让别个能力较大的人来担任这个保险的任务。"①可见当时局面混乱至极,蔡元培有心想要为青年人创造一个不受外界干扰的学术桃花源,但是无力于现实的残酷,无奈选择退出。

之后,1927年蔡元培先后被任命为南京国民政府教育委员会委员和中华民国大学院院长。1932年,同宋庆龄等组织"中国民权保障同盟",之后几年都在为抗日救国而奔波。1935年,蔡元培宣布辞去一切兼职,后迁往香港养病,直到1940年去世。

二、蔡元培高等教育思想

蔡元培因北大而使世人得见其才,北大因蔡元培而让历史得闻其名。蔡元培的高等教育思想也在北大一系列改革中逐渐彰显其系统性与全面性,从研究学问的宗旨、兼容并包的办学理念、五育并举的教育内容,一直到大学自治的管理体制。

1. 大学的宗旨:研究高深学问

1912年,马相伯在任北京大学代理校长之时提出:"所谓大学者,非校舍之大之谓,非学术年龄之大之谓,亦非教员薪水之大之谓,系道德高尚,学问渊深之谓也。"②

同样,蔡元培也认为,学校教育的目的在于养成健全人格以及适应社会的

---

① 崔志海编:《蔡元培自述》,河南人民出版社2004年版,第136—137页。
② 吴舸:《蔡元培高等教育管理思想研究》,上海交通大学出版社2012年版,第99页。

能力,大学的目的也是如此,只不过除此目的之外,还要有特别的目的,即研究高深的学问,发扬中华文明,为整个世界文明作出贡献。因此,大学是研究学问的地方,学生进入大学应当是以求取学问为目的,除此之外,没有其他目的,不然则有愧于大学生这个称呼。

蔡元培就任北大校长时提出"抱定宗旨""砥砺德行""敬爱师友"三个宗旨。其中,"抱定宗旨"就是指,大学是研究高深学问的地方。而当时的许多北大学生上大学是为了升官发财的目标,因此在选科的时候,多选法科,而选文科和理科的人很少,因为从法科毕业后升官之路更方便。蔡元培提出,如果是为了升官发财的目的,直接去一些商科法科的专门学校即可,没有必要进入大学学习,因为上大学就是为了求取学问的。倘若在大学里的三四年荒废学业,将来毕业了,只是凭借一纸文凭进入社会,如果进入教育界,担任讲师教授等,便是贻误学生;如果进入政界,必定贻误国家。这误人误己之事在刚开始就要断除,所以首先进入大学就要明确目标与宗旨,而且这个目标要大,要高远才好。

大学作为研究高深学问的府邸,不仅要在教学上招聘有学术造诣的老师,而且在研究上要设立专门的研究院,为老师和学生做研究提供良好的学术环境。

(1) 引进师资

教师作为传播知识的主体,为了保证研究高深学问的大学宗旨,蔡元培在选聘教师上可谓简单又严格。简单在于招聘的标准即学术造诣和为人品德,严格的地方在于,只要不符合这两个条件的,无论是国外的教员还是政府官员一律都不得录用。

蔡元培刚刚进入北大时,很多老师并不是很称职,不好好备课,而是把自己要讲的内容一讲一讲发给学生,按照讲义上的内容读一遍,学生自然也不感兴趣,课上打瞌睡或看闲书。当时的学生对于学问并没有什么兴趣,进入大学也只是为了混得一纸文凭。等到期末,便连夜通宵看讲义,以期通过考试,考试一过,那些讲义便不会再翻一下。有些通融一些的教师会把考试的范围甚至是题目告知学生。而且,北京大学最初招收的学生多为官家子女,他们上大学不是为了做学问,而是想毕业之后找个好出路,所以当时专门研究学术的教师若再加上教学风格认真严格一些,大多都不受学生欢迎。如果是一位在政府里有地位有身份的人来兼任教师,即使时时请假不来上课,也会很受学生欢迎,因为毕业之后学生可以找这位老师当靠山。对于当时的这些现象,蔡元培认为:"这种科举时代遗留下来的劣根性,是于求学上很有妨碍的"①。于是,蔡元培到北大后发表的第一次演说就明确提出,大学生应该以研究学术为本分,而不是将一纸文凭当作升官发财的跳板。仅仅一次演说并不能改变什么,蔡元培明白要想彻底打破这样的局面,需要从引进积极又热心的教师入手。

招聘教师的标准是要求不仅有求取学问的上进之心,而且要有研究学问的浓烈兴趣,并且还要会激发学生研究学问的兴趣;对于学问,不仅了解世界最新的学问动态,而且对于本国原有的材料,也能以一种新颖的方式整理、教授。这种方法,虽然一时之间不能完全做到,但却是招聘老师的大方向。按照这样的标准,蔡元培当时辞退了好几个外国教员。虽然那几个外国教员都是托中国驻外国使馆或是外国驻中国使馆介绍的,但是其实学术并不好,而且在北大待的时间久了,也学会了不好好教书的习惯,所以蔡元培斟酌再三,还是把他们辞退了。辞退时,有一个法国教员要控告蔡元培,有一个英国教员要找蔡元培谈判,并威胁蔡元培。蔡元培都是一笑了之。接着,蔡元培通过《新青年》刊登的文学作品知道了胡适,并聘请他任北大教授,再通过胡适的关系,聘请到了好几位优秀的教员。

虽然在教师选聘上学术造诣起着举足轻重的作用,但教师的为人品德在选聘中有着一票否决的地位。只要发现教师的品行影响到学生并会引起学生行为堕落的现象,即使这位教师的学术造诣高深,都会立即辞退。

学术造诣和道德水平成为保证北大师资水准的两条重要标准,也成为研究高深学问这一宗旨的重要保障。

(2) 创立研究环境

为了在北大营造一种良好的学术环境,便于老师和学生研究高深的学问,蔡元培认为:"欧美各国,除独立研究院外,各大学无不有相当之研究院。"②因此提出要建立研究院,同时也根据当时北大的情况,为学生改良了讲义,并添置图书。

---

① 崔志海编:《蔡元培自述》,河南人民出版社2004年版,第104页。
② 蔡元培著,高平叔编:《蔡元培全集》(第六卷)(1931—1935),中华书局1988年版,第475页。

建立研究院,目的是为教授、留校的毕业生以及高年级的学生做研究之用。而设立研究所的原因有三:一是科学的研究需要各种设备仪器、图书资料,这不是凭借一人之力就能办成的,因此大学需要为老师和学生们提供这样的研究环境。二是有了研究院,对于一些想要继续深造的毕业生来说,可以先在本校内研究学习,等到研究成果显著之时,再去国外大学进一步学习,这样效率更高,费用也更省。三是设立研究院,对于高年级学生,对研究学问十分感兴趣的,可以仿效德国的导师制,由导师带学生进行试验、学习。到1918年初,北大的文学、理学、法学均已成立研究所,研究人员达到148人,其中本科80人,高年级68人,范文澜、冯友兰、俞平伯等都是这个时期进入研究所从事研究工作的。[①]

同时,为了更利于学生的研究、学习,蔡元培采取了两种措施。一是改良讲义。大学生学习不应该和中学、高中一样只靠老师讲,更多的是要自己潜心研究学习,所以之后的讲义只列纲要,详细内容或是更深层次的内涵,通过讲师讲解或是学生自己研究、参考其他书籍来领悟。二是添购书籍。当时北大图书馆书籍虽多,但是新书很少,不利于学生研究学习。因此,要筹款多多置办新书,摆满书架,才能让学生旁征博引,遨游知识的海洋。

蔡元培这样不拘一格揽进人才的方式,同时坚决辞退不称职教师的雷厉风行的原则,又为北大师生们辛勤创造良好的研究学术的环境,一时之间让北大成为了群英荟萃、人才济济的学术殿堂,研究高深学问的办学宗旨渐渐深入人心。

2. 大学的原则:兼容并包

蔡元培从研究高深学问的大学宗旨衍生出思想自由、兼容并包的办学原则。他认为,大学应当是囊括各种经典、包络众家之言的学府,只要言之有理的学派,都可以在大学里自由发展。就如《中庸》提到的"万物并育而不相害,道并行而不相悖"。就像一个人的身体,有左有右之分,呼吸也有进有出,筋骨也有刚有柔。一个大学里,哲学中的唯心主义与唯物主义,美术中的理想派与写实派,伦理学中的动机论与功利论等都是可以并存的,各派思想都是可以自由发展的。大学之大的意义便是在此。

---

① 参见金林祥:《蔡元培教育思想研究》,辽宁教育出版社1994年版,第161页。

(1) 学术自由

学术自由的前提是，对于学术特别是东西方文化碰撞下的各派学术要有海纳百川的胸怀与态度。蔡元培有着留学西方的实地考察经历，又有着年少时在私塾学习传统文化的积淀，以其博大的胸怀主张兼容并蓄、融会贯通东西方文化，并在保持民族特性的基础上消化吸收西方文化。由此，北大校园里出现了百花齐放、百家争鸣的景象。

学术自由的体现便是新旧各派人物并存于同一校园之内。选聘教师时以学术造诣为标准，只要热心教育，有真才实学，不问教派或是政治倾向，一律聘请来北大讲学。对于不同学术的分歧，蔡元培坚信是因不同的思考角度，这是相对的，不是绝对的。只要自圆其说，言之有理，蔡元培就认为他们彼此之间是可以共存的，也可以让学生有选择学派的自由。因此，当时在北大既有守旧分子，如辜鸿铭、陈汉章、陈介石等人，又有积极提倡新文化运动的陈独秀、胡适、鲁迅、李大钊等人。

学术自由在北大蔚然成风，于是教师之间互相"掐架"的现象经常在校园内上演。如胡适指出梁漱溟的中西文化及哲学观的一些可疑之点。梁先生在学校大礼堂公开讲演，为他的见解辩护，并指出胡先生的批评欠当。又如梁漱溟对蔡元培"仁"的定义——"统摄诸德，完成人格"心存怀疑，胡适批评蔡元培有关红楼梦的考证与事实不符。虽然蔡元培对梁漱溟和胡适的意见并不赞同，但是非常支持和欣赏他们的学问和研究。

那时，背后留着长辫、依旧沉浸在封建帝制中的老先生，会与思想西化的新派人物并席而坐，谈笑风生，成为北大校园里一道独特的风景。

(2) 文理沟通

蔡元培沟通文理是建立在他提倡的"学、术分校"上的。"学、术分校"即，大学只需设文理两科即可，其他的像法学、医学、商学等，可以另外设立专门的法科大学、医科大学、商科大学。之所以这样主张，是因为蔡元培看来，文、理二科是偏重于学理方面，而法、医、商等偏重于术的应用层面；此外，大学要设文理两科，就要配备研究所、实验室、图书馆等各种硬件设备，已经十分不容易，如果还要设立其他科目，就还要配备医科的医院，农科的农村等，就很难办了。在这样的观点下，蔡元培将学校划分为研究高深学理的大学和研究具体应用层面的高等专门学校。在大学研究文理的基础上,蔡元培又主张文理沟通,打通学科之间的界限。

蔡元培认为,文、理之间关系密切,是不能分科的。比如,文科中的哲学要以自然科学为基础;理科中的假设到最终的地步都是要牵涉哲学。"地理学的人文方面,应属文科,而地质地文等方面属理科。历史学自有史以来,属文科,而推原于地质学的冰期与宇宙生成论,则属于理科。"①而且,文理分科的弊端在于,文史哲其实都要以自然科学为基础,一旦文理分科,文科学生就不会去学习自然知识,文科的研究不免空洞而流于形式;同样,理科中各门学科也是与哲学有着密切联系,倘若理科学生认为文科内容不是自己要研究的范围,那么容易陷入机械的世界观之中,造成文科生缺乏必要的自然科学知识,理科生缺乏基本的人文素养。蔡元培提出:"治文学者,恒蔑视科学,而不知近世文学,全以科学为基础;治一国文学者,恒不肯兼涉他国,不知文学之进步,亦有资于比较;治自然科学者,局守一门,而不肯稍涉哲学,而不知哲学即科学之归宿,其中如自然哲学一部,尤为科学家所需要;治哲学者,以能读古书为足用,不耐烦于科学之实验,而不知哲学之基础不外科学,即最超然之玄学,亦不能与科学全无关系。"②由上可知,文学离不开科学,哲学是科学的归宿,科学是哲学的基础,即使最神秘的玄学也与科学有着千丝万缕的联系。

在具体实践中,蔡元培规定文科学习者必须兼研究理科中的某一学科。比如,学习历史的同时研究地质学,学习哲学的同时研究生物学;学习理科的必须另外学习文科中的一门,如哲学史、文明史。1919年,蔡元培进一步落实沟通文理的宗旨,撤销文、理、法三科的界限,设立14个学系,并设系主任。

文理沟通、废科设系,在大学里不断打破各种界限,使得课程融合,科目融合,学术融合。大学之大,在于包容与接纳百川之水,从而成就其大,这样相互交融而无界限的大学在今天看来都具有现实的借鉴意义。

(3) 实行选科制

在沟通文理的基础上,蔡元培还提出了有利于发展学生个性的选科制代替整齐划一的年级制。

---

① 崔志海编:《蔡元培自述》,河南人民出版社2004年版,第111页。
② 蔡元培著,高平叔编:《蔡元培全集》(第三卷)(1917—1920),中华书局1984年版,第221页。

年级制的弊端在于善于学习的学生受修学年限的限制不能更好前进,而留级的学生因有几门功课不及格,就要把所有的课程重新复习一遍,使得学生厌倦学习,经常在课上打瞌睡或是直接旷课。而选科制的好处在于,学生除了规定的必修课以外,可以根据自己的兴趣选择其他课程,可以是自己研究领域的也可以是跨领域的。同时,学生只要修满规定的学分就可以毕业,而不会受到年级的限制,这样既调动了学生的积极性,又发展了学生的兴趣与个性。

虽然选科制在一定程度上尊重学生个性,调动了学生的学习热情,但是如果缺乏对学生在选科上的指导,选科制的实行很容易出现偏差。比如,会有学生只是从个人的兴趣出发而忽视对基础课程的学习;或者有人为了及早修满学分,而特意选择容易的课程去上,而不选比较难的课程。针对这样的情况,蔡元培给出两条建议。一是学生的选择权是有前提条件的。"学生只有相对的选择,无绝对的选择,除必修科以外的科学,才有选择权。北京大学现行这种制度,如入化学科,有三分之二是必修科,余者可自由选择"。① 二是学生的选科必须经过教师的审核,因为老师站的角度比学生更高些,知道哪些对学生是真正有益的。因此,在选科制实行的同时,加强对学生的指导也是非常有必要。

由此,废除年级制、采用选科制的提案经教育部同意,1917年首先在北京大学试行,1922年后许多高校纷纷效仿。于是产生于德国、流行于美国的选科制,在蔡元培的推动下,在中国也开始盛行起来。其实,选科制实行是蔡元培发展学生个性与自由教育思想的体现,蔡元培始终围绕思想自由、兼容并包的原则在为学生构建一个全新的北大。

如果说学术上各派并存,是为学生选择的自由奠定基础;那么文理沟通,就是为学生完整的自由奠定基础,而实行选科制,则是为学生个性的自由奠定了基础。

3. 大学的内容:五育并举

蔡元培作为近代第一个提出军国民教育、实利主义教育、公民道德教育、世界观教育和美感教育之五育并举思想的教育家,对中国近代教育的发展起到不可磨灭的推进作用。

---

① 蔡元培著,高平叔编:《蔡元培全集》(第四卷)(1921—1924),中华书局1984年版,第35页。

五育并举思想是在辛亥革命结束后不久提出来的。当时的中国正处于历史转折期,几千年的封建统治被推翻了,但是在教育界,"忠君、尊孔、尚公、尚武、尚时"的教育宗旨还在继续发挥着余热。很显然,封建教育宗旨已经与民主共和精神相违背,但是如何建立新的教育方针在当时教育界还未达成共识,各有各的坚持与观点。因此,教育界迫切需要一个统一的教育宗旨与方针,使得教育能够平滑地从封建主义旧教育过渡到资产阶级新教育。于是,1912年蔡元培在发表的著名论文《对于新教育之意见》中第一次系统阐述了五育并举的思想,对当时以及今后的教育发展起到了重大作用。

蔡元培是先从教育与政治的关系入手来阐释的。他认为,教育与政治的关系有两种:隶属与超越。封建专制时期,教育要根据中央的政策制定方针,这便是教育隶属于政治;共和时期,教育站在人民的角度来定教育标准与方针,这是教育超越了政治。而在清朝后期,隶属于政治的教育称为军国民教育,虽然军国民教育在其他国家渐渐消失,但是对于中国来说,强邻虎视眈眈,亟须武力自卫,同时打破当时国内军人强权统治的局面,因此,军国民教育不能不进行。

此外,在当今世界,不仅在武力上,而且在财力上也要保持良好的竞争优势,武力也需要财力的支撑。由此,第二个隶属于政治的教育为实利主义教育,是将人民的生计问题贯彻于普通教育的园艺、烹饪、裁缝以及五金之中。中国的实利主义教育组织还比较欠缺,百姓失业严重,国家经济水平还比较低,因此,实利主义教育在中国的实行迫在眉睫。

上面两个教育讨论的是如何让一个国家富有而强大起来。可即使国家兵力很强大,国内反而引起了内斗纷争;即使国家很富有,但是恃强凌弱,贫富差距愈来愈大。造成这样的局面该怎么办?蔡元培认为,应以道德约束公民,即公民道德。法兰西革命之时,呼吁自由、平等、博爱,这三个词解释了公民道德的精髓。具体来说,自由便是孔子说的"匹夫不可夺志",孟子说的"富贵不能淫,贫贱不能移,威武不能屈",自由不是随心所欲放纵,而是自律自强的笃定,在古代自由有另一个名字叫做"义";平等便是孔子说的"己所不欲,勿施于人",子贡说的"我不欲人之加诸我也,我亦欲无加诸人",平等不是以平等的名义为自己谋利益,而是以自他相换之心站在对方的角度考虑问题,在古代平等有另一个名字叫做"恕";博爱便是孟子说的"鳏寡孤独,天下之穷民而无告者也",是孔子说的"己欲立而立人,己欲达而达人",博爱不仅仅是对家人儿女的爱护,更是视天下人为自己的亲人儿女而呵护关怀,在古代博爱有另一个名字叫做"仁"。自由、平等、博爱,这三个是道德的根本,也是公民道德教育所要达到的目标。

但教育不应止于军国民教育、实利主义教育和公民道德教育,因为人有生必有死,国家有存在必有消亡,世界有积聚必有消散,人在死亡到来的那一刻生前所有的幸福都会消失,那人生的价值在哪里？因此,蔡元培提出要以出世间的思想来追求现世的幸福。仅仅追求现世的幸福是政治家,教育家不是这样的。其实世界有两个方面,一为现象,二为实体。现象世界形成政治,以追求现世幸福为目标；实体世界形成宗教,以超越现世幸福为目标。实体世界,换一个名字,可以称之为"道"或"太极"等。而教育是立于现象世界与实体世界之间,是以实体世界的观念追求现象世界的幸福。而蔡元培坚信,现象、实体其实是一个世界的两个方面,并不是完全冲突的。冲突的原因在于,人们心中有人我差别的概念,就会陷入种种生活的现象之中无法自拔,遂与实体相隔离相冲突。而军国民教育和实利主义教育很好地弥补了人们在自我保护上的差别,公民道德教育则在不断淡化人我的分别念,进而才能不断接近实体世界。接着便是进行实体世界教育,有两方面,一方面对现象世界既不厌弃也不执着,另一方面对于实体世界日渐向往而领悟其内涵,这便是世界观教育。

要在实体世界和现象世界之间建立起一座桥梁,即美感教育。在现象世界之中,人都有喜怒哀乐之情,随着生老病死,旦夕祸福等现象而流转变化。美术则可以用这些现象为素材,创造出的作品可以使人欣赏时没有任何杂念。比如,采莲耕田等生活之事,一旦写入诗歌自然另有一番味道；火山大风等可怕的自然现象,一旦画入图画则是令人把玩不已。这样既培养了对现象世界无厌弃又无执着的情感,也培养了对实体世界的向往之情。因此,想要将人从现象世界引入实体世界,不得不提倡美感教育。

上面提到的五种教育都不可以偏废,军国民教育、实利主义教育、公民道德教育是隶属于政治的教育,世界观教育和美感教育是超越政治的教育。

用中国古代的教育来印证这五种教育。尧舜禹时期,教贵族子弟以宫廷音乐和九德①,这是德育和美育相结合的教育。周朝以六德②六行③教化万民,这是德育。六艺中的射御为军国民教育,书数为实利主义教育,礼为德育,乐为美育。用西方的教育来例证。希腊人教体操和美术,即为军国民教育和美育,欧洲近代教育家赫尔巴特是纯美育主义者,美国著名教育家杜威是纯实利主义教育者。

从教育方面看,军国民教育为体育,实利主义教育为智育,公民道德教育以及美育为德育,而世界观教育是三者都有。

根据蔡元培的思想,1912年北洋政府教育部出台教育宗旨为:"注重道德教育,以实利教育、军国民教育辅之,更以美感教育完成其道德。"由此可见,蔡元培的五育思想为资产阶级创立新教育奠定了理论基础,但同时我们也看到,蔡元培的五育思想只被采用了四育,其中世界观教育并没有被采纳。之后蔡元培也开始渐渐不提五育,而是提倡四育。在1920年2月新加坡南洋华侨中学的演讲中,蔡元培提出:"所谓健全的人格,内分四育,即:(一)体育,(二)智育,(三)德育,(四)美育。"④

4. 大学的管理:独立自治

蔡元培在1922年担任教育总长时颁布的《大学令》中就规定了大学应实行教授治校的原则,体现了蔡元培教育独立、大学自治的思想。

(1)教育独立

教育独立,不仅是指教育经费独立,而且还要独立于教会和政党。

教育独立的口号是在复杂的历史背景下提出来的。当时军阀混战,政府将大量的资金用于军事,对教育的投入很少。有数据显示,1919年,国家在军事上的投入占二分之一,而对教育的投入只有七十五分之一,即使是这七十五分之一的经费也是经常不按期发放,任意拖延。同时,教育也在混乱的政治军事中动荡不安,几近奔溃。当时身为北大校长的蔡元培也是深受其害,曾说在北大稍微破例一次,如沟通文理、设选科制等,都要呈报教育部批准,一点没有自主

---

① 九德:《逸周书·常训》之九德:"忠、信、敬、刚、柔、和、固、贞、顺。"
② 六德:知、仁、圣、义、忠、和。
③ 六行:孝、友、睦、姻、任、恤。
④ 蔡元培著,高平叔编:《蔡元培全集》(第三卷)(1917—1920),中华书局1984年版,第474页。

性可言。

由此,为了使教育避免政治和宗教的干预,蔡元培于1922年发表著名文章《教育独立议》,提出教育应当独立于各种教会和政党。

蔡元培认为,教育应当是帮助人发掘潜能,完善人格,为整个人类的事业贡献一分力量;而不是把教育当作一种手段、工具,用来达成其他目的。

教育要独立于政党的原因在于,教育是追求个性与群体性均衡发展的,而政党是需要创造一种固定的群体性而抹杀个性的,如果政党干涉教育,对教育会有大害;教育是追求长远的效益的,十年树木,百年树人,说的就是如此,而政党是追求时效性,倘若政党在数年内不能出政绩,就有可能倒台更替。当把教育权交给政党时,随着政党的更替换届,教育方针也可能要发生改变,这样教育的效用就一直没有足够的时间体现出来。

教育要独立于宗教的原因在于,教育是进步的,在学术上,学者可以站在前人的肩膀上进一步研究,取得新的进步,而教会是保守的,虽然教会也是尊重科学的,但一旦涉及《圣经》的内容,却是不允许质疑和批判的;教育是无边界的,英国的学生可以读印度的文学作品,阿拉伯人可以学习德国人建造设备的方法,而教会是有差别的,基督教与回教的习俗习惯不同,回教与佛教在教义教言上也有差别,甚至在基督教内部,也有新教与旧教的分歧。哪个教派更接近真理,一般人都无法做出判断,因此各个国家的宪法中都注明"信仰自由",让公民自己做出选择。倘若将教育权交给教会,估计会是混乱一片。

因此,教育必须独立于政党,独立于教会,才能独立自主寻求发展,这在当时产生了积极的影响。

(2) *教授治校*

蔡元培在翻译鲍尔生的《德国大学与大学学习》时了解到教授治校的理念,甚是推崇。于是,蔡元培在《教育独立议》中提出了教授治校的设想:"大学的事务,都由大学教授所组织的委员会主持。大学校长,也由委员会举出。"[①]

教授治校是以民主的方式,让懂教育的人来管理学校,从而防止学校权力集中在少数人手中,实行独断专权。蔡元培在德国留学期间,充分吸取了德国大学的民主平等精神,他看到大学里的校长和科长都是由教授组成的团队选举

---

① 高平叔编:《蔡元培全集》(第四卷)《大学独立议》,中华书局1984年版,第586页。

产生,而且大学的校长是由文、法、神、医这四科的教授轮流担任,一年换一次,并且从来没有因为校长的轮流而出现什么问题。

教授是学校学术研究的主力,又是与学生接触较多的人,教授治校,在调动教授们积极性的同时,既可以使得学校的发展与管理契合学术研究的节奏,又可以站在学生的角度满足学生的需求,自然提高了行政管理的效率。

教授治校是蔡元培在教育独立的基础上,提出的由学校内部的教授来管理学校的模式,进一步奠定了教育独立、大学自治的基础。

三、女子教育思想

在蔡元培的教育思想中,女子教育是重要的一部分。蔡元培的论述,使得女子在教育上取得了与男子一般的地位,中国的女子教育进入了新的发展阶段。

1. 女子教育的必要性

蔡元培作为具有民主思想的教育家,提出男女平等的思想,并且认为男女平等首先体现在教育平等。

中国传统观念中"女子无才便是德"的思想禁锢了女子的发展自立。蔡元培认为,女子不接受教育危害影响极大,主要表现在以下三个方面。

第一,首先影响到的是自己。倘若女子不学习,就只能依靠男子来生存,便失去了独立生活的能力,而且为了获得男子的抚养与青睐,不惜同性之中互相争斗,一生都围绕着家庭丈夫和孩子,没有独立地位可言。由此中国男尊女卑的观念悄然形成,进一步禁锢了女子的发展与自立。这是由于女子没有进入到教育系统,不能学习到可以养活自己、适应社会的知识,不能像男子一样凭借自己的一技之长去独立生活。因此,女子不受教,则无自由亦无自立可言。

第二,女子不受教育也会影响到整个家庭。女子在家中既是妻子又是母亲,其自身涵养学识的高低将会影响到整个家庭的美满与幸福。作为妻子,倘若女子不接受教育,不仅不能帮助男子事业的发展,还可能会成为男子的拖累,阻碍其发展;作为母亲,在孩子进入私塾读书之前,接触最多的便是母亲,受影响最大的也是母亲。孩子的行为举止、洒扫应对都会模仿母亲或是从母亲那儿习得,所以如果母亲没有接受教育,甚至染上一些不好的习惯,对孩子的启蒙教育是伤害非常大的。

第三,女子不受教育最终会影响整个国家。未受教育的女子,多局限在一个家庭中,一生都是围绕着一个小家在转,对社会、国家、民族的意识淡薄,直接影响下一代对国家民族的观念。一位未受教化的女子直接影响的是下一代的发展,而整个国家未受教化的女子影响的是一个国家、民族下一代的发展。

由此可知,女子不学,影响的是女子自己,也是一个家庭,更是一个国家的命运。基于女子教育的紧迫性,蔡元培极力提倡男女平等,重视女子在教育中的地位。

2. 女子教育的方针

对于女子,世人多以贤妻良母为判断标准,而蔡元培也是赞成将女子培养成一个贤妻良母,在家相夫教子,既可以成就一个好丈夫,又可以教出品行贤良的好子女,但这不应该是女子一生的最终状态,不应该成为限制女子发展的束缚,女子可以有更大的目标去实现。

蔡元培《在爱国女学校之演说》中提出,女子的教育目的应与男子一样,即养成完全之人格。但从女子的角度来考虑,养成完全之人格包括三个方面。

第一,体育。健康的身体是一切思想事业的基础,这是女子需要体育的第一个理由。其次,作为生儿育女的母亲,只有具备强健的体魄才会生养出健康的儿女,此第二个理由。封建时期女子多缠足,久居闺中,身体孱弱,多依赖男子,由此,女子通过体育的锻炼,强健体魄,增强女子的自卫能力,此第三个理由。

第二,智育。这里的内容主要是指科学知识以及生活技能方面的学习。智育是在精神方面对女子进行训练,可以让女子心思更加缜密灵活。又因为女子与男子在身心特点上有些差异,在学习的科目上应根据自己的性格特点来选择。蔡元培建议女子应该学习美术、哲学、文学类,不适宜学习算学、理学,也不宜做裁判,因为女子多感情用事,可能会不忍心判决有罪之人。

第三,德育。蔡元培认为德育是女子养成完全之人格的根本或者说是基础,女子若无德,则即使智力上再聪慧,体力上再强健,也可能助长其恶行。而女子在品德上的普遍缺陷,蔡元培认为有许多,比如不自立,多依赖他人;爱慕虚荣,整天想着如何打扮自己;待人势利,喜欢与做官之人多结交;目光狭窄短浅,局限在家庭琐事之中,不知社会国家之事。因此,德育的目标便是改正上述女子的缺点,同时增长女子的优点,如恻隐之心、仁爱之心等。

除了在教育上实现男女平等,蔡元培还提出女子应该与男子享有同样的权利和义务,可以有参与政治的权利和为国家社会服务的义务。

这样,女子完全人格的培养,可谓是让女子在经济、政治、人格上都获得了平等的地位。

3. 女子教育的落实

之前有人问蔡元培:"何时开放女禁?"蔡元培认为,大学没有女禁这一说。欧美大学都是招收女生的。之所以大学里没有女生,是因为以前中学毕业的女生并没有要求进入大学,如果有女生在大学招收期间来考试,大学自然是会准考的。如果有女生通过了入学考试,是会准许她入学的。

对于男女同校,蔡元培在南京临时政府担任教育总长时,就明文规定小学可以男女同校,之后渐渐推动成中学男女可以同校。但是在接受高等教育的学府,男女同校一直没有实现,就像蔡元培说的,没有申请进入大学的女子,大学也不好怎么强求。他说:"外国的小学与大学,没有不是男女同校的。美国的中学也是大多数男女同校。"①

男女平等、男女同校的呼声渐高下,1920年一位江苏女学生请求进入北大学习,但不巧招生时间已过,不过学校还是同意她进校旁听,于是她成为北大第一位女学生。也是从这一年开始,北大正式招收女学生。

大学招收女学生在今天看来实为一大创举。但是当时还未完全开化,百姓思想也未完全跟上世界的潮流,蔡元培这一举动多招致口舌,不仅教育部有所质疑,当时的军阀曹锟、张作霖等也皆表示嘲讽。但是,自北大刮起男女同校之风后,全国各地争相效仿,从北京到南京到上海也都开始招收女学生。越来越多的女子走进学校,接受高等教育,接受科学知识的洗礼,女子的地位从教育这

---

① 蔡元培著,高平叔编:《蔡元培全集》(第三卷)(1917—1920),中华书局1984年版,第466页。

一领域开始得到尊重。

简而言之,蔡元培为中国教育引入西方男女平等的观念,提倡女子走进学堂接受教育,培养完全之人格,在体育、智育和德育上都有所提升和锻炼。他大力推动小学、中学以及大学的男女同校,将男女平等的观念落到了实处,为女子争取到了受教育的机会与社会的尊重,对于中国女子教育的发展起到了不可估量的作用。

四、职业教育思想

重视职业教育又是蔡元培教育思想的另一大特点。蔡元培的学生黄炎培在书中回忆:"时吾方倡职业教育于南方,其始颇不为人谅,惟吾师能知我,既共列名发起,复时时为之张目。数度当众演述中华职业教育社创始之艰苦,当时论尤庞杂时,矢石雨集,吾师乃身为之蔽,任评议会主席且十年,有会集必至。"①由此可见蔡元培对职业教育的重视程度。

1. 职业教育思想的发展演变

蔡元培提出职业教育理论并不是一蹴而就的,而是在其中西方文化的背景下,经过了一段发展演变的过程,才渐成系统的。

职业教育思想的萌芽是在 1900 年左右。当时蔡元培提出士农工商等各行各业都应该接受教育,而不是像古代传统思想那样,为了当官才去读书受教育。在这段时期,蔡元培已经开始将教育与职业相互联系起来了。到了 1912 年,蔡元培担任教育总长时,正式提出要发展实利主义教育,也就是后来的职业教育,希望通过教育能够解决人民生计问题,促进国家经济的发展,这个阶段是蔡元培职业教育思想的确立阶段。1917 年后,蔡元培的职业教育思想进入理论成熟期,明确阐释了职业教育与普通教育的联系与区别,以及发展职业教育的必要性,系统论述了职业教育的发展方向以及指导原则。

蔡元培职业教育的最终理想是达到"学校无不用之成材,社会无不学之执业,国无不教之民,民无不乐之生"的状态。蔡元培在职业教育一步步的发展演

---

① 黄炎培著,中华职业教育社编:《黄炎培教育文选》,上海教育出版社 1985 年版,第 267—268 页。

变中看到了希望,看到了职业教育的推动给国民生计带来的利益与发展。

2. 职业教育的必要性

蔡元培有着多年留学的经历,在留学期间,他依然惦念着有着上千年文明却步履沉重的祖国,他渴望祖国能像西方国家那样发达起来。他处处留心,想要深入探寻欧美发达国家富强发达的原因,发现欧美国家经济繁荣的根本原因在于实业教育的发达。实业教育培养出一批一批毕业生投入到社会中,创造出了越来越多的财富,财富的集聚让欧美各国越来越富有发达。

反思当时的中国,经济生产还依赖于小生产状态的农业,工业也仅仅停留在手工业阶段,商业则处于小区域性的封闭阶段。没有从教育上引入新的知识来改变现状,也没有引进新的人才从事新的职业,因此,当时中国虽有百业,实难发展。这样对比下来,蔡元培深刻认识到在中国发展职业教育的重要性。

在蔡元培担任民国教育总长时提出的五育并举中就有一项实利主义教育,即"以人民生计为普通教育之中坚。其主张最力者,至以普通学术,悉寓于树艺、烹饪、裁缝及金、木、土、工之中"[①]。这里所说的实利主义教育便是后来的职业教育。蔡元培认为发展职业教育,一方面可以为年轻人提供谋生的工作,另一方面可以促进社会分工的进一步发展。这样,人人都有了可以安身立命的职业,又可以化解社会失业危机,同时为社会创造财富,国家经济自然会得到增长。

蔡元培从西方发达国家总结经验,为当时动荡又落后的中国提出了职业教育的解救药方,将中国的人口压力转化成了经济发展的动力,设想是美好的。

3. 职业教育的发展方向

在当时的中国,职业教育究竟应该沿着怎样的轨迹发展,是模仿西方还是独自开辟一条新路,还是其他?蔡元培根据当时的中国国情,针对职业教育的发展特点,总结了以下两个方向。

一要联系实际需要。中国在 19 世纪末 20 世纪初也曾大力发展教育,各地区也是大规模建学校招学生,但是在学校耸立的地方依旧是贫穷落后,人民吃

---

① 高平叔编:《蔡元培教育论集》,湖南教育出版社 1987 年版,第 42 页。

不饱饭,而职业学校培养的学生也是毕业后就十之八九都找不到工作,这样不断恶性循环。蔡元培对现状分析,得出结论,认为是职业学校培养的学生无法满足社会的实际需求造成的。当时的职业教育存在问题有三:只是追求职业教育中专业种类的齐全与系统而忽视了社会真正的需求,此其一;职业教育的内容多理论化而缺少让学生实际运用的机会,此其二;学生没有良好的就业态度,眼高手低,想要找到好的职业却没有那份能力,此其三。

二要面向大多数人。当时社会上岗位多空缺,却又找不到合适的人;而大多数人也失业在家,只因能力不及职业要求。因此,需要职业教育培养职业技能,使无业者有业,并且职业教育必须是面向大多数人,才能改变社会失业人员的现状。而且蔡元培提出,面向大众的职业教育首先要面对的是占中国人数最多的农民。由于农民的科学知识淡薄,农业发展不尽如人意,因此蔡元培提倡职业教育要面向广大农民,对农民进行指导教育,并在各个农村建立学校,改变学生不愿意从事农业的偏见,为农业的发展培养先进的技术人员。其次,职业教育要面对的是女子职业教育。女子作为家庭中的重要成员,又是社会发展的活跃力量,倘若女子不接受职业教育的指导,没有工作,无法经济独立,既无益于家庭又无法服务社会,实属资源浪费。因此,对于女子职业教育,蔡元培认为应该多多宣传,破除人们对于女子不应该从事职业的偏见,同时提倡女子在不影响到家庭生活的前提下,多多参与社会工作。

4. 职业教育的指导原则

有了职业教育的方向,在职业教育发展的过程中,为了避免偏差,蔡元培提出,应该还要注意一些指导原则问题。

(1) 德育为前提

职业教育是围绕人民生计为解决生存问题而进行的,但倘若只以生存为教育的唯一目标,很容易陷入极端的物质追求,而忽视了修身养性等精神方面的培养。因此,提倡职业教育的前提必须是道德先行,有了道德作为人格基础,培养出的学生无论从事何种职业,都不会发生太大偏差。若是没有道德教育,只是一味进行职业技能培养,毕业出来的学生纵使能力再好,对社会对国家也是有百害而无一利。

因此,首先要把职业德育放在职业知识技能传授的前面。职业无高下,只是以不同的方式服务社会而已,因此正确的职业观应是尊重不同的职业。其次,要有服务社会意识,在选择职业时,不仅仅只从个人发展的角度考虑,还要从社会需要的角度来考虑择业问题。蔡元培在中华职业教育社曾做过关于择业标准的演讲,其中提到:"总之,选择职业标准,最要原则,应视社会需要,以大众幸福为前提,不可以个人安乐而损害公众。"①

(2) 理论与运用相结合

蔡元培曾指出,在教育中,一个是理论知识,一个是实际运用,两者相互依存,要共同发展才可。在职业教育中也应如此。虽然职业教育乍看来是培养学生一技之长的,但是技能离不开理论,因为倘若只是学习技术,没有理论支持,就好像无源之水,只知其然而不知其所以然,最终职业发展也会受到限制。"要是但知练习技术,不去研究学术;或一国中,练习技术的人虽多,研究科学的人很少,那技术也是无源之水,不能会通并进,发展终属有限。"②

理论知识要转化为实际运用能力,需要通过不断的训练、操作,才能逐渐将理论知识内化为操作能力。所以,蔡元培提出通过实习来达到这一目的。当时中国的职业教育只重视理论的学习而忽视实习能力的训练。蔡元培留学法国时,看到法国的农业学校非常重视学生的实习,一般都是上午理论学习,下午进行实验或是去农场实习。他以法国职业教育实习训练的状况来引导中国职业教育,提出理论与运用相结合是职业教育的指导原则。

蔡元培在当时动荡不安的社会局势下,依旧为社会的发展,为国民的生计而大力宣传着职业教育思想,提出联系实际需要和面向多数人的职业教育发展方向,以及德育为前提、理论与运用相结合的职业指导原则,都对推动和发展近代的职业教育有着重要的作用。

五、借鉴意义

蔡元培作为著名的教育家、改革家、中国现代大学之父,对当时的中国教育

---

① 高平叔编:《蔡元培教育论集》,湖南教育出版社 1987 年版,第 501 页。
② 蔡元培著,高平叔编:《蔡元培全集》(第四卷)(1921—1924),中华书局 1984 年版,第 42 页。

尤其是大学的发展做出了重大的贡献。下面将会对比与蔡元培具有相似教育思想的德国洪堡,从而更加深刻地总结蔡元培对中国近代教育发展的启示与借鉴意义。

1. 思想对比

蔡元培与创办柏林大学的洪堡(1767—1835)所处的时代虽然相距整整一个世纪,但是无论是从经历还是教育思想与实践上看,两者都有着惊人的相似之处,当然也有些许差别存在。

洪堡作为德国著名的教育家、语言学家以及外交官,于1809年担任普鲁士教育司司长,管理普鲁士教育文化事务。在他短暂的18个月任期内,改革了普鲁士义务教育制度,让各个阶层的子女都享有平等受教育的权利;创办了著名的柏林大学,成为日后德国的文化与学术中心,也成为各个国家大学争相效仿的对象。

(1) 相似之处

蔡元培与洪堡的相似之处总结为四点:推崇学术研究的办学宗旨、兼容并包的办学原则、教育独立教授治校的管理体制,以及教育民主思想。

在学术方面,蔡元培和洪堡都认为大学是学术机构,是带有研究性质的高等学校。在洪堡眼中,大学里的教师和学生都是研究高深学问的学者,只不过教师是独立的研究者,学生是需要指导的研究者,而大学"除了与国家的外在联系,实际上就是那些把身外的闲暇或内心的追求用于科学和研究的人们的精神生活。他们志趣各异,有的独自苦思冥想,有的与同辈人交往,还有的与青年人为伍。"[①]同样,蔡元培在《大学令》中也对大学做了定义:"大学以教授高深学问,养成硕学宏才,应国家之需要为宗旨。"[②]而且,蔡元培十分强调学术的非功利性,强调学术本身就是目的,而不是为了其他目的而去学术。

在兼容并包的原则上,蔡元培和洪堡都抱有以学术造诣为标准的师资招聘观。由洪堡所确立的原则影响深远。当时欧洲最杰出的学术代表人物都汇集

[①] 转引自徐晓飒:《洪堡德与蔡元培大学改革思想与实践之比较》,河南大学2006年硕士学位论文,第6页。

[②] 蔡元培著,高平叔编:《蔡元培全集》(第三卷)(1917—1920),中华书局1984年版,第443页。

于柏林大学。第一次世界大战前,42 名诺贝尔自然科学奖获得者中,有 14 人是德国学者,而且全部是大学教授,其中柏林大学一校就占了 8 名。[①]身为北大校长的蔡元培也是以其不拘一格招揽人才的思想风格,将当时不同学派、不同思想、不同信仰的著名学者都汇集到北大,开创学术自由之风。同时,蔡元培和洪堡都致力于在大学里开设各种各样的研究所,培养师生们的研究与创造能力,并推行选科制,让学生根据自己的兴趣爱好,自由选择课程,发扬学生的个性与特长。

北京大学和柏林大学都不仅赋予教师充分的教学与科研自由,而且在管理体制上,为进一步保障学术自由,两个学校都推行教授治校。在柏林大学,教授享有广泛的权力,不仅有基本的科研和教学的权力,还有经费预算、设备使用的权力,以及决定考试安排、课程设置等的决策权。蔡元培也为北大构建了由评议会、教授会等组成的成熟的教授治校管理体制。同时,蔡元培和洪堡都提倡教育独立的大学教育思想,都认为教育的独特性与国家政党的特点不相融合,教育需要独立发展。具体说来,洪堡主张教育要独立于国家和政治,蔡元培则主张教育要经费独立,并且独立于政党和教会。

在教育民主方面,洪堡的民主思想体现在普通教育中,蔡元培的民主思想则反映在女子教育上。洪堡提出,任何一位年轻人,无论门户,即使是最穷的人,都有权力接受完整的教育,由此,洪堡极力反对当时按照社会阶层来划分的学制,提倡单轨制,来实现教育平等。蔡元培则提倡男女平等,让女子与男子一样都享有获得教育的权力,从而开创先河,招收女学生,这也是中国历史上大学里男女同校的开始。

(2) 差异之处

主要体现在大学的职能、大学的课程设置以及大学的教育目的三个方面。

大学的职能主要有两个方面:教学与科研,洪堡和蔡元培的差异之处在于对教学与科研的重视程度。洪堡认为大学不仅仅要培养人才,更重要的是学术上的研究。大学的活动应该围绕科学展开,教的是纯粹的科学,研究的也是纯粹的知识,专业教育和应用型教育并没有列入大学,并且洪堡认为通过科学可

[①] 参见徐晓飒:《洪堡德与蔡元培大学改革思想与实践之比较》,河南大学 2006 年硕士学位论文,第 7 页。

以培养学生的修养，最终促进全民族的精神与道德修养的提升。可以看出，洪堡认为科学研究对人才培养有着决定性作用。而在蔡元培看来，教学和科研同等重要，大学既要研究高深学问，也要培养全面发展的人才，两者在大学发展过程中是同等重要的。

由于对教研两者的重视程度不同，便由此影响到在教师招聘以及学校专业设置上的差异。洪堡偏重于科研，在师资的选择中更看重教师的科研水平，在教学方法上也是选择有利于科学研究的，如采用实验室、开设研讨班等。而蔡元培在招聘时不仅重视教师的学术造诣，还在意教师的为人道德品行，因为会影响对学生的培养。

同样，在教育内容上，重视科研的洪堡认为大学应该研究纯粹的科学，而纯粹的科学便是哲学上的思辨科学。因此，柏林大学重视人文科学，其中特别重视哲学，因为哲学是一切科学之基础，柏林大学的哲学院也在各院之中处于核心地位。洪堡的纯粹科学，要义在于探求真理，与满足现实社会的需要没有关系，当实际生活知识与大学课程混在了一起，教育便失去了其纯粹性，因此，洪堡并不提倡职业教育。而蔡元培不仅重视基础的人文课程，也重视具有实用性质的职业教育，教授学生生活上必需的知识和技能。因此，蔡元培提出五育并举的教育内容，有偏人文的世界观教育和美感教育，也有偏生活实际的实利主义教育。

最终，教研的重视差异导致了两者教育目的的差异。洪堡提出以科学达修养的教育途径，希望通过对纯粹科学知识的研究，激发人内在的潜能，养成良好的道德修养，这是一种让学生有意识自我发展、自我管理、自我教育的方式，强调的是自我本有的力量对学生自身的作用。而蔡元培也提出"展个性，尚自然"的口号。但是蔡元培的展个性与洪堡的自我教育不同，蔡元培更注重教师对学生培养时，外在因素对学生的作用。

2. 对当今高等教育的启发

蔡元培认为："我的观察，一个地方若是没有一个大学，把有学问的人团聚在一起，一面研究高等学术，一面推行教育事业，永没有发展教育的希望。"[①]这

---

① 蔡元培著，高平叔编：《蔡元培全集》（第四卷）（1921—1924），中华书局1984年版，第245页。

里提出建立一个大学的关键因素,便是要确立研究学问与发展教育的办学宗旨。而另一个重要因素便是蔡元培本人作为校长,其素质能力的高低也是决定一个大学成败的关键。

(1) 大学办学宗旨

在蔡元培看来,大学是为了研究学问、探求真理,为世界文明做出贡献,是为了教育培养一代又一代的人才为社会创造价值。大学的宗旨就像是一颗种子播下,在时间的浇灌中终将发芽长大。当宗旨定位不明确时,未来大学的发展路途便会随着时代的变化而曲折多变,没有自己特有的坚持。

我国古代经典《大学》中提出,"大学之道,在明明德,在亲民,在止于至善",纽曼在《大学的理念》一书中提到,大学是传授普遍性知识的场所,任务是提供博雅教育和从事智力训练,目的是训练良好的社会成员,提升社会格调。而对比中国,当今国内大学的宗旨存在许多偏差的地方,有些大学宗旨比较僵化,在时代的前进中不具备传承性,没有随着社会的需求变化而更新其内涵;有些办学宗旨则缺乏学校本身的特点与个性,多效仿名校,提出千篇一律的办学宗旨,没有自己的特色与内涵。

好的办学宗旨应该是树立并秉持自己的传统与特色,像哈佛大学提出来的"与柏拉图为友,与亚里士多德为友,更要与真理为友",耶鲁大学追求的是"光明与真理",洪堡认为大学要"以科学达修养",蔡元培创立的北大则是要"研究高深学问""砥砺德行""敬爱师友"。

由此,大学的办学理念首先要以科学真理为引导,坚持真理与创新,培养学生献身真理、献身科学的忘我精神。大学的教授不仅仅遵循一成不变的方法,不是单单的知识传授,而是以至善至美的真理为引导,在不断变化的科学方法中,勇于探索自然与科学中未知的领域,只为对真理更进一步的了解与把握。其次,在明确宗旨后,以探求真理研究学术为核心,对不同学派、不同信仰采取包容开放的态度。正是这样海纳百川的开放包容成为大学不断前进与发展的动力。以开放的态度,吸收和借鉴西方先进国家的大学经验,同时保持自身特有的优势和特色,不断成长,在学校内允许百家争鸣、百花齐放的学术自由氛围。最后,大学确立的宗旨并不是一纸空文,不是在口头上说说的,而是在大学发展的过程中,围绕办学宗旨,从人才引进到财务支出到设备配备都是以办学宗旨为核心,以学术研究和培养人才为核心,进行一系列的落实构建。

一所大学,首先要明确自己的大学宗旨,其次用尽一切方法将此宗旨落实到每一位学生、每一位教师身上,落实到校园里的一草一木,每一个角落,每一片空气中,这样便算成功了。

(2) 卓越的校长素质

梁漱溟曾说,蔡先生了不起,首先是他能认识人,使用人,维护人。用人得当,各尽其才,使每个人都能发出自己的热和光。

蔡元培作为北大校长,不仅会识人用人,在其他方面也有着过人的能力,才能为北大、为当时的中国教育开创一派自由之风。因此,校长的素质对于一所大学的发展也具有重大的意义。我们从蔡元培校长的身上总结三点可以借鉴之处。

其一,判断决策能力。

蔡元培以融汇中西的知识结构,对不同思想、不同学说的价值与内涵才能够做出精准的判断。"看看蔡校长兴趣盎然地谈论文学、史学、哲学、美术、音乐、政治、伦理、教育等,而且全都具备高等常识,你不能不佩服。这样的大学校长,方才配谈兼容并包。"[1]

蔡元培留学德国期间,认真研读关于德国大学特点和宗旨的著作,如鲍尔森的《德国大学与大学学习》。不仅如此,蔡元培还亲身考察德国大学的校园氛围以及学术研究水平,与当地的教授专家进行交流请教,之后又多次访问欧美国家,参观了十几所大学。他不断吸收各个大学的办学长处与特点,由此积淀出的理论思辨能力以及实践经验智慧,为之后出任北大校长打下了坚实的基础,无论遇到多么复杂的境况,都能具有清晰的决断能力。

其二,宽容开放的气度。

作为一个教育家,蔡元培性情温厚、从容,从来不盛气凌人。梁漱溟赞叹蔡元培兼容并包的胸怀,说道:"有意的兼容并包是可学的,出于性情之自然是不可学的。有意的兼容并包,不一定兼容并包的了;唯出于真爱好,而后人家乃乐于为他所包容,而后尽管复杂却维系得住——这方是真器局,真度量。"[2]

---

[1] 陈平原:《中国大学十讲》,复旦大学出版社 2002 年版,第 45 页。
[2] 转引自陈平原:《中国大学十讲》,复旦大学出版社 2002 年版,第 47 页。

蔡元培兼容并包、春风化雨的情怀是从本人内在的精神境界出发,发自内心,对学术对学生对老师们的包容与关怀,很难弄虚作假。因此,这样宽容开放的气度,内在丰盈自足,外显自然从容温和。

其三,识人用人的智慧力。

蔡元培围绕研究高深学问的大学宗旨,在招聘师资上,唯才是举,对于学问广博、又热心教学的人才,蔡元培不分学派,不分信仰,一律录入北大,甚至不惜礼贤下士,三顾茅庐,将人才聘请到北大来讲学。为了聘请陈独秀,蔡元培亲自登门拜访;有人向蔡元培推荐鲁迅,蔡元培便两次委托人送上函件,表示诚意;蔡元培钦佩当时北洋大学的王善泉,曾一个月连去三份电报,恳请他来北大。而对于那些不具备真才实学的老师,蔡元培顶着压力,将他们一一辞退。

对于进入北大的学者讲师,蔡元培用人用其长,并不求全责备。在招揽进北大的学者中,有在本篇开头提到的辜鸿铭,他精通各国语言,又擅长外国文学,但是一位复古论者;刘师培精通古代文学,但是鼓吹封建主义。蔡元培对学生说,要学习辜先生的外文和刘先生的国学,但并不意味着让你们支持复辟和封建主义。

由上可知,蔡元培清晰的决策能力、宽容开放的气度、识人用人的智慧是他成为一位卓越校长的必备素质,也是我们当今高校校长值得学习和借鉴的。

 总结

蔡元培的一生,因与北大的相遇而逐渐彰显其才华,北大也因蔡元培的出现而实现了完美的蜕变。作为教育家的蔡元培,他的教育理论不仅仅是停留在书面上,而是可以实打实地在实践中运用,并且卓有成效。从在北大的第一次演讲开始,从蔡元培提出抱定宗旨、砥砺德行开始,就注定了蔡元培的教育思想将在北大生根发芽,渐成参天大树,荫庇着北大未来一届又一届的莘莘学子。也许蔡元培的教育理想因时代的局限而无法完全实现,但是,现在的我们只要回顾当年蔡元培在北大实施的一系列的改革与实践,或多或少都能够感受到些许闪光之处,是对我们大有裨益的。

参考文献

[1] 崔志海编:《蔡元培自述》,河南人民出版社2004年版。
[2] 高平叔:《蔡元培年谱长编》,人民教育出版社1996年版。
[3] 吴舸:《蔡元培高等教育管理思想研究》,上海交通大学出版社2012年版。
[4] 蔡元培著,高平叔编:《蔡元培全集》(第三卷)(1917—1920),中华书局1984年版。
[5] 蔡元培著,高平叔编:《蔡元培全集》(第四卷)(1921—1924),中华书局1984年版。
[6] 蔡元培著,高平叔编:《蔡元培全集》(第六卷)(1931—1935),中华书局1988年版。
[7] 金林祥:《蔡元培教育思想研究》,辽宁教育出版社1994年版。
[8] 肖卫:《北大岁月》,内蒙古文化出版社2001年版。
[9] 黄炎培著,中华职业教育社编:《黄炎培教育文选》,上海教育出版社1985年版。
[10] 高平叔编:《蔡元培教育论集》,湖南教育出版社1987年版。
[11] 徐晓飒:《洪堡德与蔡元培大学改革思想与实践之比较》,河南大学2006年硕士学位论文。
[12] 陈平原:《中国大学十讲》,复旦大学出版社2002年版。

陶行知

陶行知　捧着一颗心来　不带半根草去
——生活教育

陶行知先生在当校长的时候,有一天看到一位男生用砖头砸同学,便将其制止,并叫他到校长办公室去。当陶校长回到办公室时,男孩已经等在那里了。

陶行知掏出一颗糖给那位同学:"这是奖励你的,因为你比我先到办公室。"

接着他又掏出一颗糖,说:"这也是给你的,我不让你打同学,你立即住手了,说明你尊重我。"

男孩将信将疑地接过第二颗糖,陶先生又说道:"据我了解,你打同学是因为他欺负女生,说明你很有正义感,我再奖励你一颗糖。"

这时,男孩感动得哭了,说:"校长,我错了,同学再不对,我也不能采取这种方式。"陶先生于是又掏出一颗糖:"你已认错了,我再奖励你一块。我的糖发完了,我们的谈话也结束了。"

陶行知(1891—1946),徽州歙县人,青年时期因崇拜理学家王阳明的"知是行之始",便改名"陶知行",之后在实践中,他认识到"行是知之始",于是第二次改名为"陶行知"。① 陶行知作为20世纪最著名的教育家之一,郭沫若曾赞道:"二千年前孔仲尼,二千年后陶行知"。宋美龄赞其"万世师表",董必武称他为"当今一圣人"。陶行知的名言"捧着一颗心来,不带半根草去"早已深入人心。

陶行知先生一生著作丰富,代表作有《中国教育改造》《教学做合一讨论集》《普及教育》《中国大众教育问题》《普及现代生活教育之路及其方案》《怎样做小

---

① 参见唐麒主编:《世界掌故总集:世界小百科全书》(第十四卷),内蒙古大学出版社2002年版,第27页。

先生》《育才学校手册》《行知教育文选》《陶行知论普及教育》《陶行知论乡村教育改造》《陶行知论师范教育》等,经后人整理主要收集在《陶行知全集》(8卷本,湘版)、《陶行知全集》(12卷本,川版)、《陶行知教育论著选》、《陶行知教育文选》里。①

一、理论基础

陶行知幼年接受传统的私塾教育,先后进入崇一学堂和南京汇文书院学习,后又进入美国教会开办的金陵大学学习。毕业后赴美留学,受到很多名师如杜威、孟禄、克伯屈等指点。这些教育经历让陶行知形成了融汇中西的知识结构体系,为他之后的教育事业打下了深厚的理论基础。

1. 传统东方文化

陶行知幼年与少年时代是在故乡安徽歙县度过的,这片土地上的风俗习惯、人文环境等在潜移默化中伴随着陶行知成长。

歙县,徽州六县之一,徽州文化的发祥地之一,地处皖南山区,新安江上游。在中华文明演进中,此地发源滋长的新安理学、徽派朴学、新安医学、新安画派、徽派建筑及徽派盆景等,构成了一个独特的新安文化流派。②徽州因地少人多,人们很多都舍农从商,到了明清之时,更是有了"无徽不成商"的说法。徽州人从商发迹富裕之后,又尊崇"庶、富、教"的传统思想,更加注重对子孙后代的教育。这种从商富有之后注重教育的思想,已经成为徽州人的传统习俗,一直到陶行知生活的年代都未发生多大的改变。如1927年,他给徽州同乡的公开信中说:"我们徽州,山水灵秀,气候温和,人民向来安居乐业,真可谓世外桃源。查看他的背景,世界上只有一个地方和他类似,这个地方就是瑞典。"③

在这样一个浸染着传统文化氛围的地方,陶行知从小也是接受传统儒学教育,学习四书五经。6岁之时,因资质聪颖,被蒙童馆私塾先生赏识,对其进行启

---

① 参见申林静:《陶行知生活教育理论研究》,华中师范大学出版社2008年版,第1页。
② 参见吴擎华:《陶行知与民国社会改造》,安徽教育出版社2011年版,第15页。
③ 陶行知:《陶行知全集》(第8卷),四川教育出版社2005年版,第101页。

蒙教育。但当时陶行知并未直接入学堂学习,而是随父亲读书写字。后因父亲染上不良嗜好,体力不支,陶行知辍学在家,一边承担家庭的生计,一边四处求学。经亲友介绍,陶行知先后受到当地著名的老师在四书五经方面指点。"凭借父亲的言传身教和四处求学这两条途径,陶行知深受传统文化的熏陶,打下了较为扎实的儒学基础,为自己的知识体系的建构做出了最底层的铺垫。"[1]

2. 基督教文化

1905年陶行知14岁,进入当地基督教会所办的崇一学堂学习,开始接受西方新学。之后又进入金陵大学学习。金陵大学作为当时中西文化交融的一个据点,办学宗旨为培养学生基督化人格以及牺牲、奉献、博爱的精神。在金陵大学中,宗教信仰上比较宽松自由,加上长期浸润在基督教的氛围中,陶行知在大学期间对基督教产生了浓厚的兴趣。他又遇到了好几位言传身教的传教士,近距离了解到,基督教不仅仅是一种宗教派别,还是一种把耶稣的牺牲与奉献精神作为终身实践指南的信仰。在后来的自述中,陶行知也承认自己皈依了基督教。"约有四年,我的心灵一直是个战场。耶稣基督和撒旦为占有它而战。耶稣最终胜利。自这一刻起,我成为他的追随者。"[2]

皈依基督教,对陶行知的思想和行为都产生了很大的影响,甚至可以说之后投身中国教育改造和抗日救国等运动,一定程度上是受到了基督教奉献和博爱精神的感染。这并不是凭空推测,而是来自陶行知老师和朋友们的评价。老师司徒雷登回忆陶行知学生时代时说,他(陶行知)专攻王阳明的学说,同时对基督教的真谛探讨不遗余力,他一生从事教育,坚信博爱,后来主张小先生制,均为基督教精神之最大发挥。好友蒋梦麟敬佩陶行知"有传教士的精神",也有朋友评价陶行知"有儒家的风度,墨家的慈爱,基督教耶稣的精神"。

"爱满天下"是陶行知博爱精神的真实写照,"捧着一颗心来,不带半根草去"亦是其奉献精神的最好体现。博爱奉献的基督教精神是陶行知日后投身于教育事业不竭的动力源泉。

---

[1] 余子侠:《山乡社会走出的人民教育家——陶行知》,湖北教育出版社1999年版,第23页。
[2] 陶行知:《陶行知全集》(第12卷),四川教育出版社2005年版,第4页。

3. 西方教育思想

1914年陶行知金陵大学毕业后赴美留学深造,进入伊利诺伊大学学习市政学。在研究生期间,陶行知不仅仅局限于本专业,还涉猎了教育学科方面的内容,并遇到了对其影响很大的罗特斯·迪塔·考夫曼教授。考夫曼教授是哥伦比亚大学哲学博士,为杜威流派人物,教授了陶行知教育哲学方面的理论,并使得其相信教育是改变中国现状最有效的途径。之后,陶行知放弃了原先的专业,选择了进入哥伦比亚大学继续学习教育学。

在哥伦比亚大学师范学院学习期间,陶行知受到杜威实用主义思想的影响,认为通过科学的实验方法可以解决当时中国的社会问题,回国后更是极力倡导实验教育,可见杜威对陶行知的影响之深;同时在哥大还学习了包括美国公共教育管理、教育史、教育社会学、国外学校体制的社会基础等多门课程,为其教育思想的形成打下了坚实的基础。

二、理论发展过程

陶行知的生活教育理论在实践中不断改进,不断完善,按照其生平的实践经历,大致可以分成萌芽期、发展期和成熟期三个阶段。

1. 萌芽期

1917年陶行知回国,受聘于南京高等师范学校,担任教育学教授,主讲教育学、教育史等新思想。1918年担任南京高师教务主任。这两年在教育行业中的教授与工作经历,让陶行知感受到当时无论是从教育事业还是从教育体制上来看,都存在着一些亟待改进的问题。于是,陶行知1918年发表了《生利主义之职业教育》,率先指出生活与教育不能分离的关系。

1919年2月,陶行知发表《教学合一》,提出教学改革的思想。并在五四运动之后,把教学改革投入到实践中,在南京高等师范学校把全校各科的"教授法"改为"教学法",不久推广到全国。之后的几年中,陶行知努力投身于改变中国教育现状的活动之中。他加入新教育改进社,编辑机关报《新教育》,邀请杜威来华讲学,开展大大小小的各类演说,还成立中华教育改进社,以"调查教育实况,研究教育学说,力谋教育改进"为宗旨。

1922年在中国教育改进会第一次年会上,陶行知首倡科学教育。1923年与晏阳初、黄炎培等人一起成立中华平民教育促进会,与朱经农合编《平民千字课》,到南京、南昌、上海、武汉、杭州等地推广平民教育运动。1924年平民教育得到进一步推广,北京的平民读书处发展到100多个,当时读《平民千字课》的人已经有50万人。

1925年在南开大学做《教学合一》的演讲,受到校长张伯苓的启发,陶行知将"教学合一"发展为"教学做合一"。从此,"教学做合一"之名正式出现。同年,陶行知再一次强调科学教育与乡村教育的重要性。

在萌芽期,陶行知提出了生活与教育不可分离的关系,提出教学改革思想,推广平民教育运动,并正式提出"教学做合一"。

2. 发展期

如果说在萌芽期,陶行知为其生活教育理论打下了坚实的基础,那在发展期,则是通过实践,使得生活教育在现实的运用中进一步得到体现。

1926年,陶行知发表多篇文章开始倡导乡村教育运动,第二年决定试验乡村师范学校,校址在南京老山下的小庄,并改"小庄"为"晓庄",有日出而作之寓意。晓庄学校3月份开学,第一学期学生有13人。三个月之后,陶行知提出:"我们要办好乡村教育,要改造乡村社会,总须有宽阔的胸怀和奉献精神:捧着一颗心来,不带半根草去。"这也是这句深入人心名言最早的来历。

陶行知开始逐步阐释"生活即教育""社会即学校""教学做合一"等理论,提出"行是知之始""在劳力上劳心"等论点。之后几年,晓庄的经验开始推广到全国各地。1930年,晓庄学校被国民政府下令停办,陶行知也遭到国民党的通缉,直到1932年初才解除对陶行知的禁令。

1932年,南京佘儿岗儿童自动学校成立,其中有10人做"小先生",教82名小学生。陶行知也献上一首诗表示称赞:"有个学校真奇怪,小孩自动教小孩。七十二行皆先生,先生不在学如在。"年底,陶行知开始推行普及教育运动,在上海创办山海工学团等,主张"工以养生,学以明生,团以保生",并在第二年推动各地创办儿童工学团,推广小先生制。

1934年,陶行知在《生活教育》上发表《行知文》,正式改名为陶行知。

1935年,"一二·九"运动爆发,陶行知与宋庆龄等人一起联合发表《上海文化界救国运动宣言》。第二年,陶行知参与开展国难教育运动,成立国难教育社,去全国各地进行抗日救国的演讲,飞往世界各地出席联合救国会议,拜访白求恩大夫、圣雄甘地、印度大诗人泰戈尔等。他还创立了中国战时教育协会,起草战时教育方案。

在这一阶段,陶行知提倡乡村教育,试验乡村师范学校;之后又推行普及教育运动,推广工学团和小先生制。在不断的实践中,陶行知的生活教育也得到了很大的发展与完善。

3. 成熟期

1939年育才学校开学,学生百余,课程包括文学、音乐、戏剧、舞蹈、绘画、社会、自然科学等。1941年因经费困难,提出学习武训,艰苦办学。1942年,育才师生举行一系列戏剧公演、音乐会、绘画展览等,向社会展示几年来的教育成果。几个月后,陶行知在生活教育15周年纪念大会上,阐述了生活教育的理论与特点。之后,陶行知不仅投身于生活教育的育才实践中,同时致力于和平团结的民主运动。

1946年陶行知因脑溢血逝世,享年55岁。从延安到重庆到上海再到美国纽约,追悼陶行知先生的有近万人。宋庆龄题词"万世师表",何香凝题词"行知先生精神不死"。12月1日,陶行知安葬在南京老山下的晓庄。至此,陶行知一生画上句号,但其生活教育理论却一直传承着,直至今时今日,亦会延伸至未来时空。

三、理论内涵

陶行知的生活教育理论,是在不断的实践中得出来的,又是在不断的实践中完善的,正如他在《中国教育改造》一书开头所写:"这部书代表我在中国教育里摸黑路所见着的几线光明。从'教授'写到'教学',从'教学'写到'教学做',

人家怕要疑我前后思想矛盾。其实我的矛盾处,便是我的长进处。当选择旧稿时,我曾下了一个决心,凡是为外国教育制度拉东洋车的文字一概删除不留,所留的都是我所体验出来的。所以我所写的便是我所信的,也就是我所行的。"①生活教育理论亦是他体验出来的,是他相信的,他也是这样行动的。

1. 新教育

陶行知从美回国后,进入到教育行业之中,而当时中国的教育存在很多亟待解决的问题,陶行知就先从提倡新教育入手,开始进行一系列教育改革理念的传播。

(1) 新教育的含义

这里把"新教育"拆成"新"和"教育"两个词来阐释内涵。

首先,要对"新教育"的"新"解说。陶行知认为,"新"的第一个意思,是要"自新",就像是某家要请客,设备都向其他人家借,用过之后再还回去,这是客来则新,客去则旧,不是根本的新。我们中国的教育,一会儿学习德国、一会儿学习日本、一会儿又学习美国,没有真正自己的东西。"新"的第二个意思,是"常新"的含义。今天更新,明天不更新了,就会变旧;明天更新了,后天不更新了,还是会变旧,因此要天天新,日日新,就像洗澡,要天天洗澡,才能一直干干净净。"新"的第三个含义是指"全新",即我们讲的新,不仅仅是形式上的,还要注重精神上的,内外一致,全面更新。

其次,"教育"的含义又是什么?陶行知引用杜威的观点来论述教育的内涵。"杜威先生说,教育是经验的继续的改造(continuous reconstruction of experience)。我们个人受了周围的影响,常常有变化,或是变好,或是变坏。教育的作用,是使人天天改造,天天进步,天天往好的路上走;就是要用新的学理,新的方法,来改造学生的经验。"②

(2) 新教育的目的

陶行知认为,新教育的目的有两个,一是在自然界中,学生要有利用自然界的能力。比如,我们利用玻璃窗,将我们需要的光线照进来,而将我们不需要的

---

① 陶行知:《陶行知全集》(第1卷),四川教育出版社2005年版,第3页。
② 同上书,第265页。

风挡在外面。二是在社会中,讲共和主义,使得人人做好自己的本分,为大家谋福。概括起来,新教育的目的就是要养成"自主""自立""自动"的共和国民。自主,是要在自然界和社会中都有自己主导的能力;自立,即在自然界和社会中自力更生,自给自足,不依靠他人;自动,则是要自动自发地配合共和国做事,做一个积极主动的共和国民。

(3) 新教育的方法

对于教育的方法,陶行知先打了个比方,说从南京到上海,再到嘉兴,到杭州,一路上可以选择多种方法,可以步行,可以坐船,也可以坐火车,但在这几种方法中,哪一种比较好,哪一种比较快,是需要判断的。同样,对于新教育的方法,陶行知并没有具体给出意见,只是提出了一些要求。

第一,教育方法要符合教育的目的,任何方法的使用都仅仅是过程中的手段,都是为了其最终目的服务的。陶行知举例说,当时学校里有一门课程叫兵操,是为了培养学生有保护国家的能力而设的,但是课程中只是进行"立正""开步"的练习,几年后,训练的学生能否达到应战的目的,是需要考量的。

第二,教育方法要依靠经验,比如,学习游泳,必须要到水里去学习一下,而不应该只是在课上教授。如果有些知识可以从书上求得,那就从书上学;如果有些知识无法从书上求得,就应当从别处去求。

第三,共同生活,如果学生在学校里不会团结互助,与人共事,那到社会中也做不到。所以,在学校里先要培养学生有共和的精神,学会互相团结,拥有共同生活。

第四,积极引导,教人不要饮酒,不要赌博,这是消极的办法。积极的办法在于,引导学生经常做好事,学校中也要有积极的游戏运动,这样学生自然就没有机会做坏事了。

第五,注重启发,学生在学校中的精神意志能力在渐渐成长,不应该仅仅局限在老师教、学生受教的局面。孔子说"不愤不启,不悱不发",要使学生产生疑问,自己去寻找各种解决的办法,再从中找出最有效的办法来。

第六,鼓励自治,教是为了不教。自治是指,无论是在学生学问方面还是在道德方面,最终都鼓励学生自我管理,自我监督,不断进步。

第七,全面发展,不论是身体的锻炼还是精神的培养,都要顾及,不可偏废。在体育上,眼耳鼻舌身都要得到训练;在智育上,既要使学生认识自我,又要学会利用周围的事物;在德育上,社会公德和个人品德都不能有所欠缺。

第八,引发兴趣,学生对某件事感兴趣,就会全身心投入进去,既能够学习又感到快乐,这样学校里的学生整体都是笑容满面的,老师也是笑容满面的。所以,引发学生的兴趣是很重要的。

第九,注重效率,做一件事,就要用最简单、最省力、最省钱、最省时的方式,去收获最大的效果。做事有不同的方法,要从讲究效率的角度出发,选择最有效的方法。

这些要求虽然是一些原则性的指导纲领,但都切合当时学生与教师的实际,很有针对性。

(4) 新教育与试验教育

试验主义认为天下事物是随着环境变化而变化,所以想要穷尽天下之理,则"必先约束其境况,而号召其象征,然后效用乃见"。因此,"此试验之精神,近世一切发明所由来也。彼善试验者立假设,择方法,举凡欲格之物,尽纳之于轨范之中:远者近之,微者大之,聚者简之,杂者纯之,合者析之,分者通之,多方以试之,屡试以验之,更较其异同,审其消长,观其动静,察其变化,然后因果可明而理可穷也"[①]。

举例来说,如果想要试验甲乙两种教学方法的高低,就要使得其他条件环境都保持一致,同一位老师教授,用同样的教材,同样的设备,在同一时间,同一地方,而且所教学生的年龄、男女、家境等都要等同,然后用不同的教学方法教学生,通过结果来判断两种教学方法的优劣。

建设试验教育,根据陶行知的观点,主要有四种实施办法。

一应注意试验的心理学。心理学是教学的根据,应当受到重视,但当时的心理学要么偏向书本理论知识,要么偏向纯主观的研究,因此陶行知提出心理学要进行试验,为师范院校配备心理学仪器,使得老师们有进行试验的机会,这样依靠心理学的教育才会有进步。

二应设立试验的学校。一般的学校只是按部就班办学,变通的余地很少,

---

① 陶行知:《陶行知全集》(第1卷),四川教育出版社2005年版,第5页。

很少会为了进行教育试验而设立一所学校,因此,试验学校需要得到教育机关的重视,并且地方上也需要选几所学校进行试验。不过试验并不意味着随意的尝试,陶行知认为真正的试验必须满足两个条件,一是要有合适的人,二是要有缜密的计划,学校才可以进行自由的试验。

三应注意应用统计法。教育原理的发现是需要对纷繁的现象分类分析,去做出明确的判断,才能发现其背后的真理。陶行知认为,如果研究教育的人能够学习应用统计法,将会得到一个操作事实的利器。

四应注重试验的教学法。试验的教学法需要养成学生独立思考问题的能力。通用的方法是赫尔巴特的五段教学法,但是陶行知认为五段教学法过于形式化,而运用了杜威的思想。"按照杜威先生的意思:第一,要使学生对于一个问题处在疑难的地位;第二,要使他审查所遇见的究竟是什么疑难;第三,要使他想办法解决,使他想出种种可以解决这疑难的方法;第四,要使他推测各种解决方法的效果;第五,要使他将那最有成效的方法试用出去;第六,要使他审查试用的效果,究竟能否解决这个疑难;第七,要使他印证,使他看这试用的法子,是否屡试屡验的。"①

同时,陶行知对以上四种试验方法进行了总结。他认为,前三种是针对教育家的,其目的是为了使承担教育事业的人能够发明新的教育原理。第四种是针对一般民众的,其目的是为了使国民获得一种方法,能够随时随地去发现新的事物。但无论是针对教育家还是针对一般民众的,以上四种方法都是试验教育所需要的。

新教育之所以为新,在于有去除旧教育的方法,这个方法就是试验法。通过试验法,可以除去教育中旧有的,发现前人教育中没有发现的,从而使教育能够不断更新与进步。

2. 活的教育

陶行知把教育分成三类:死的教育、不死不活的教育、活的教育,并且希望将死的教育埋入尘土,希望不死不活的教育渐渐变活,希望活的教育变得更活。

什么是活的教育?陶行知也无法给出明确的定义,只道"活这一字,比一切

---

① 陶行知:《陶行知全集》(第1卷),四川教育出版社2005年版,第262页。

什么字都要好。活的教育,更是教育中最不可少的现象。"①比如,岸上的鱼,将其放入水中,必定灵活欢畅,往来悠游;关在笼子中的鸟儿,将其放回森林,必定展翅高飞,自由翱翔。再比如,到了春天,花草在阳光雨露的滋养下,茁壮成长。

由活的教育、活的精神衍生出来,陶行知经常提到三个内容,即:"生活即教育""社会即学校""教学做合一"。

(1) 生活即教育

杜威提出"教育即生活",而陶行知认为是"生活即教育",即教育是生活的教育,生活需要什么,教育就教什么,人生需要什么,教育就教什么。

教育本身以书本为核心,与生活脱离,如果提倡"教育即生活",是将教育和生活局限在学校大门内,其教育的力量发挥得太小。而提倡"生活即教育",是拿全部的生活去做教育的对象,是承认一切非正式的事物都在教育范围之内。陶行知认为,生活即教育,教育从书本的到人生的,从狭隘的到广阔的,从字面的到手脑相长的,从耳目的到身心全顾的。

生活即教育是以生活为中心的教育,生活即教育并不是要将生活与教育建立联系,因为一旦要联系,就意味着生活与教育是二,不是一,这违背陶行知建立生活教育理论的本意。陶行知认为:"生活即教育,是生活便是教育;不是生活便不是教育。分开来说,过什么生活便是受什么教育:过康健的生活便是受康健的教育;过科学的生活便是受科学的教育;过劳动的生活便是受劳动的教育;过艺术的生活便是受艺术的教育;过社会革命的生活便是受社会革命的教育。"②反过来说,倘若平日里过着优越富足的生活,便是念完了大量和劳动相关的书,也不能说是接受了劳动教育;平日里过着奴隶的生活,即便把民权相关的书读得熟透,也不能说是接受了民权教育。

因此,生活即教育,是将生活中的一点一滴都纳入了教育的范畴,教育不再仅仅局限在书本知识上,而是与生活完美融为了一体。

(2) 社会即学校

在当时的社会,学校归学校,社会归社会,好像学校大门口挂着一个闲人免进的牌子一样,与社会隔离。

---

① 陶行知:《陶行知全集》(第1卷),四川教育出版社2005年版,第340页。
② 陶行知:《陶行知全集》(第2卷),四川教育出版社2005年版,第527页。

在"学校即社会"主张下,学校里面能够学到的东西太少,陶行知认为还不如将其倒过来,主张"社会即学校",于是教育的材料、工具、环境等都会变得更加丰富,学生和老师也再不用固定在学校里面,校内校外之人,都可互为师生,可以向校外经验丰富的老农虚心求教;校内有益的活动校外的人也可以有机会参与。学校与社会之间的那堵墙被拆除了,把整个社会当作学校,这样社会的中心问题便成了学校的中心问题。

只有与社会充分接触,才是活的教育,才是好的教育。这一思想在陶行知创办晓庄学校等一系列实践活动中得到体现。正如陶行知自己所说,"我所写的便是我所信的,也就是我所行的。"[①]

(3) 教学做合一

陶行知的教学做合一理论经历了从"教授法"到"教学法",再到"教学合一",最后到"教学做合一"的过程。

发展过程。陶行知从美国回来后,看到国内学校里老师只管教,学生只管受教,当时大学里的导师被称为教授,他们的方法被称为教授法。而陶行知主张用教学法替代教授法,刚开始在南京高等师范学校推广不成,之后苏州师范学校首先采用教学法。五四运动之后,陶行知在南京高等师范学校中将课程中的教授法一律改成了教学法,至此,实现了教学合一。1922年新学制(壬戌学制)颁布,陶行知进一步主张,事情应该怎么做就让学生怎么学,学生应该怎么学老师就怎么教,即教的方法要根据学的方法来,学的方法要根据做的方法来。此时,教学做合一的理论已经成立,但教学做的名字尚未提出。后来陶行知在南开大学演讲之时,仍然用教学合一的标题做演讲,当时张伯苓先生想要改成学做合一,这样的想法启发了陶行知,于是就诞生了教学做合一,之后在《中国师范教育建设论》中陶行知将教学做合一的理论进行了系统的论述。

教学合一。陶行知认为,当时的学校里偏重于老师教的方面,好像老师除了教书以外没有别的本领,除了书本以外也没有其他可以教的内容;同样,学校里的学生除了受教以外,也没有别的功课。从这个角度看,学校不应该叫学校,应该叫"教校"。太过于重视教的层面,导致了教与学分离的局面,而教与学本

[①] 陶行知:《陶行知全集》(第1卷),四川教育出版社2005年版,第3页。

应合一,陶行知的理由有三。

第一,老师的责任不是教书,而是教学,教学生学习。陶行知讲世界上的老师分为三种。第一种,只会教书,把学生当作"书架子""字纸篓",让学生读书上的内容,记诵书上的内容。第二种,不是像第一种那样教书了,而是教学生,把关注点放到了学生身上来了。只要是学生需要的,想要学习的,老师就教给学生。这种方式虽然比第一种要好,但是学生还是处在被动的局面。即使老师将自己毕生所学都教给学生,但是世上的知识道理层出不穷,怎么能把世上万物的奥妙都传授给学生?第三种老师,也是陶行知认可的,不是教书,也不是教学生,而是教学生学。具体说来,就是要将教与学联系起来,老师负责指导,学生负责学习,就是说,面对一个问题,不是老师把解决的方法告诉学生,而是要将这个解决方法是如何得出来的过程教授给学生,使得学生可以利用这种思路来解决其他类似的问题。这样,学生才能探寻到知识的本源,对于世间的真理也就会去不断探寻与开拓了。这是孟子所说的"自得",也是近代教育家们提倡的"自动"。

第二,教的方法必须根据学的方法。以前的老师,不会考虑学生的特点和才能,只顾根据自己的想法来教学生。这样不仅导致老师教的效果不好,而且还让学生有很多烦恼,这便是教与学不合一的后果。如果让教的方法根据学生学的方法来,就会达到事半功倍的效果。

第三,老师不仅要根据学生学的情况来教学生,而且要和自己的学问联系起来。做老师,应该一边教,一边学,而不是一生都在教同样的知识。作为一名好老师,应该是一方面指导学生,一方面研究学问。柏林大学包尔生曾经说,德国大学的教员就是科学家,科学家就是教员。德国学术的发达,基本就是因这教学相长的精神。

教学做合一。王阳明提出"知是行之始,行是知之成"。陶行知认为不对,应该是"行是知之始,知是行之成"。陶行知举例说:"我们先从小孩子说起,他起初必定是烫了手才知道火是热的,冰了手才知道雪是冷的,吃过糖才知道糖是甜的,碰过石头才知道石头是硬的。"接着他又说:"雪菩萨做过几次,霜风吹过几次,冰激凌吃过几杯,才知道抽象的冷。白糖、红糖、芝麻糖、甘蔗、甘草吃过几回.才知道抽象的甜。碰着铁、碰着铜、碰着木头,经过好几回,才知道抽象的硬。才烫了手又冰了脸,那末,冷与热更能知道明白了。尝过甘草接着吃了黄连.那末,甜与苦更能知道明白了。"①因此,陶行知认为,行动了才能有所了解明白,"行是知之始,知是行之成。"由此,陶行知的教学做合一理论中,以生活为中心,从生活出发,生活中需要解决什么问题,就是教育需要解决的,就是我们要教要学要做的学问。

在陶行知创办晓庄小学时,将教学做合一当作校训。但对于教学做的真正内涵人们仍然存在一些误解。当时有位洪深先生创办电影演员养成所,招生广告上写了"教""学""做"三个字。陶行知看到后,认为洪先生没有真正了解教学做合一的内涵。如果他真正了解,他会写"教学做",而不会写"教""学""做"。所以,陶行知一直强调,教学做是一件事,不是三件事。

教学做合一,意味着老师要在做中教,学生要在做中学。而且,老师与学生的身份也不是严格区分固定不变的,把会的教给别人,自己就是老师;不会就向他人学习,自己就是学生。做是教的中心,也是学的中心。那"做"又是什么?盲目的行动就是做吗?显然不是。陶行知认为,只有手到心到才是真正的做。世上做事有四种人,一是劳心之人,二是劳力之人,三是劳心兼劳力之人,四是在劳力上劳心之人。陶行知提倡的便是第四种人,在劳力上劳心,用心以制力,即用心思来控制力量,才能应对现象的不断变化。"做"包含行动、思想、新价值之产生。陶行知认为,一面想,一面行,必然产生新价值。

同时陶行知也强调,这里的"做"并不一定是狭隘的身体的行为,也是可以具有文艺气息的,并用《红楼梦》中的一段场景来具体解释。

迎春姊妹和宝玉撑船在湖面上被荷叶堵住。宝玉说:"这些破荷叶可恨:怎么还不叫人来拔去?"黛玉说:"我最不喜欢李义山的诗,只喜欢他这一句:'留得残荷听雨声。'偏你们又不留着残荷了。"宝玉说:"果然好句!以后咱们别叫拔去了。"

这里也有行动,有思想,有新价值之产生——破荷叶变成天然的乐器。可见,陶行知"做"的含义很广泛。

---

① 陶行知:《陶行知全集》(第2卷),四川教育出版社2005年版,第4页。

3. 幼儿教育

对于当时的幼儿园,陶行知指出了三种弊病。

一是外国病,弹的是外国钢琴,唱的是外国歌,讲的是外国故事,玩的是外国玩具,甚至于吃的是外国点心。中国的幼稚园几乎成了外国货的贩卖场,先生做了外国货的贩子,可怜的儿童居然做了外国货的主顾。二是花钱病,幼儿园花的钱有时会超过小学的好几倍。三是富贵病,幼儿园花的钱多,就要多收钱,学费就高,变成了富贵子女才能去的地方,平民无法进入。

因此,陶行知创办乡村幼儿园,要改变这样的局面,把外国的幼稚园化成中国的幼稚园;把费钱的幼稚园化成省钱的幼稚园;把富贵的幼稚园化成平民的幼稚园。

建设中国的幼儿园,意味着适合中国国情,去选择音乐、故事、玩具之类的材料,对于外国的一些资源,并不是抛弃,而是选择那些具有普遍性的材料为我们所用。

建设省钱的幼儿园,第一是要破除外国人用的所有都是好的观念,第二就是训练乡村当地有资质且富有同情心的妇女来教导儿童,第三是利用小学生做的手工材料和当地工匠做的仿制玩具来给儿童做游戏时的玩具。

建设平民的幼儿园,在于幼儿园省钱之后收的学费也就少了,同时招聘的老师也是取之于当地乡村,对于儿童来说平易近人。

4. 训育思想

当时中国教育中,教学与训育分家是再正常不过的现象,教学只教人读书写字,训育只教人做人做事,训练品行。所以,一般的学校里会有一名教务主任专门负责教育,一名训育主任专门负责训育。

陶行知指出,当时的训育也存在着一些问题。

第一,历来谈到学生的品行问题,学校要么就是一味地盲目压制,要么就是一味地盲目放任,陷入了要么过严要么过宽的境地。因此,担任训育的人要破除要么严要么宽的观念,在此之外寻找其他解决方法。

第二,训育人员习惯用各种方法去寻找学生的错误。学生犯错,他们就记过,对于学生的困难视而不见。而陶行知希望训育人员能够与学生同甘共苦,一起生活,和学生做朋友,帮助学生积极地生活学习。方法上多用感化的力量,用同学去感化同学,用朋友去感化朋友。

第三,训育与教育分离,"把教育看作知识范围以内的事,训育看作品行范围以内的事,以为学习知识与修养品行是受不同的原理支配的,甚至于一校之中管教务与训育者不相接洽,或背道而驰。"①但是,陶行知认为,学习知识和修养品行都是受同一个心理规律支配的,训育人员需要打破两者对立的局面,在学习知识和修养品行相互融合上想些办法。

在生活教育理论之下,完整的生活要有完整的教育,而不是割裂开来。每个活动都要有一定的目标、计划与方法,智育与品行是分不开的,做人做事与读书是分不开的,思想与行为分不开,即训育与教育分不开。陶行知认为,训育者,不是做查房间、管请假、记过、奖励等行为,而是要引导学生在生活中、在行为中做出正确的判断,这牵涉到是非、善恶、曲直、公私等判断标准,牵涉个人与个人、个人与社会之间的关系等。

四、教育实践

从平民教育到乡村教育,到大众的教育,陶行知自己说:"不知道的人以为我见异思迁,欢喜翻新花样;其实我心中只有一个中心问题,这问题便是如何使教育普及,如何使没有机会受教育的人可以得到他们所需要的教育。"②陶行知在不同的时期,从事着不同的教育活动,但背后那一颗为国家为民族为人民的心一直没有变,爱满天下,大爱无疆。

1. 平民教育

陶行知深信,识字读书的能力是一切教育的基础。平民教育的目的在于,用最少的时间、最少的钱,去教人们读好书、做好人。除去12岁以下的孩子以及识字的人,其他人都是平民教育的对象,都是平民教育需要负责的。陶行知

---

① 陶行知:《陶行知全集》(第1卷),四川教育出版社2005年版,第67页。
② 陶行知:《陶行知全集》(第3卷),四川教育出版社2005年版,第95页。

说,这部分人中只要有一个人不会读书看报,就有我们一份未尽的责任。

平民教育的组织结构,当时全国的总机关是中华平民教育促进会总会。其中,董事会为主要领导,董事有两种,一为省区的董事,每个省两人;二为执行董事,一共九人。在总会下面,设有省、市、县、乡平民教育促进会分会,分别管理省、市、县、乡的平民教育。

平民教育有平民学校、平民读书处、平民问字处三种组织形式。

平民学校采用班级制度,大班一二百人左右,采用幻灯片播放的教学形式,小班三四十人以上,采用挂图等教学形式。

平民读书处,是为那些没有时间来平民学校上课的人们设立的,以家庭、店铺为单位,请家里、店里会识字的人教不会识字的人。

陶行知将教育进行了比喻,认为办教育就像是给人吃饭,而给人吃饭有两种方法,一种是开饭馆,让那些有时间来的可以来吃饭,这是开平民学校;二是鼓励每个家里自己设一个厨房弄饭吃,平民读书处就是家常便饭式的平民教育。所以,想要推广平民教育,平民学校和平民读书处都要有,而且根据中国当时的情况,陶行知得出了要多设平民读书处的结论。

平民问字处,来源于平民教育促进会董事王伯秋先生。他看到,社会上有人既不能去平民学校学习,家里也没有人能够指导,而且这部分人大多都是流动的人口,做些小本生意之人,所以设立了平民问字处,设在有人指导的店铺、家庭里面,如果有人想问什么字,都可以向他们询问。

平民教育的课本是《平民千字课》,是根据陈鹤琴先生调查总结的《字汇》选择的。此课本以自主、互助、涵养、改进为精神,共1000多字,96课,简单易懂,引人入胜,趣味性较大。平民教育考试机制是,平民学校和平民读书处一般都是四个月毕业。毕业之时会有一个测试,通过测试的人可以获得"识字国民文凭"(certificate for literate citizenship),没有通过的人可以下次再考,直到通过为止。

2. 乡村教育

乡村教育的试验中,陶行知参观了许多所学校,吸收其成功经验,同时也自己设立了好几所学校,从晓庄开始,不断将自己的生活教育理论运用到现实社会之中。

陶行知认为,在试验中,一个学校的校长将会起着举足轻重的作用,校长是一个学校的灵魂。要想评论一个学校,先要评论他的校长。

他举燕子矶的丁校长的案例来阐释。丁校长不仅教学生读书,还教学生做事。但教学生读书易,教学生做事难,因为学生认为来学校是读书的,对于做事会不情愿;老师认为来学校是教书的,不情愿也不会教学生做事。所以,丁校长教学生做事,一是靠身教,二是靠毅力。刚开始的时候,丁校长整天拿在手里的是钉锤和扫帚,当时大家都叫他钉锤校长、扫帚校长。但是时间久了,老师跟着他拿钉锤扫帚了,学生也跟着他拿钉锤扫帚了。于是,丁校长做到了和老师学生们一起合力改造学校、改造环境,如打扫教室,清理垃圾,栽种树木。教学生做事的第一个影响,就是全校的屋檐上、墙缝里都被打扫得干干净净。第二个影响是用不着再另外找人做事,打扫、泡茶等一切事务皆由老师和学生们分担。第三个影响是,学生学会了合乎生活需要的学问,在学校里做事,在家里也肯做事了,家长们开始信任这所学校。第四个影响是省钱。一个124人的学校,每年花费公家624元钱,平均每个学生只花费5元钱。

同时,陶行知认为学校的教师也是重要的一环。他对教师最重要的要求就是追求真理。"这种真理不是坐在沙发上衔着雪茄烟所能喷得出来的。行动的真理必须在真理的行动中才能追求得到。你不钻进老虎洞,怎能捉到老虎。"① 而且,教师要和学生大众站在一条线上,与学生打成一片,教师教给学生的内容也是大众所希望的。"你若把你的生命放在学生的生命里,把你和你的学生的生命放在大众的生命里,这才算是尽了教师的天职。"②

老山脚下的小庄,在这一片"连燕子都不肯飞来的地方",在连基本的学堂都没有的地方,陶行知等人在这里创办学校。来到小庄,来开学,也是来开工,更确切地说,是来小庄开始生活。陶行知立下宏愿,"从野人生活出发,向极乐世界探寻"。晓庄初期的学堂,以头顶青天为盖,以脚下大地为底,以四方东南西北为墙,以大千世界为课堂,以万物变化为教科书,所有男女老少都是老师,也是学生。初期的晓庄就是这样一派景象。

---

① 陶行知:《陶行知全集》(第3卷),四川教育出版社2005年版,第382页。
② 同上书,第384页。

在晓庄师范创立的第一年里，不断受到外界的怀疑。但陶行知说，我们不能怪他们深闭固拒，只怪我们没有充分努力。我们应当用爱与诚来感化他们。晓庄是从这份爱中出来的，"倘使这爱没有了，则虽称为晓庄，其实不是晓庄。爱之所在即晓庄之所在。一个乡村小学里的教师有了这爱，便是一个晓庄；一百万个乡村小学里的教师有了这爱，便是一百万个晓庄。虽是名字不叫晓庄，实在是真正的晓庄了。"[1]

晓庄的教育实施，第一是侧重于自然的训练。晓庄仿效当时罗马征服欧洲时做的两件事，一是掘井，二是筑路。一口泉井，不仅给校内的师生提供水喝，而且还公开给村民取用。第二是生活即教育。一次陶行知去钟表店修手表，并带上几个学生一起看那位钟表匠拆装钟表。回到学校后，他们就学着钟表匠的方法拆装钟表，起初有点难，但慢慢地，去的几个学生都学会了。第三是教学做合一。晓庄中缺少教画画的老师，但又要自己编写课本，要加入很多插画，所以大家就自己动手，自学自教，最后做出了很好的课本。

晓庄设立了几条自勉的方针。一是自立与互助。晓庄有首《自立歌》这样唱到："滴自己的汗，吃自己的饭，自己的事自己干。靠人靠天靠祖上，不算是好汉。"晓庄培养人一种独立不依、独挡一切的勇气与能力，同时，独立并不意味着孤立，更不意味着各扫门前雪。凡是朋友之间，同学之间，甚至是萍水相逢的陌生人之间，都要互助互爱。自立与互助，便是要做到如此。二是平等与责任。在晓庄立法之时，师生都有一样的权利，在违法处分时也是一视同仁，没有差别对待。在晓庄，法律面前人人平等，也是人人尽责。三是自由与纪律。晓庄师生都有着共同的纪律，而纪律的目的也是为大家谋求共同的幸福。在纪律之下，每个人都有选择的自由，根据自己的兴趣爱好，设定自己的计划与实现的步骤。于是，在晓庄，孕育着进步的源泉，享受着人生的乐趣。

3. 普及教育

陶行知指出，普及教育并不是一般人所认为的书呆子教育、政客教育，普及教育的前提是要承认并且相信大众能够自己教自己，这样普及大众的教育才有可能。

---

[1] 陶行知：《陶行知全集》（第2卷），四川教育出版社2005年版，第450页。

普及的形式一是自动工学团,二是小先生制。

(1) 自动工学团

自动的含义是让每个人自动自发地做事。自动教育就是教人学会自己做事,而不是代替他们做,所谓"授人以鱼,不如授人以渔"也是这个道理。对于工学团的含义,陶行知专门进行了阐释。"工是工作,学是科学,团是团体。说得清楚些是:工以养生,学以明生,团以保生。说得更清楚些是:以大众的工作,养活大众的生命;以大众的科学,明了大众的生命;以大众的团体的力量,保护大众的生命。工学团是一个小工场,一个小学校,一个小社会。在这里面是包含营生产的意义,长进的意义,平等互助、自卫卫人的意义。它是将工场、学校、社会打成一片,产生一个富有生活力的新细胞。"[①]工学团可以是由几个人,也可以是几十个人,甚至是上百上千上万的人组成。团并不意味着是一个组织机构,而是团体的意思,在这个团体中大家心往一处使,力也往一处使,凝聚集中在一起,共同发挥团体的力量。

1932年10月1日,在上海宝山大场附近,创办"山海工学团",之后又相继创办了"晨更工学团""劳工幼儿团"等。"山海工学团"首创"小先生制",推广普及教育运动,影响遍及全国及东南亚。

当时山海工学团成立,农民的孩子有了读书的地方。烧香拜佛的寺庙成了教室,可是孩子们没有桌椅,于是陶行知请来木匠教大家如何做木工,同时也一起教木匠识字认字。三个月后,教室里50个孩子都坐上了自己做的凳子,讲台上还有孩子们自己做的竹杠、滑滑车等玩具。陶行知在讲台上念起一首刚写好的诗:"他是木匠,我是先生。先生学木匠,木匠学先生,哼哼哼,我哼成了先生木匠,哼哼哼,他哼成了木匠先生。"[②]孩子们和坐在一起听课的木匠师傅都笑了。

(2) 小先生制

对于当时相对贫穷的社会,陶行知想出了小先生制的方法来推广普及教育。

陶行知相信小孩有能力做小先生去教人的原因在于他之前的几次经历。

[①] 陶行知:《陶行知全集》(第3卷),四川教育出版社2005年版,第102页。
[②] 韩传信主编:《教师职业道德——学陶 师陶 做陶》,安徽大学出版社2013年版,第168页。

第一次，陶行知的母亲57岁，陶行知的第二个小孩子叫小桃，才6岁，小桃读完《平民千字课》第一册就教他的祖母，祖孙二人一面读一面玩，兴高采烈，一个月就把第一册读完。读了16天以后，陶行知在张家口依据《千字课》上16天的生字，写了一封信寄给母亲，母亲自己便看懂了。

第二次，晓庄师范关门之后，佘儿岗的农人想办一个小学，但是没有钱。于是小孩自动起来办了一个农村小学，校长、教师、工人都是小孩。陶行知为他们写了一首诗："有个学校真奇怪，大孩自动教小孩。七十二行皆先生，先生不在学如在。"谁知那个小学的孩子回信说，原稿第二句那个"大"字，应改为"小"字，并且反问，大孩能自动教人，难道小孩就不能自动教人吗？从此这首诗的第二句，便改为"小孩自动教小孩"。

第三次，江苏淮安新安小学有7个孩子，自己走出学校，来到镇江，又到上海。走的时候身边只有十块钱，他们靠卖书和讲演生活，告别上海时，兜里却有六十块钱了。当他们来看陶行知时，听说陶行知也进行过演讲，就很高兴，说他们自己也是经常演讲的。然后，陶行知听了他们一段演讲，很是赞赏，就给他们介绍了地方去演讲。后来就有人自动请他们讲演了。他们讲三分钟，听众便会大声鼓掌。而陶行知自己笑称，自己的演讲也要讲二十几分钟才能博得掌声呢。那群小孩子们从小学讲到中学，讲到大学，大夏、光华、沪江等大学，统统去过。后来陶行知问大夏教授邵灾秋先生，孩子们讲得如何。邵教授说，几乎把我们教授饭碗打破了。

因此，上述种种坚定了陶行知推广小先生制的决心。

小先生制中，小先生所教的人数，并不是一个班级，而只是两三个人。小先生所教的对象，并不是上学的学生，而是要找那些不能来上学或者是不能常来工学团工作的人。"不识字的奶奶、妈妈、嫂嫂、姊姊、妹妹、爸爸、哥哥、弟弟，和隔壁邻居的守牛、砍柴、拾煤球、扒狗屎的穷同胞都是他应当找的学生。"[①]一个识字的人教会一个不识字的人，这才是普及的力量，才是小先生的真正力量。小先生的目的，不是教人，而是要教人去教人，将"即知即传人"的原则很好贯彻下去。小先生的成绩判断标准，不在于教了多少人，在于间接教会了多少代人。小先生也不是一种自由的职务，不是想做就做不想做就不做，必须每天将自

---

① 陶行知：《陶行知全集》（第3卷），四川教育出版社2005年版，第107页。

己所做的成绩交给负责导师考核。

小先生遇到的最大问题是大人对小孩的不信任。因此,陶行知提出解决的关键在于为小先生制设置导师。导师作为连接小孩与大人的桥梁,一方面要鼓励小孩子,使得每个小孩都愿意做小先生,而且当小先生们找不到学生了,导师要指导他们如何去找;若小先生们碰了钉子,要辅助他们一起解决问题;若小先生们没有恒心了,要鼓励他们继续努力;另一方面要说服大人,使每个大人都甘愿拜小孩做先生,信任小先生们。虽然这对于导师的要求比较高,但是在热心、智慧与不断的努力下,是可以做到的。陶行知举过一个小例子:"有一位小先生的妈妈不肯学,他请示于我,我告诉他说:'你的妈妈不肯接受你奉送她的学问,你也不要吃她所烧出来的饭。'你如果有挨饿一两餐的决心,我包你不致失望。"①所以,普及教育的关键在小先生,而小先生教人的关键在于导师。对于普及教育,如果导师袖手旁观,则普及教育变成儿戏;如果导师以身作则,则儿戏变成普及教育。

五、借鉴价值

陶行知一生从幼年接受儒家思想熏染,到接受基督教的精神洗礼,又出国访学学习西方教育文化,之后回国一心放在中国教育事业上,从平民教育到乡村教育,到大众的教育,在不断的实践中,生活教育理论也在与中国国情的相互适应中渐趋完善。陶行知的生活教育思想从最初沿袭杜威"教育即生活""学校即社会"到在实践中将其翻了个,提倡"生活即教育""社会即学校"以及"教学做合一",一步步走来,有传承了部分原先的思想,也有其因时因地独创的思想。在这里,我们将简单讨论陶行知与杜威思想上的异同之处,同时总结出陶行知生活教育思想对我们当今教育的启发。

1. 思想比较

陶行知与杜威思想在某些方面其实算是一脉相承,他们都强调教育对于社会的重要性,相信凭借教育的力量可以改造社会,同时也注意到教育与生活不

---

① 陶行知:《陶行知全集》(第 3 卷),四川教育出版社 2005 年版,第 110 页。

是割裂的,而是要将教育与生活结合起来。但是,由于两人的社会背景不同,导致了他们的思想中涉及具体的教育实践的地方,会因为要适应各自的社会教育背景而发生差异。

(1) 相同之处

在教育的作用方面,陶行知与杜威都生活在19世纪末20世纪初,两人都深信教育对社会的改造作用。杜威指出,社会的建设与进步需要依靠学校的教育,现存社会中的不合理地方也是可以通过学校的教育得到改变。杜威来华演讲之时,正逢中国教育救国运动之时,杜威再次强调教育对社会改造的巨大作用,对当时很多人产生了影响。陶行知作为杜威思想在华的大力传播者,他也深信教育能够改变民族国家的命运,在创办晓庄师范时,提出生活教育的目标之一是培养"社会改造的精神"。在陶行知的教育中,他希望将人培养成合格的社会公民来改变社会现状。陶行知认为教育的作用在于改造或是改变人的生活,改造无数个体的生活就是改造社会。因此,陶行知和杜威都强调教育对于社会的改造作用,强调通过对个体生活的改造来达到改造社会的目的。

在教育与生活的关系方面,陶行知和杜威都强调教育与生活的统一,他们反对学校与社会之间脱节,反对学生所学的知识只是局限在书本上而无法真正解决生活中的实际问题。无论是"生活即教育"还是"教育即生活",都承认教育与生活必须统一起来,学校与社会必须建立联系才能发挥教育的作用。"生活即教育"意味着全部的生活都是教育的对象,生活需要什么,教育就教什么。"教育即生活"意味着教育需要生活化,强调教育要参与到生活中去,与生活建立联系。因此,陶行知与杜威都强调教育与生活的统一,反对纯粹的书本学习,要从生活中获取实用的知识。

(2) 不同之处

由于陶行知与杜威当时所处的社会背景不同,导致了两人在教育思想的实践中存在着某些方面的差异。杜威处在美国工业化转型期,经济高速发展,全国普及教育,考虑的已经不是基本的生存问题,而是当时传统教育无法适应高速发展的社会;学校中的学习仍然采用赫尔巴特的传统学习方式,学习的知识无法随着时代的发展而变化,学校培养出的学生与社会的需要之间产生了脱节。在这样的情况下,杜威提出了"教育即生活""学校即社会"的实用主义理论,将生活中所需要的知识引入教育,将社会中需要的技能引入学校。

陶行知生活在20世纪中国半殖民地半封建的农业社会中,广大农民在帝国主义、封建主义、官僚资本主义的三重压迫下已经是食不果腹,生存都已经成了最大的问题,更别提有时间去接受教育了。因此,陶行知希望通过推行乡村教育、平民教育、普及教育等运动,不是让民众跑来学校接受教育,就当时的中国情况看,这也是不可能的,而是将教育送到民众中去,所以才会提出适合中国国情的"生活即教育""社会即学校"的生活教育理论。

倘若杜威像陶行知那样提出生活即教育,社会即学校,在美国当时的工业化发展时期,人们功利化思想泛滥,也就是将儿童抛向社会,抛向生活,只会是受到功利化思想的侵蚀,而非受到教育的机会。倘若陶行知像杜威那样提出教育即生活,学校即社会,在中国当时贫穷的状况下,这样的理念根本执行不下去,因为当时的学校与社会、与生活隔离,学校里面即使提倡要与生活建立联系,与社会建立联系,但是没有经济基础,没有教学设备,没有教学资源,是无法实现的。只有将现实中学校与社会的围墙打碎,将整个生活、将整个社会作为教育的素材,才是符合当时贫穷的中国的教育现状的。而且,当时中国淳朴的民风,还是处于农业化小生产的社会之中,还未受到西方工业化进程的影响,这也为学校对外开放、对社会开放提供了可靠性。

总之,陶行知与杜威的思想都是提倡教育与生活的整体性,差别在于学校与社会之间的那条界限是否清楚。杜威依然是在学校之中进行着与社会需求相联系的实用主义教育,陶行知是直接走出了学校,在广大的社会民众中间推行着生活教育。

2. 人格启发

从陶行知提倡的新教育中可以学到自新常新全新的进步精神,从"生活即教育""社会即学校""教学做合一"的思想中可以学到,知识不仅可以从书本上学到,更要在生活中、在实践中体悟到才可以,明白了学习知识是为了在事上能做到,做到之后还不算数,还要能够教会他人才算真正学习到了知识。在教育实践中,我们更是看到陶行知为了让中国民众都能够识字,能够学习,能够受到教育,一年又一年,为民众编写《平民千字课》,教人识字认字,试验于晓庄,将教育成果向社会展示,建立工学团,为民众找到可以学习的场所,推行小先生制,提倡"即知即传"的知识传递模式。其中的种种,无论是从其背后的理念还是实践中的具体方法都是值得我们学习和借鉴的。但从个人浅薄的观点看,陶行知先生作为教育家,为人师表的人格精神便是其理论价值的精华,更值得我们这个时代效仿与学习。

(1) 爱满天下,乐于奉献

陶行知早年皈依基督教,基督教的博爱奉献精神对他影响很大。陶行知的两句名言,"捧着一颗心来,不带半根草去"和"爱满天下,乐育英才",无不体现了他对教育的热爱以及无私奉献的人格涵养。在陶行知一生的教育实践中,无论大事还是小事上都能够看出其爱满天下、乐于奉献的精神。

在创建育才小学时,当时政治形势紧张,经济非常困难,为了能够让学校继续办下去,陶行知到处筹集资金。盛夏的一天,有一位学生来找陶行知,希望能够请陶行知带路去书店买书。学生来到陶行知的住处,很惊讶,因为陶行知正打着赤膊,流着汗,伏案疾书。学生说明来意,陶行知说:"现在恐怕不行。"学生很失望。陶行知指着窗外的衬衫说:"我很高兴陪你去书店,但是我的衬衫还没有干,你过一个小时后再来,可以吗?"学生认为这是先生在找借口,因为平日里先生都是最喜欢和学生在一起,最乐意帮助别人的,今天怎么可能因为衬衫没干就不陪自己去书店。于是,学生闷闷不乐回去了。一个小时后,陶行知穿着还未完全干透的衣服笑嘻嘻地出现在学生面前,陪着学生一起去了书店。事后,学生才知道,陶行知为了学校里的孩子,为了坚持办学,把自己的衣服都拿到当铺里当掉了,到了夏天只剩下了一件衬衫。学生想起了陶行知说过的话:"为了劳苦大众,我们吃草也干;为了受苦小孩,我们要饭也干!"渐渐的,学生明白了:为了办学,先生舍得一切。

虽然在现代人看来,这样的故事甚至有些让人难以理解,但当我们把自己放在当时当地,当我们作为学校的创办人,面临时局动荡,面对经济紧缩的压力,我们会选择如何做?是继续咬牙坚持,还是选择放弃?是把学校的危难看得比自己都重要,舍弃一切只为孩子们继续上学还是选择过好自己的生活即可?当我们把自己放在那样的情景之下时,才有可能体会到一点当时陶行知先生为办学付出一切的勇气与决心,才会感动于当时陶行知先生默默付出一切的奉献精神。

（2）严于律己，低调为人

陶行知作为高等学府的教授，著名教育家，为人处世谦虚低调，没有架子，秉持三人行必有我师的观念，经常以大众老百姓作为自己的老师，向他们虚心求教。同时，陶行知对无论教师还是学生，还是同事或是一般的百姓，都十分尊敬。

陶行知认为："真正的教育是心与心相印的活动，唯独从心里发出来，才能打动心灵深处。"[1]教育需要老师有爱心、有品格、有行为，才能潜移默化感染学生，而陶行知这样要求教师，也是这样严格要求自己的，以自己作为表率，树立良好的教育者风范。

以严肃认真的态度律己，以谦虚低调的心态待人，以科学严谨的方法治学，这便是陶行知，知行合一的陶行知。

参考文献

［1］陶行知：《陶行知全集》，四川教育出版社2005年版。
［2］陈海燕：《右手粉笔左手书——陈海燕教育漫笔》，教育科学出版社2014年版。
［3］唐麒主编：《世界掌故总集：世界小百科全书》（第十四卷），内蒙古大学出版社2002年版。
［4］申林静：《陶行知生活教育理论研究》，华中师范大学出版社2008年版。
［5］吴擎华：《陶行知与民国社会改造》，安徽教育出版社2011年版。
［6］余子侠：《山乡社会走出的人民教育家——陶行知》，湖北教育出版社1999年版。
［7］韩传信主编：《教师职业道德——学陶 师陶 做陶》，安徽大学出版社2013年版。

---

[1] 韩传信主编：《教师职业道德——学陶 师陶 做陶》，安徽大学出版社2013年版，第170页。